ROMANS ET CONTES

OUVRAGES DU MÊME AUTEUR

FAISANT PARTIE DE LA BIBLIOTHÈQUE CHARPENTIER

MADEMOISELLE DE MAUPIN. . . . . 1 vol.
VOYAGE EN ESPAGNE. . . . . 1 vol.
POÉSIES COMPLÈTES (Albertus, la Comédie de la mort, etc.). 1 vol.
POÉSIES NOUVELLES (Émaux et Camées, Théâtre en vers,
                Poésies diverses). . . . . 1 vol.
NOUVELLES. . . . . 1 vol.
LE CAPITAINE FRACASSE. . . . . 2 vol.

THÉOPHILE GAUTIER

ROMANS ET CONTES

Avatar — Jettatura
Arria Marcella
La Mille et deuxième nuit
Le Pavillon sur l'eau
L'Enfant aux souliers de pain
Le Chevalier double
Le Pied de momie — La Pipe d'opium
Le club des Hachichins

PARIS
CHARPENTIER, LIBRAIRE-ÉDITEUR,
28, QUAI DE L'ÉCOLE, 28

1863

Droits réservés.

ROMANS ET CONTES

AVATAR

I

Personne ne pouvait rien comprendre à la maladie qui minait lentement Octave de Saville. Il ne gardait pas le lit et menait son train de vie ordinaire; jamais une plainte ne sortait de ses lèvres, et cependant il dépérissait à vue d'œil. Interrogé par les médecins que le forçaient à consulter la sollicitude de ses parents et de ses amis, il n'accusait aucune souffrance précise, et la science ne découvrait en lui nul symptôme alarmant : sa poitrine auscultée rendait un son favorable, et à peine si l'oreille appliquée sur son cœur y surprenait quelque battement trop lent ou trop précipité; il ne toussait pas, n'avait pas la fièvre, mais la vie se retirait de lui et fuyait par une de ces fentes invisibles dont l'homme est plein, au dire de Térence.

Quelquefois une bizarre syncope le faisait pâlir et

froidir comme un marbre. Pendant une ou deux minutes on eût pu le croire mort; puis le balancier, arrêté par un doigt mystérieux, n'étant plus retenu, reprenait son mouvement, et Octave paraissait se réveiller d'un songe. On l'avait envoyé aux eaux; mais les nymphes thermales ne purent rien pour lui. Un voyage à Naples ne produisit pas un meilleur résultat. Ce beau soleil si vanté lui avait semblé noir comme celui de la gravure d'Albert Durer; la chauve-souris qui porte écrit dans son aile ce mot, *melancholia*, fouettait cet azur étincelant de ses membranes poussiéreuses et voletait entre la lumière et lui; il s'était senti glacé sur le quai de la Mergellina, où les lazzaroni demi-nus se cuisent et donnent à leur peau une patine de bronze.

Il était donc revenu à son petit appartement de la rue Saint-Lazare et avait repris en apparence ses habitudes anciennes.

Cet appartement était aussi confortablement meublé que peut l'être une garçonnière. Mais comme un intérieur prend à la longue la physionomie et peut-être la pensée de celui qui l'habite, le logis d'Octave s'était peu à peu attristé; le damas des rideaux avait pâli et ne laissait plus filtrer qu'une lumière grise. Les grands bouquets de pivoine se flétrissaient sur le fond moins blanc du tapis; l'or des bordures encadrant quelques aquarelles et quelques esquisses de maîtres avait lentement rougi sous une implacable poussière; le feu découragé s'éteignait et fumait au milieu des cendres. La vieille pen-

dule de Boule incrustée de cuivre et d'écaille verte
retenait le bruit de son tic-tac, et le timbre des
heures ennuyées parlait bas comme on fait dans une
chambre de malade; les portes retombaient silen-
cieuses, et les pas des rares visiteurs s'amortissaient
sur la moquette; le rire s'arrêtait de lui-même en
pénétrant dans ces chambres mornes, froides et obscures, où cependant rien ne manquait du luxe moderne. Jean, le domestique d'Octave, s'y glissait
comme une ombre, un plumeau sous le bras, un
plateau sur la main, car, impressionné à son insu
de la mélancolie du lieu, il avait fini par perdre sa
loquacité. — Aux murailles pendaient en trophée
des gants de boxe, des masques et des fleurets; mais
il était facile de voir qu'on n'y avait pas touché depuis longtemps; des livres pris et jetés insouciam-
ment traînaient sur tous les meubles, comme si Octave eût voulu, par cette lecture machinale, endormir
une idée fixe. Une lettre commencée, dont le papier
avait jauni, semblait attendre depuis des mois qu'on
l'achevât, et s'étalait comme un muet reproche au
milieu du bureau. Quoique habité, l'appartement paraissait désert. La vie en était absente, et en y entrant on recevait à la figure cette bouffée d'air froid
qui sort des tombeaux quand on les ouvre.

Dans cette lugubre demeure où jamais une femme
n'aventurait le bout de sa bottine, Octave se trouvait plus à l'aise que partout ailleurs, — ce silence,
cette tristesse et cet abandon lui convenaient; le
joyeux tumulte de la vie l'effarouchait, quoiqu'il fît

parfois des efforts pour s'y mêler; mais il revenait plus sombre des mascarades, des parties ou des soupers où ses amis l'entraînaient ; aussi ne luttait-il plus contre cette douleur mystérieuse, et laissait-il aller les jours avec l'indifférence d'un homme qui ne compte pas sur le lendemain. Il ne formait aucun projet, ne croyant plus à l'avenir, et il avait tacitement envoyé à Dieu sa démission de la vie, attendant qu'il l'acceptât. Pourtant, si vous vous imaginiez une figure amaigrie et creusée, un teint terreux, des membres exténués, un grand ravage extérieur, vous vous tromperiez; tout au plus apercevrait-on quelques meurtrissures de bistre sous les paupières, quelques nuances orangées autour de l'orbite, quelque attendrissement aux tempes sillonnées de veines bleuâtres. Seulement l'étincelle de l'âme ne brillait pas dans l'œil, dont la volonté, l'espérance et le désir s'étaient envolés. Ce regard mort dans ce jeune visage formait un contraste étrange, et produisait un effet plus pénible que le masque décharné, aux yeux allumés de fièvre, de la maladie ordinaire.

Octave avait été, avant de languir de la sorte, ce qu'on nomme un joli garçon, et il l'était encore : d'épais cheveux noirs, aux boucles abondantes, se massaient, soyeux et lustrés, de chaque côté de ses tempes; ses yeux longs, veloutés, d'un bleu nocturne, frangés de cils recourbés, s'allumaient parfois d'une étincelle humide; dans le repos, et lorsque nulle passion ne les animait, ils se faisaient remarquer par cette quiétude sereine qu'ont les yeux des Orientaux, lorsqu'à la porte d'un café de Smyrne ou de Constantinople ils font le kief après avoir fumé leur narguilhé. Son teint n'avait jamais été coloré, et ressemblait à ces teints méridionaux d'un blanc olivâtre qui ne produisent tout leur effet qu'aux lumières; sa main était fine et délicate, son pied étroit et cambré. Il se mettait bien, sans précéder la mode ni la suivre en retardataire, et savait à merveille faire valoir ses avantages naturels. Quoiqu'il n'eût aucune prétention de dandy ou de gentleman rider, s'il se fût présenté au Jockey-Club, il n'eût pas été refusé.

Comment se faisait-il que, jeune, beau, riche, avec tant de raisons d'être heureux, un jeune homme se consumât si misérablement? Vous allez dire qu'Octave était blasé, que les romans à la mode du jour lui avaient gâté la cervelle de leurs idées malsaines, qu'il ne croyait à rien, que de sa jeunesse et de sa fortune gaspillées en folles orgies il ne lui restait que des dettes; — toutes ces suppositions manquent de vérité. — Ayant fort peu usé des plaisirs, Octave ne pouvait en être dégoûté; il n'était ni splénétique, ni romanesque, ni athée, ni libertin, ni dissipateur; sa vie avait été jusqu'alors mêlée d'études et de distractions comme celle des autres jeunes gens; il s'asseyait le matin au cours de la Sorbonne, et le soir il se plantait sur l'escalier de l'Opéra pour voir s'écouler la cascade des toilettes. On ne lui connaissait ni fille de marbre ni duchesse, et il dépensait son revenu sans faire mordre ses fantaisies au capital, — son notaire l'estimait ; — c'était donc un personnage tout uni, incapable de se jeter au glacier de Manfred ou d'allumer le réchaud d'Escousse. Quant à la cause de l'état singulier où il se trouvait et qui mettait en défaut la science de la faculté, nous n'osons l'avouer, tellement la chose est invraisemblable à Paris, au dix-neuvième siècle, et nous laissons le soin de la dire à notre héros lui-même.

Comme les médecins ordinaires n'entendaient rien à cette maladie étrange, car on n'a pas encore disséqué d'âme aux amphithéâtres d'anatomie, on eut recours en dernier lieu à un docteur singulier, revenu des Indes après un long séjour, et qui passait pour opérer des cures merveilleuses.

Octave, pressentant une perspicacité supérieure et capable de pénétrer son secret, semblait redouter la visite du docteur, et ce ne fut que sur les instances réitérées de sa mère qu'il consentit à recevoir M. Balthazar Cherbonneau.

Quand le docteur entra, Octave était à demi couché sur un divan : un coussin étayait sa tête, un autre lui soutenait le coude, un troisième lui couvrait les pieds ; une gandoura l'enveloppait de ses plis souples et moelleux ; il lisait ou plutôt il tenait un livre, car ses yeux arrêtés sur une page ne regardaient pas. Sa figure était pâle, mais, comme nous l'avons dit, ne présentait pas d'altération bien sensible. Une observation superficielle n'aurait pas cru au danger chez ce jeune malade, dont le guéridon supportait une boîte à cigares au lieu des fioles, des lochs, des potions, des tisanes, et autres pharmacopées de rigueur en pareil cas. Ses traits purs, quoiqu'un peu fatigués, n'avaient presque rien perdu de leur grâce, et, sauf l'atonie profonde et l'incurable désespérance de l'œil, Octave eût semblé jouir d'une santé normale.

Quelque indifférent que fût Octave, l'aspect bizarre du docteur le frappa. M. Balthazar Cherbonneau avait l'air d'une figure échappée d'un conte fantastique d'Hoffmann et se promenant dans la réalité stupéfaite de voir cette création falote. Sa face extrêmement basanée était comme dévorée par un crâne énorme que la chute des cheveux faisait paraître plus vaste encore. Ce crâne nu, poli comme de l'ivoire, avait gardé ses teintes blanches, tandis que le masque, exposé aux rayons du soleil, s'était revêtu, grâce aux superpositions des couches du hâle, d'un ton de vieux chêne ou de portrait enfumé. Les méplats, les cavités et les saillies des os s'y accentuaient si vigoureusement, que le peu de chair qui les recouvrait ressemblait, avec ses mille rides fripées, à une peau mouillée appliquée sur une tête de mort. Les rares poils gris qui flânaient encore sur l'occiput, massés en trois maigres mèches dont deux se dressaient au-dessus des oreilles et dont la troisième partait de la nuque pour mourir à la naissance du front, faisaient regretter l'usage de l'antique perruque à marteaux ou de la moderne tignasse de chiendent, et couronnaient d'une façon grotesque cette physionomie de casse-noisettes. Mais ce qui occupait invinciblement chez le docteur, c'étaient les yeux; au milieu de ce visage tanné par l'âge, calciné à des cieux incandescents, usé dans l'étude, où les fatigues de la science et de la vie s'écrivaient en sillages profonds, en pattes d'oie rayonnantes, en plis plus pressés que les feuillets d'un livre, étincelaient deux prunelles d'un bleu de turquoise, d'une limpidité, d'une fraîcheur et d'une jeunesse inconcevables. Ces étoiles bleues brillaient au fond d'orbites brunes et de membranes concentriques dont les cercles fauves rappelaient vaguement les plumes disposées en auréole autour de la prunelle nyctalope des hiboux. On eût dit que, par quelque sorcellerie apprise des brahmes et des pandits, le docteur avait volé des yeux d'enfant et se les était ajustés dans sa face de cadavre. Chez le vieillard, le regard marquait vingt ans; chez le jeune homme, il en marquait soixante.

Le costume était le costume classique du médecin : habit et pantalon de drap noir, gilet de soie de même couleur, et sur la chemise un gros diamant, présent de quelque rajah ou de quelque nabab. Mais ces vêtements flottaient comme s'ils eussent été accrochés à un portemanteau, et dessinaient des plis perpendiculaires que les fémurs et les tibias du docteur cassaient en angles aigus lorsqu'il s'asseyait. Pour produire cette maigreur phénoménale, le dévorant soleil de l'Inde n'avait pas suffi. Sans doute Balthazar Cherbonneau s'était soumis, dans quelque but d'initiation, aux longs jeûnes des fakirs et tenu sur la peau de gazelle auprès des yoghis entre les quatre réchauds ardents ; mais cette déperdition de substance n'accusait aucun affaiblissement. Des ligaments solides et tendus sur les mains comme les cordes sur le manche d'un violon reliaient entre eux les osselets décharnés des phalanges et les faisaient mouvoir sans trop de grincements.

Le docteur s'assit sur le siége qu'Octave lui désignait de la main à côté du divan, en faisant des coudes comme un mètre qu'on reploie et avec des mouvements qui indiquaient l'habitude invétérée de s'accroupir sur des nattes. Ainsi placé, M. Cherbonneau tournait le dos à la lumière, qui éclairait en plein le visage de son malade, situation favorable à l'examen et que prennent volontiers les observateurs, plus curieux de voir que d'être vus. Quoique la figure du docteur fût baignée d'ombre et que le haut de son crâne, luisant et arrondi comme un gigantesque œuf d'autruche, accrochât seul au passage un rayon du jour, Octave distinguait la scintillation des étranges prunelles bleues qui semblaient douées d'une lueur propre comme les corps phosphorescents : il en jaillissait un rayon aigu et clair que le jeune malade recevait en pleine poitrine avec cette sensation de picotement et de chaleur produite par l'émétique.

« Eh bien, monsieur, dit le docteur après un moment de silence pendant lequel il parut résumer les indices reconnus dans son inspection rapide, je vois déjà qu'il ne s'agit pas avec vous d'un cas de pathologie vulgaire ; vous n'avez aucune de ces maladies cataloguées, à symptômes bien connus, que le médecin guérit ou empire ; et quand j'aurai causé quelques minutes, je ne vous demanderai pas du papier pour y tracer une anodine formule du *Codex* au bas de laquelle j'apposerai une signature hiéroglyphique et que votre valet de chambre portera au pharmacien du coin. »

Octave sourit faiblement, comme pour remercier M. Cherbonneau de lui épargner d'inutiles et fastidieux remèdes.

« Mais, continua le docteur, ne vous réjouissez pas si vite ; de ce que vous n'avez ni hypertrophie du cœur, ni tubercules au poumon, ni ramollissement de la moelle épinière, ni épanchement séreux au cerveau, ni fièvre typhoïde ou nerveuse, il ne s'ensuit pas que vous soyez en bonne santé. Donnez-moi votre main. »

Croyant que M. Cherbonneau allait lui tâter le pouls et s'attendant à lui voir tirer sa montre à secondes, Octave retroussa la manche de sa gandoura, mit son poignet à découvert et le tendit machinalement au docteur. Sans chercher du pouce cette pulsation rapide ou lente qui indique si l'horloge de la vie est détraquée chez l'homme, M. Cherbonneau prit dans sa patte brune, dont les doigts osseux ressemblaient à des pinces de crabe, la main fluette, veinée et moite du jeune homme ; il la palpa, la pétrit, la malaxa en quelque sorte comme pour se mettre en communication magnétique avec son sujet. Octave, bien qu'il fût sceptique en médecine, ne pouvait s'empêcher d'éprouver une certaine émotion anxieuse, car il lui semblait que le docteur lui soutirait l'âme par cette pression, et le sang avait tout à fait abandonné ses pommettes.

« Cher monsieur Octave, dit le médecin en laissant aller la main du jeune homme, votre situation est plus grave que vous ne pensez, et la science, telle du moins que la pratique la vieille routine européenne, n'y peut rien : vous n'avez plus la volonté de vivre, et votre âme se détache insensiblement de votre corps ; il n'y a chez vous ni hypocondrie, ni lypémanie, ni tendance mélancolique au suicide. — Non ! — cas rare et curieux, vous pourriez, si je ne m'y opposais, mourir sans aucune lésion intérieure ou externe appréciable. Il était temps de m'appeler, car l'esprit ne tient plus à la chair que par un fil ; mais nous allons y faire un bon nœud. » Et le docteur se frotta joyeusement les mains en grimaçant un sourire qui détermina un remous de rides dans les mille plis de sa figure.

« Monsieur Cherbonneau, je ne sais si vous me guérirez, et, après tout, je n'en ai nulle envie, mais je dois avouer que vous avez pénétré du premier coup la cause de l'état mystérieux où je me trouve. Il me semble que mon corps est devenu perméable, et laisse échapper mon moi comme un crible l'eau par ses trous. Je me sens fondre dans le grand tout, et j'ai peine à me distinguer du milieu où je plonge.

La vie dont j'accomplis, autant que possible, la pantomime habituelle, pour ne pas chagriner mes parents et mes amis, me paraît si loin de moi, qu'il y a des instants où je me crois déjà sorti de la sphère humaine : je vais et je viens par les motifs qui me déterminaient autrefois, et dont l'impulsion mécanique dure encore, mais sans participer à ce que je fais. Je me mets à table aux heures ordinaires, et je parais manger et boire, quoique je ne sente aucun goût aux plats les plus épicés et aux vins les plus forts : la lumière du soleil me semble pâle comme celle de la lune, et les bougies ont des flammes noires. J'ai froid aux plus chauds jours de l'été ; parfois il se fait en moi un grand silence comme si mon cœur ne battait plus et que les rouages intérieurs fussent arrêtés par une cause inconnue. La mort ne doit pas être différente de cet état si elle est appréciable pour les défunts.

— Vous avez, reprit le docteur, une impossibilité de vivre chronique, maladie toute morale et plus fréquente qu'on ne pense. La pensée est une force qui peut tuer comme l'acide prussique, comme l'étincelle de la bouteille de Leyde, quoique la trace de ses ravages ne soit pas saisissable aux faibles moyens d'analyse dont la science vulgaire dispose. Quel chagrin a enfoncé son bec crochu dans votre foie? Du haut de quelle ambition secrète êtes-vous retombé brisé et moulu? Quel désespoir amer ruminez-vous dans l'immobilité? Est-ce la soif du pouvoir qui vous tourmente? Avez-vous renoncé volontairement à un but placé hors de la portée humaine? — Vous êtes bien jeune pour cela. — Une femme vous a-t-elle trompé?

— Non, docteur, répondit Octave, je n'ai pas même eu ce bonheur.

— Et cependant, reprit M. Balthazar Cherbonneau, je lis dans vos yeux ternes, dans l'habitude découragée de votre corps, dans le timbre sourd de votre voix, le titre d'une pièce de Shakspeare aussi nettement que s'il était estampé en lettres d'or sur le dos d'une reliure de maroquin.

— Et quelle est cette pièce que je traduis sans le savoir? dit Octave, dont la curiosité s'éveillait malgré lui.

— *Love's labour's lost*, continua le docteur avec une pureté d'accent qui trahissait un long séjour dans les possessions anglaises de l'Inde.

— Cela veut dire, si je ne me trompe, *peines d'amour perdues*.

— Précisément. »

Octave ne répondit pas; une légère rougeur colora ses joues, et, pour se donner une contenance, il se mit à jouer avec le gland de sa cordelière : le docteur avait reployé une de ses jambes sur l'autre, ce qui produisait l'effet des os en sautoir gravés sur les tombes, et se tenait le pied avec la main à la mode orientale. Ses yeux bleus se plongeaient dans les yeux d'Octave et les interrogeaient d'un regard impérieux et doux.

« Allons, dit M. Balthazar Cherbonneau, ouvrez-vous à moi, je suis le médecin des âmes, vous êtes mon malade, et, comme le prêtre catholique à son pénitent, je vous demande une confession complète, et vous pourrez la faire sans vous mettre à genou.

—A quoi bon? En supposant que vous ayez deviné juste, vous raconter mes douleurs ne les soulagerait pas. Je n'ai pas le chagrin bavard, — aucun pouvoir humain, même le vôtre, ne saurait me guérir.

— Peut-être, » fit le docteur en s'établissant plus carrément dans son fauteuil, comme quelqu'un qui se dispose à écouter une confidence d'une certaine longueur.

« Je ne veux pas, reprit Octave, que vous m'accusiez d'un entêtement puéril, et vous laisser, par mon mutisme, un moyen de vous laver les mains de mon trépas; mais, puisque vous y tenez, je vais vous raconter mon histoire; — vous en avez deviné le fond, je ne vous disputerai pas les détails. Ne vous attendez à rien de singulier ou de romanesque. C'est une aventure très-simple, très-commune, très-usée; mais, comme dit la chanson de Henri Heine, celui à qui elle arrive la trouve toujours nouvelle, et il en a le cœur brisé. En vérité, j'ai honte de dire quelque chose de si vulgaire à un homme qui a vécu dans les pays les plus fabuleux et les plus chimériques.

— N'ayez aucune crainte; il n'y a plus que le commun qui soit extraordinaire pour moi, dit le docteur en souriant.

— Eh bien, docteur, je me meurs d'amour. »

II

« Je me trouvais à Florence vers la fin de l'été, en 184..., la plus belle saison pour voir Florence. J'avais du temps, de l'argent, de bonnes lettres de recommandation, et alors j'étais un jeune homme de belle humeur, ne demandant pas mieux que de s'amuser. Je m'installai sur le Long-Arno, je louai une calèche et je me laissai aller à cette douce vie florentine qui a tant de charme pour l'étranger. Le matin, j'allais visiter quelque église, quelque palais ou quelque galerie tout à mon aise, sans me presser, ne voulant pas me donner cette indigestion de chefs-d'œuvre qui, en Italie, fait venir aux touristes trop hâtifs la nausée de l'art; tantôt je regardais les portes de bronze du baptistère, tantôt le Persée de Benvenuto sous la loggia dei Lanzi, le portrait de la Fornarina aux Offices, ou bien encore la Vénus de Canova au palais Pitti, mais jamais plus d'un objet à la fois. Puis je déjeunais au café Doney, d'une tasse de café à la glace, je fumais quelques cigares, parcourais les journaux, et, la boutonnière fleurie de gré ou de force par ces jolies bouquetières coiffées de grands chapeaux de paille qui stationnent devant le café, je rentrais chez moi faire la sieste; à trois heures, la calèche venait me prendre et me transportait aux *Cascines*. Les Cascines sont à Florence ce que le bois de Boulogne est à Paris, avec cette différence que tout le monde s'y connaît, et que le rond-point forme un salon en plein air, où les fauteuils sont remplacés par des voitures, arrêtées et rangées en demi-cercle. Les femmes, en grande toilette, à demi couchées sur les coussins, reçoivent les visites des amants et des attentifs, des dandys et des attachés de légation, qui se tiennent debout et chapeau bas sur le marchepied. — Mais vous savez cela tout aussi bien que moi. — Là se forment les projets pour la soirée, s'assignent les rendez-vous, se donnent les réponses, s'acceptent les invitations ; c'est comme une Bourse du plaisir qui se tient de trois heures à cinq heures, à l'ombre de beaux arbres, sous le ciel le plus doux du monde. Il est obligatoire, pour tout être un peu bien situé, de faire chaque jour une apparition aux Cascines. Je n'avais garde d'y manquer, et le soir, après dîner, j'allais dans quelques salons, ou à la Pergola, lorsque la cantatrice en valait la peine.

« Je passai ainsi un des plus heureux mois de ma vie ; mais ce bonheur ne devait pas durer. Une magnifique calèche fit un jour son début aux Cascines. Ce superbe produit de la carrosserie de Vienne, chef-d'œuvre de Laurenzi, miroité d'un vernis étincelant, historié d'un blason presque royal, était attelé de la plus belle paire de chevaux qui ait jamais piaffé à Hyde-Park ou à Saint-James au Drawing-Room de la reine Victoria, et mené à la Daumont de la façon la plus correcte par un tout jeune jockey en culotte de peau blanche et en casaque verte; les cuivres des harnais, les boîtes des roues, les poignées des portières brillaient comme de l'or et lançaient des éclairs au soleil; tous les regards suivaient ce splendide équipage qui, après avoir décrit sur le sable une courbe aussi régulière que si elle eût été tracée au compas, alla se ranger auprès des voitures. La calèche n'était pas vide, comme vous le pensez bien; mais dans la rapidité du mouvement on n'avait pu distinguer qu'un bout de bottine allongé sur le coussin du devant, un large pli de châle et le disque d'une ombrelle frangée de soie blanche. L'ombrelle se referma et l'on vit resplendir une femme d'une beauté incomparable. J'étais à cheval et je pus m'approcher assez pour ne perdre aucun détail de ce chef-d'œuvre humain. L'étrangère portait une robe de ce vert d'eau glacé d'argent qui fait paraître noire comme une taupe toute femme dont le teint n'est pas irréprochable, — une insolence de blonde sûre d'elle-même. — Un grand crêpe de Chine blanc, tout bossué de broderies de la même couleur, l'enveloppait de sa draperie souple et fripée à petits plis, comme une tunique de Phidias. Le visage avait pour auréole un chapeau de la plus fine paille de Florence, fleuri de myosotis et de délicates plantes aquatiques aux étroites feuilles glauques; pour tout bijou, un lézard d'or constellé de turquoises cerclait le bras qui tenait le manche d'ivoire de l'ombrelle.

« Pardonnez, cher docteur, cette description de journal de mode à un amant pour qui ces menus souvenirs prennent une importance énorme. D'épais bandeaux blonds crespelés, dont les annelures formaient comme des vagues de lumière, descendaient en nappes opulentes des deux côtés de son front plus blanc et plus pur que la neige vierge tombée dans la nuit sur le plus haut sommet d'une Alpe; des cils longs et déliés comme ces fils d'or que les miniaturistes du moyen âge font rayonner autour des têtes de leurs anges, voilaient à demi ses prunelles d'un bleu vert pareil à ces lueurs qui traversent les glaciers par certains effets de soleil; sa bouche, divinement dessinée, présentait ces teintes pourprées qui lavent les valves des conques de Vénus, et ses joues ressemblaient à de timides roses blanches que ferait rougir l'aveu du rossignol ou le baiser du papillon; aucun pinceau humain ne saurait rendre ce teint d'une suavité, d'une fraîcheur et d'une transparence immatérielles, dont les couleurs ne paraissaient pas dues au sang grossier qui enlumine nos fibres; les premières rougeurs de l'aurore sur la cime des sierras-nevadas, le ton carné de quelques camellias blancs, à l'onglet de leurs pétales, le marbre de Paros, entrevu à travers un voile de gaze rose, peuvent seuls en donner une idée lointaine. Ce qu'on apercevait du col entre les brides du chapeau et le haut du châle étincelait d'une blancheur irisée, au bord des contours, de vagues reflets d'opale. Cette tête éclatante ne saisissait pas d'abord par le dessin, mais bien par le coloris, comme les belles productions de l'école vénitienne, quoique ses traits fussent aussi purs et aussi délicats que ceux des profils antiques découpés dans l'agate des camées.

« Comme Roméo oublie Rosalinde à l'aspect de Juliette, à l'apparition de cette beauté suprême j'oubliai mes amours d'autrefois. Les pages de mon cœur redevinrent blanches : tout nom, tout souvenir en disparurent. Je ne comprenais pas comment j'avais pu trouver quelque attrait dans ces liaisons vulgaires que peu de jeunes gens évitent, et je me les reprochai comme de coupables infidélités. Une vie nouvelle data pour moi de cette fatale rencontre.

« La calèche quitta les Cascines et reprit le chemin de la ville, emportant l'éblouissante vision; je mis mon cheval auprès de celui d'un jeune Russe très-aimable, grand coureur d'eaux, répandu dans tous les salons cosmopolites d'Europe, et qui connaissait à fond le personnel voyageur de la haute vie; j'amenai la conversation sur l'étrangère, et j'appris que c'était la comtesse Prascovie Labinska, une Lithuanienne de naissance illustre et de grande fortune, dont le mari faisait depuis deux ans la guerre du Caucase.

« Il est inutile de vous dire quelles diplomaties je mis en œuvre pour être reçu chez la comtesse que l'absence du comte rendait très-réservée à l'endroit des présentations; enfin, je fus admis; — deux princesses douairières et quatre baronnes hors d'âge répondaient de moi sur leur antique vertu.

« La comtesse Labinska avait loué une villa magnifique, ayant appartenu jadis aux Salviati, à une demi-lieue de Florence, et en quelques jours elle avait su installer tout le confortable moderne dans l'antique manoir, sans en troubler en rien la beauté sévère et l'élégance sérieuse. De grandes portières armoriées s'agrafaient heureusement aux arcades ogivales ; des fauteuils et des meubles de forme ancienne s'harmonisaient avec les murailles couvertes de boiseries brunes ou de fresques d'un ton amorti et passé comme celui des vieilles tapisseries ; aucune couleur trop neuve, aucun or trop brillant n'agaçait l'œil, et le présent ne dissonait pas au milieu du passé. — La comtesse avait l'air si naturellement châtelaine, que le vieux palais semblait bâti exprès pour elle.

« Si j'avais été séduit par la radieuse beauté de la comtesse, je le fus bien davantage encore au bout de quelques visites par son esprit si rare, si fin, si étendu ; quand elle parlait sur quelque sujet intéressant, l'âme lui venait à la peau, pour ainsi dire, et se faisait visible. Sa blancheur s'illuminait comme l'albâtre d'une lampe d'un rayon intérieur : il y avait dans son teint de ces scintillations phosphorescentes, de ces tremblements lumineux dont parle Dante lorsqu'il peint les splendeurs du paradis ; on eût dit un ange se détachant en clair sur un soleil. Je restais ébloui, extatique et stupide. Abîmé dans la contemplation de sa beauté, ravi aux sons de sa voix céleste qui faisait de chaque idiome une musique ineffable, lorsqu'il me fallait absolument répondre, je balbutiais quelques mots incohérents qui devaient lui donner la plus pauvre idée de mon intelligence, quelquefois même un imperceptible sourire d'une ironie amicale passait comme une lueur rose sur ses lèvres charmantes à certaines phrases, qui dénotaient, de ma part, un trouble profond ou une incurable sottise.

« Je ne lui avais encore rien dit de mon amour ; devant elle j'étais sans pensée, sans force, sans courage ; mon cœur battait comme s'il voulait sortir de ma poitrine et s'élancer sur les genoux de sa souveraine. Vingt fois j'avais résolu de m'expliquer, mais une insurmontable timidité me retenait ; le moindre air froid ou réservé de la comtesse me causait des transes mortelles, et comparables à celles du condamné qui, la tête sur le billot, attend que l'éclair de la hache lui traverse le cou. Des contractions nerveuses m'étranglaient, des sueurs glacées baignaient mon corps. Je rougissais, je pâlissais et je sortais sans avoir rien dit, ayant peine à trouver la porte et chancelant comme un homme ivre sur les marches du perron.

« Lorsque j'étais dehors, mes facultés me revenaient et je lançais au vent les dithyrambes les plus enflammés. J'adressais à l'idole absente mille déclarations d'une éloquence irrésistible. J'égalais dans ces apostrophes muettes les grands poëtes de l'amour. — Le Cantique des cantiques de Salomon avec son vertigineux parfum oriental et son lyrisme halluciné de haschich, les sonnets de Pétrarque avec leurs subtilités platoniques et leurs délicatesses éthérées, l'Intermezzo de Henri Heine avec sa sensibilité nerveuse et délirante n'approchent pas de ces effusions d'âme intarissables où s'épuisait ma vie. Au bout de chacun de ces monologues, il me semblait que la comtesse vaincue devait descendre du ciel sur mon cœur, et plus d'une fois je me croisai les bras sur ma poitrine, pensant les renfermer sur elle.

« J'étais si complétement possédé que je passais des heures à murmurer en façon de litanies d'amour ces deux mots : — Prascovie Labinska, — trouvant un charme indéfinissable dans ces syllabes tantôt égrenées lentement comme des perles, tantôt dites avec la volubilité fiévreuse du dévot que sa prière même exalte. D'autres fois, je traçais le nom adoré sur les plus belles feuilles de vélin, en y apportant des recherches calligraphiques des manuscrits du moyen âge, rehauts d'or, fleurons d'azur, ramages de sinople. J'usais à ce labeur d'une minutie passionnée et d'une perfection puérile les longues heures qui séparaient mes visites à la comtesse. Je ne pouvais lire ni m'occuper de quoi que ce fût. Rien ne m'intéressait hors de Prascovie, et je ne décachetais même pas les lettres qui me venaient de France. A plusieurs reprises je fis des efforts pour sortir de cet état; j'essayai de me rappeler les axiomes de séduction acceptés par les jeunes gens, les stratagèmes qu'emploient les Valmont du café de Paris et les don Juan du Jockey-Club; mais à l'exécution le cœur me manquait, et je regrettais de ne pas avoir, comme le Julien Sorel de Stendhal, un paquet d'épîtres progressives à copier pour les envoyer à la comtesse. Je me contentais d'aimer, me donnant tout entier sans rien demander en retour, sans espérance même lointaine, car mes rêves les plus audacieux osaient à peine effleurer de leurs lèvres le bout des doigts rosés de Prascovie. Au quinzième siècle, le jeune novice le front sur les marches de l'autel, le chevalier agenouillé dans sa roide armure, ne devaient pas avoir pour la madone une adoration plus prosternée. »

M. Balthazar Cherbonneau avait écouté Octave avec une attention profonde, car pour lui le récit du jeune homme n'était pas seulement une histoire romanesque, et il se dit comme à lui-même pendant une pause du narrateur : « Oui, voilà bien le diagnostic de l'amour-passion, une maladie curieuse et que je n'ai rencontrée qu'une fois, — à Chandernagor, — chez une jeune paria éprise d'un brahme; elle en mourut, la pauvre fille, mais c'était une sauvage; vous, monsieur Octave, vous êtes un civilisé, et nous vous guérirons. » Sa parenthèse fermée, il fit signe de la main à M. de Saville de continuer; et, reployant sa jambe sur la cuisse comme la patte articulée d'une sauterelle, de manière à faire soutenir son menton par son genou, il s'établit dans cette position impossible pour tout autre, mais qui semblait spécialement commode pour lui.

« Je ne veux pas vous ennuyer du détail de mon martyre secret, continua Octave; j'arrive à une scène décisive. Un jour, ne pouvant plus modérer mon impérieux désir de voir la comtesse, je devançai l'heure de ma visite accoutumée; il faisait un temps orageux et lourd. Je ne trouvai pas madame Labinska au salon. Elle s'était établie sous un portique soutenu de sveltes colonnes, ouvrant sur une terrasse par laquelle on descendait au jardin ; elle avait fait apporter là son piano, un canapé et des chaises de jonc ; des jardinières, comblées de fleurs splendides — nulle part elles ne sont si fraîches ni si odorantes qu'à Florence — remplissaient les entre-colonnements, et imprégnaient de leur parfum les rares bouffées de brise qui venaient de l'Apennin. Devant soi, par l'ouverture des arcades, l'on apercevait les ifs et les buis taillés du jardin, d'où s'élançaient quelques cyprès centenaires, et que peuplaient des marbres mythologiques dans le goût tourmenté de Baccio Bandinelli ou de l'Ammanato. Au fond, au-dessus de la silhouette de Florence, s'arrondissait le dôme de Santa Maria del Fiore et jaillissait le beffroi carré du Palazzo Vecchio.

« La comtesse était seule, à demi couchée sur le canapé de jonc ; jamais elle ne m'avait paru si belle ; son corps nonchalant, alangui par la chaleur, baignait comme celui d'une nymphe marine dans l'écume blanche d'un ample peignoir de mousseline des Indes que bordait du haut en bas une garniture bouillonnée comme la frange d'argent d'une vague ; une broche en acier niellé du Khorassan fermait à la poitrine cette robe aussi légère que la draperie qui voltige autour de la Victoire rattachant sa sandale. Des manches ouvertes à partir de la saignée, comme les pistils du calice d'une fleur, sortaient ses bras d'un ton plus pur que celui de l'albâtre où les statuaires florentins taillent des copies de statues antiques ; un large ruban noir noué à la ceinture, et dont les bouts retombaient, tranchait vigoureusement sur toute cette blancheur. Ce que ce contraste de nuances attribuées au deuil aurait pu avoir de triste, était égayé par le bec d'une petite pantoufle circassienne sans quartier en maroquin bleu, gaufrée d'arabesques jaunes, qui pointait sous le dernier pli de la mousseline.

« Les cheveux blonds de la comtesse, dont les bandeaux bouffants, comme s'ils eussent été soulevés par un souffle, découvraient son front pur, et ses tempes transparentes formaient comme un nimbe, où la lumière pétillait en étincelles d'or.

« Près d'elle, sur une chaise, palpitait au vent un grand chapeau de paille de riz, orné de longs rubans noirs pareils à celui de la robe, et gisait une paire de gants de Suède qui n'avaient pas été mis. A mon aspect, Prascovie ferma le livre qu'elle lisait — les poésies de Mickiewicz — et me fit un petit signe de tête bienveillant ; elle était seule, — circonstance favorable et rare. — Je m'assis en face d'elle sur le siége qu'elle me désigna. Un de ces silences, pénibles quand ils se prolongent, régna quelques minutes entre nous. Je ne trouvais à mon service aucune de ces banalités de la conversation ; ma tête s'embarrassait, des vagues de flammes me montaient du cœur aux yeux, et mon amour me criait : « Ne perds pas cette occasion suprême. »

« J'ignore ce que j'eusse fait, si la comtesse, devinant la cause de mon trouble, ne se fût redressée à demi en tendant vers moi sa belle main, comme pour me fermer la bouche.

« — Ne dites pas un mot, Octave ; vous m'aimez, je le sais, je le sens, je le crois ; je ne vous en veux point, car l'amour est involontaire. D'autres femmes plus sévères se montreraient offensées ; moi, je vous plains, car je ne puis vous aimer, et c'est une tristesse pour moi d'être votre malheur. — Je regrette que vous m'ayez rencontrée, et maudis le caprice qui m'a fait quitter Venise pour Florence. J'espérais d'abord que ma froideur persistante vous lasserait et vous éloignerait ; mais le vrai amour, dont je vois tous les signes dans vos yeux, ne se rebute de rien. Que ma douceur ne fasse naître en vous aucune illusion, aucun rêve, et ne prenez pas ma pitié pour un encouragement. Un ange au bouclier de diamant, à l'épée flamboyante, me garde contre toute séduction, mieux que la religion, mieux que le devoir, mieux que la vertu ; — et cet ange, c'est mon amour : — j'adore le comte Labinski. J'ai le bonheur d'avoir trouvé la passion dans le mariage. »

« Un flot de larmes jaillit de mes paupières à cet aveu si franc, si loyal et si noblement pudique, et je sentis en moi se briser le ressort de ma vie.

« Prascovie, émue, se leva, et, par un mouvement de gracieuse pitié féminine, passa son mouchoir de batiste sur mes yeux :

« — Allons, ne pleurez pas, me dit-elle, je vous le défends. Tâchez de penser à autre chose, imaginez que je suis partie à tout jamais, que je suis morte ; oubliez-moi. Voyagez, travaillez, faites du bien, mêlez-vous activement à la vie humaine; consolez-vous dans un art ou un amour... »

« Je fis un geste de dénégation.

« — Croyez-vous souffrir moins en continuant à me voir ? reprit la comtesse ; venez, je vous recevrai toujours. Dieu dit qu'il faut pardonner à ses ennemis ; pourquoi traiterait-on plus mal ceux qui nous aiment? Cependant l'absence me paraît un remède plus sûr. — Dans deux ans nous pourrons nous serrer la main sans péril, — pour vous, » ajouta-t-elle en essayant de sourire.

« Le lendemain je quittai Florence ; mais ni l'étude, ni les voyages, ni le temps, n'ont diminué ma souffrance, et je me sens mourir : ne m'en empêchez pas, docteur !

— Avez-vous revu la comtesse Prascovie Labinska?» dit le docteur, dont les yeux bleus scintillaient bizarrement.

« Non, répondit Octave, mais elle est à Paris. » Et il tendit à M. Balthazar Cherbonneau une carte gravée sur laquelle on lisait :

« La comtesse Prascovie Labinska est chez elle le jeudi. »

III

Parmi les promeneurs assez rares alors qui suivaient aux Champs-Élysées l'avenue Gabriel, à partir de l'ambassade ottomane jusqu'à l'Élysée Bourbon, préférant au tourbillon poussiéreux et à l'élégant fracas de la grande chaussée l'isolement, le silence et la calme fraîcheur de cette route bordée d'arbres d'un côté et de l'autre de jardins, il en est peu qui ne se fussent arrêtés, tout rêveurs et avec un sentiment d'admiration mêlé d'envie, devant une poétique et mystérieuse retraite, où, chose rare, la richesse semblait loger le bonheur.

A qui n'est-il pas arrivé de suspendre sa marche à la grille d'un parc, de regarder longtemps la blanche villa à travers les massifs de verdure, et de s'éloigner le cœur gros, comme si le rêve de sa vie était caché derrière ces murailles? Au contraire, d'autres habitations, vues ainsi du dehors, vous inspirent une tristesse indéfinissable ; l'ennui, l'abandon, la désespérance glacent la façade de leurs teintes grises et jaunissent les cimes à demi chauves des arbres ; les statues ont des lèpres de mousse, les fleurs s'étiolent, l'eau des bassins verdit, les mauvaises herbes envahissent les sentiers malgré le racloir ; les oiseaux, s'il y en a, se taisent.

Les jardins en contre-bas de l'allée en étaient séparés par un saut-de-loup et se prolongeaient en bandes plus ou moins larges jusqu'aux hôtels, dont la façade donnait sur la rue du Faubourg-Saint-Honoré. Celui dont nous parlons se terminait au fossé par un remblai que soutenait un mur de grosses roches choisies pour l'irrégularité curieuse de leurs formes, et qui, se relevant de chaque côté en manière de coulisses, encadraient de leurs aspérités rugueuses et de leurs masses sombres le frais et vert paysage resserré entre elles.

Dans les anfractuosités de ces roches, le cactier raquette, l'asclépiade incarnate, le millepertuis, la saxifrage, le cymbalaire, la joubarbe, la lychnide des Alpes, le lierre d'Irlande trouvaient assez de terre végétale pour nourrir leurs racines et découpaient leurs verdures variées sur le fond vigoureux de la pierre ; — un peintre n'eût pas disposé, au premier plan de son tableau, un meilleur repoussoir.

Les murailles latérales qui fermaient ce paradis terrestre disparaissaient sous un rideau de plantes grimpantes, aristoloches, grenadilles bleues, campanules, chèvre-feuille, gypsophiles, glycines de Chine, périplocas de Grèce dont les griffes, les vrilles et les tiges s'enlaçaient à un treillis vert, car le bonheur lui-même ne veut pas être emprisonné ; et grâce à cette disposition le jardin ressemblait à une clairière dans une forêt plutôt qu'à un parterre assez étroit circonscrit par les clôtures de la civilisation.

Un peu en arrière des masses de rocaille, étaient groupés quelques bouquets d'arbres au port élégant, à la frondaison vigoureuse dont les feuillages contrastaient pittoresquement : vernis du Japon, tuyas du Canada, planes de Virginie, frênes verts, saules blancs, micocouliers de Provence, que dominaient deux ou trois mélèzes. Au delà des arbres s'étalait un gazon de ray-grass, dont pas une pointe d'herbe ne dépassait l'autre, un gazon plus fin, plus soyeux que le velours d'un manteau de reine, de cet idéal vert d'émeraude qu'on n'obtient qu'en Angleterre devant le perron des manoirs féodaux, moelleux tapis naturels que l'œil aime à caresser et que le pas craint de fouler, moquette végétale où, le jour, peuvent seuls se rouler au soleil la gazelle familière avec le jeune baby ducal dans sa robe de dentelles, et, la nuit, glisser au clair de lune quelque Titania du West-End la main enlacée à celle d'un Oberon porté sur le livre du peerage et du baronetage.

Une allée de sable tamisé au crible, de peur qu'une valve de conque ou qu'un angle de silex ne blessât les pieds aristocratiques qui y laissaient leur délicate empreinte, circulait comme un ruban jaune autour de cette nappe verte, courte et drue, que le rouleau égalisait, et dont la pluie factice de l'arrosoir entretenait la fraîcheur humide, même aux jours les plus desséchants de l'été.

Au bout de la pièce de gazon éclatait, à l'époque où se passe cette histoire, un vrai feu d'artifice fleuri tiré par un massif de géraniums, dont les étoiles écarlates flambaient sur le fond brun d'une terre de bruyère.

L'élégante façade de l'hôtel terminait la perspective ; de sveltes colonnes d'ordre ionique soutenant l'attique surmonté à chaque angle d'un gracieux groupe de marbre, lui donnaient l'apparence d'un temple grec transporté là par le caprice d'un millionnaire, et corrigeaient, en éveillant une idée de poésie et d'art, tout ce que ce luxe aurait pu avoir de trop fastueux ; dans les entre-colonnements, des stores rayés de larges bandes roses et presque toujours baissés abritaient et dessinaient les fenêtres, qui s'ouvraient de plein pied sous le portique comme des portes de glace.

Lorsque le ciel fantasque de Paris daignait étendre un pan d'azur derrière ce palazzino, les lignes s'en dessinaient si heureusement entre les touffes de verdure, qu'on pouvait les prendre pour le pied-à-terre de la Reine des fées, ou pour un tableau de Baron agrandi.

De chaque côté de l'hôtel s'avançaient dans le jardin deux serres formant ailes, dont les parois de cristal se diamentaient au soleil entre leurs nervures dorées, et faisaient à une foule de plantes exotiques les plus rares et les plus précieuses l'illusion de leur climat natal.

Si quelque poëte matineux eût passé avenue Gabriel aux premières rougeurs de l'aurore, il eût entendu le rossignol achever les derniers trilles de son nocturne, et vu le merle se promener en pantoufles jaunes dans l'allée du jardin comme un oiseau qui est chez lui ; mais la nuit, après que les roulements des voitures revenant de l'Opéra se sont éteints au milieu du silence de la vie endormie, ce même poëte aurait vaguement distingué une ombre blanche au bras d'un beau jeune homme, et serait remonté dans sa mansarde solitaire l'âme triste jusqu'à la mort.

C'était là qu'habitaient depuis quelque temps — le lecteur l'a sans doute déjà deviné — la comtesse Prascovie Labinska et son mari le comte Olaf Labinski, revenu de la guerre du Caucase après une glorieuse campagne, où, s'il ne s'était pas battu corps à corps avec le mystique et insaisissable Schamyl, certainement il avait eu affaire aux plus fanatiquement dévoués des Mourides de l'illustre scheyck. Il avait évité les balles comme les braves les évitent, en se précipitant au-devant d'elles, et les damas courbes des sauvages guerriers s'étaient brisés sur sa poitrine sans l'entamer. Le courage est une cuirasse sans défaut. Le comte Labinski possédait cette valeur folle des races slaves, qui aiment le péril pour le péril, et auxquelles peut s'appliquer encore ce refrain d'un vieux chant scandinave : « Ils tuent, meurent et rient ! »

Avec quelle ivresse s'étaient retrouvés ces deux époux, pour qui le mariage n'était que la passion permise par Dieu et par les hommes, Thomas Moore pourrait seul le dire en style d'*Amour des Anges!* Il faudrait que chaque goutte d'encre se transformât dans notre plume en goutte de lumière, et que chaque mot s'évaporât sur le papier en jetant une flamme et un parfum comme un grain d'encens. Comment peindre ces deux âmes fondues en une seule et pareilles à deux larmes de rosée qui, glissant sur un pétale de lis, se rencontrent, se mêlent, s'absorbent l'une l'autre et ne font plus qu'une perle unique? Le bonheur est une chose si rare en ce monde, que l'homme n'a pas songé à inventer des paroles pour le rendre, tandis que le vocabulaire des souffrances morales et physiques remplit d'innombrables colonnes dans le dictionnaire de toutes les langues.

Olaf et Prascovie s'étaient aimés tout enfants; jamais leur cœur n'avait battu qu'à un seul nom; ils savaient presque dès le berceau qu'ils s'appartiendraient, et le reste du monde n'existait pas pour eux; on eût dit que les morceaux de l'androgyne de Platon, qui se cherchent en vain depuis le divorce primitif, s'étaient retrouvés et réunis en eux; ils formaient cette dualité dans l'unité, qui est l'harmonie complète, et, côte à côte, ils marchaient, ou plutôt ils volaient à travers la vie d'un essor égal, soutenu, planant comme deux colombes que le même désir appelle, pour nous servir de la belle expression de Dante.

Afin que rien ne troublât cette félicité, une fortune immense l'entourait comme d'une atmosphère d'or. Dès que ce couple radieux paraissait, la misère consolée quittait ses haillons, les larmes se séchaient; car Olaf et Prascovie avaient le noble égoïsme du bonheur, et ils ne pouvaient souffrir une douleur dans leur rayonnement.

Depuis que le polythéisme a emporté avec lui ces jeunes dieux, ces génies souriants, ces éphèbes célestes aux formes d'une perfection si absolue, d'un rhythme si harmonieux, d'un idéal si pur, et que la Grèce antique ne chante plus l'hymne de la beauté en strophes de Paros, l'homme a cruellement abusé de la permission qu'on lui a donnée d'être laid, et, quoique fait à l'image de Dieu, le représente assez mal. Mais le comte Labinski n'avait pas profité de cette licence; l'ovale un peu allongé de sa figure, son nez mince, d'une coupe hardie et fine, sa lèvre fermement dessinée, qu'accentuait une moustache blonde aiguisée à ses pointes, son menton relevé et frappé d'une fossette, ses yeux noirs, singularité piquante, étrangeté gracieuse, lui donnaient l'air d'un de ces anges guerriers, saint Michel ou Raphaël, qui combattent le démon, revêtus d'armures d'or. Il eût été trop beau sans l'éclair mâle de ses sombres prunelles et la couche hâlée que le soleil d'Asie avait déposée sur ses traits.

Le comte était de taille moyenne, mince, svelte, nerveux, cachant des muscles d'acier sous une apparente délicatesse; et lorsque, dans quelque bal d'ambassade, il revêtait son costume de magnat, tout chamarré d'or, tout étoilé de diamants, tout brodé de perles, il passait parmi les groupes comme une apparition étincelante, excitant la jalousie des hommes et l'amour des femmes, que Prascovie lui rendait indifférentes. — Nous n'ajoutons pas que le comte possédait les dons de l'esprit comme ceux du corps; les fées bienveillantes l'avaient doué à son berceau, et la méchante sorcière qui gâte tout s'était montrée de bonne humeur ce jour-là.

Vous comprenez qu'avec un tel rival, Octave de Saville avait peu de chance, et qu'il faisait bien de se laisser tranquillement mourir sur les coussins de son divan, malgré l'espoir qu'essayait de lui remettre au cœur le fantastique docteur Balthazar Cherbonneau. — Oublier Prascovie eût été le seul moyen, mais c'était la chose impossible ; la revoir, à quoi bon? Octave sentait que la résolution de la jeune femme ne faiblirait jamais dans son implacabilité douce, dans sa froideur compatissante. Il avait peur que ses blessures non cicatrisées ne se rouvrissent et ne saignassent devant celle qui l'avait tué innocemment, et il ne voulait pas l'accuser, la douce meurtrière aimée !

IV

Deux ans s'étaient écoulés depuis le jour où la comtesse Labinska avait arrêté sur les lèvres d'Octave la déclaration d'amour qu'elle ne devait pas entendre ; Octave, tombé du haut de son rêve, s'était éloigné, ayant au foie le bec d'un chagrin noir, et n'avait pas donné de ses nouvelles à Prascovie. L'unique mot qu'il eût pu lui écrire était le seul défendu. Mais plus d'une fois la pensée de la comtesse effrayée de ce silence s'était reportée avec mélancolie sur son pauvre adorateur : — l'avait-il oubliée? Dans sa divine absence de coquetterie, elle le souhaitait sans le croire, car l'inextinguible flamme de la passion illuminait les yeux d'Octave, et la comtesse n'avait pu s'y méprendre. L'amour et les dieux se reconnaissent au regard : cette idée traversait comme un petit nuage le limpide azur de son bonheur, et lui inspirait la légère tristesse des anges qui, dans le ciel, se souviennent de la terre ; son âme charmante souffrait de savoir là-bas quelqu'un malheureux à cause d'elle; mais que peut l'étoile d'or scintillante au haut du firmament pour le pâtre obscur qui lève vers elle des bras éperdus? Aux temps mythologiques, Phœbé descendit bien des cieux en rayons d'argent sur le sommeil d'Endymion; mais elle n'était pas mariée à un comte polonais.

Dès son arrivée à Paris, la comtesse Labinska avait envoyé à Octave cette invitation banale que le docteur Balthazar Cherbonneau tournait distraitement entre ses doigts, et en ne le voyant pas venir, quoiqu'elle l'eût voulu, elle s'était dit avec un mouvement de joie involontaire : « Il m'aime toujours! » C'était cependant une femme d'une angélique pureté et chaste comme la neige du dernier sommet de l'Himalaya.

Mais Dieu lui-même, au fond de son infini, n'a pour se distraire de l'ennui des éternités que le plaisir d'entendre battre pour lui le cœur d'une pauvre petite créature périssable sur un chétif globe, perdu dans l'immensité. Prascovie n'était pas plus sévère que Dieu, et le comte Olaf n'eût pu blâmer cette délicate volupté d'âme.

« Votre récit, que j'ai écouté attentivement, dit le docteur à Octave, me prouve que tout espoir de votre part serait chimérique. Jamais la comtesse ne partagera votre amour.

— Vous voyez bien, monsieur Cherbonneau, que j'avais raison de ne pas chercher à retenir ma vie qui s'en va.

— J'ai dit qu'il n'y avait pas d'espoir avec les moyens ordinaires, continua le docteur ; mais il existe des puissances occultes que méconnaît la science moderne, et dont la tradition s'est conservée dans ces pays étranges nommés barbares par une civilisation ignorante. Là, aux premiers jours du monde, le genre humain, en contact immédiat avec les forces vives de la nature, savait des secrets qu'on croit perdus, et que n'ont point emportés dans leurs migrations les tribus qui, plus tard, ont formé les peuples. Ces secrets furent transmis d'abord d'initié à initié, dans les profondeurs mystérieuses des temples, écrits ensuite en idiomes sacrés incompréhensibles au vulgaire, sculptés en panneaux d'hiéroglyphes le long des parois cryptiques d'Ellora ; vous trouverez encore sur les croupes du mont Mérou, d'où s'échappe le Gange, au bas de l'escalier de marbre blanc de Bénarès la ville sainte, au fond des pagodes en ruines de Ceylan, quelques brahmes centenaires épelant des manuscrits inconnus, quelques yoghis occupés à redire l'ineffable monosyllabe *om* sans s'apercevoir que les oiseaux du ciel nichent dans leur chevelure ; quelques fakirs dont les épaules portent les cicatrices des crochets de fer de Jaggernat, qui les possèdent ces arcanes perdus et en obtiennent des résultats merveilleux lorsqu'ils daignent s'en servir. — Notre Europe, tout absorbée par les intérêts matériels, ne se doute pas du degré de spiritualisme où sont arrivés les pénitents de l'Inde : des jeûnes absolus, des contemplations effrayantes de fixité, des postures impossibles gardées pendant des années entières, atténuent si bien leurs corps, que vous diriez, à les voir accroupis sous un soleil de plomb, entre des brasiers ardents, laissant leurs ongles grandis leur percer la paume des mains, des momies égyptiennes retirées de leur caisse et ployées en des attitudes de singe ; leur enveloppe humaine n'est plus qu'une chrysalide, que l'âme, papillon immortel, peut quitter ou reprendre à volonté. Tandis que leur maigre dépouille reste là, inerte, horrible à voir, comme une larve nocturne surprise par le jour, leur esprit, libre de tous liens, s'élance, sur les ailes de l'hallucination, à des hauteurs incalculables, dans les mondes surnaturels. Ils ont des visions et des rêves étranges ; ils suivent d'extase en extase les ondulations que font les âges disparus sur l'océan de l'éternité ; ils parcourent l'infini en tous sens, assistent à la création des univers, à la genèse des dieux et à leurs métamorphoses ; la mémoire leur revient des sciences englouties par les cataclysmes plutoniens et diluviens, des rapports oubliés de l'homme et des éléments. Dans cet état bizarre, ils marmottent des mots appartenant à des langues qu'aucun peuple ne parle plus depuis des milliers d'années sur la surface du globe, ils retrouvent le verbe primordial, le verbe qui a fait jaillir la lumière des antiques ténèbres : on les prend pour des fous ; ce sont presque des dieux ! »

Ce préambule singulier surexcitait au dernier point l'attention d'Octave, qui, ne sachant où M. Balthazar Cherbonneau voulait en venir, fixait sur lui des yeux étonnés et petillants d'interrogations : il ne devinait pas quel rapport pouvaient offrir les pénitents de l'Inde avec son amour pour la comtesse Prascovie Labinska.

Le docteur, devinant la pensée d'Octave, lui fit un signe de main comme pour prévenir ses questions, et lui dit : « Patience, mon cher malade ; vous allez comprendre tout à l'heure que je ne me livre pas à une digression inutile. — Las d'avoir interrogé avec le scalpel, sur le marbre des amphithéâtres, des cadavres qui ne me répondaient pas et ne me laissaient voir que la mort quand je cherchais la vie, je formai le projet — un projet aussi hardi que celui de Prométhée escaladant le ciel pour y ravir le feu — d'atteindre et de surprendre l'âme, de l'analyser et de la disséquer pour ainsi dire ; j'abandonnai l'effet pour la cause, et pris en dédain profond la science matérialiste dont le néant m'était prouvé. Agir sur ces formes vagues, sur ces assemblages fortuits de molécules aussitôt dissous, me semblait la fonction d'un empirisme grossier. J'essayai par le magnétisme de relâcher les liens qui enchaînent l'esprit à son enveloppe ; j'eus bientôt dépassé Mesmer, Deslon, Maxwel, Puységur, Deleuze et les plus habiles, dans des expériences vraiment prodigieuses, mais qui ne me contentaient pas encore : catalepsie, somnambulisme, vue à distance, lucidité extatique, je produisis à volonté tous ces effets inexplicables pour la foule, simples et compréhensibles pour moi. — Je remontai plus haut : des ravissements de Cardan et de saint Thomas d'Aquin je passai aux crises nerveuses des

Pythies ; je découvris les arcanes des Époptes grecs et des Nebiim hébreux ; je m'initiai rétrospectivement aux mystères de Trophonius et d'Esculape, reconnaissant toujours dans les merveilles qu'on en raconte une concentration ou une expansion de l'âme provoquée soit par le geste, soit par le regard, soit par la parole, soit par la volonté ou tout autre agent inconnu. — Je refis un à un tous les miracles d'Apollonius de Thyane. — Pourtant mon rêve scientifique n'était pas accompli ; l'âme m'échappait toujours ; je la pressentais, je l'entendais, j'avais de l'action sur elle ; j'engourdissais ou j'excitais ses facultés ; mais entre elle et moi il y avait un voile de chair que je ne pouvais écarter sans qu'elle s'envolât ; j'étais comme l'oiseleur qui tient un oiseau sous un filet qu'il n'ose relever, de peur de voir sa proie ailée se perdre dans le ciel.

« Je partis pour l'Inde, espérant trouver le mot de l'énigme dans ce pays de l'antique sagesse. J'appris le sanscrit et le pacrit, les idiomes savants et vulgaires : je pus converser avec les pandits et les brahmes. Je traversai les jungles où rauque le tigre aplati sur ses pattes ; je longeai les étangs sacrés qu'écaille le dos des crocodiles ; je franchis des forêts impénétrables barricadées de lianes, faisant envoler des nuées de chauves-souris et de singes, me trouvant face à face avec l'éléphant au détour du sentier frayé par les bêtes fauves pour arriver à la cabane de quelque yoghi célèbre en communication vec les Mounis, et je m'assis des jours entiers près de lui, partageant sa peau de gazelle, pour noter les vagues incantations que murmurait l'extase sur ses lèvres noires et fendillées. Je saisis de la sorte des mots tout-puissants, des formules évocatrices, des syllabes du Verbe créateur.

« J'étudiai les sculptures symboliques dans les chambres intérieures des pagodes que n'a vues nul œil profane et où une robe de brahme me permettait de pénétrer; je lus bien des mystères cosmogoniques, bien des légendes de civilisations disparues; je découvris le sens des emblèmes que tiennent dans leurs mains multiples ces dieux hybrides et touffus comme la nature de l'Inde; je méditai sur le cercle de Brahma, le lotus de Wishnou, le cobra capello de Shiva, le dieu bleu. Ganésa, déroulant sa trompe de pachyderme et clignant ses petits yeux frangés de longs cils, semblait sourire à mes efforts et encourager mes recherches. Toutes ces figures monstrueuses me disaient dans leur langue de pierre : « Nous ne sommes que des formes, c'est l'esprit qui agite la masse. »

« Un prêtre du temple de Tirounamalay, à qui je fis part de l'idée qui me préoccupait, m'indiqua, comme parvenu au plus haut degré de sublimité, un pénitent qui habitait une des grottes de l'île d'Éléphanta. Je le trouvai, adossé au mur de la caverne, enveloppé d'un bout de sparterie, les genoux au menton, les doigts croisés sur les jambes, dans un état d'immobilité absolue; ses prunelles retournées ne laissaient voir que le blanc, ses lèvres bridaient sur ses dents déchaussées ; sa peau, tannée par une incroyable maigreur, adhérait aux pommettes ; ses cheveux, rejetés en arrière, pendaient par mèches roides comme des filaments de plantes du sourcil d'une roche ; sa barbe s'était divisée en deux flots qui touchaient presque terre, et ses ongles se recourbaient en serres d'aigle.

« Le soleil l'avait desséché et noirci de façon à donner à sa peau d'Indien, naturellement brune, l'apparence du basalte ; ainsi posé, il ressemblait de forme et de couleur à un vase canopique. Au premier aspect, je le crus mort. Je secouai ses bras comme ankylosés par une roideur cataleptique, je lui criai à l'oreille de ma voix la plus forte les paroles sacramentelles qui devaient me révéler à lui comme initié ; il ne tressaillit pas, ses paupières restèrent immobiles. — J'allais m'éloigner, désespérant d'en tirer quelque chose, lorsque j'entendis un petillement singulier ; une étincelle bleuâtre passa devant mes yeux avec la fulgurante rapidité d'une lueur électrique, voltigea une seconde sur les lèvres entr'ouvertes du pénitent, et disparut.

« Brahma-Logum (c'était le nom du saint personnage) sembla se réveiller d'une léthargie : ses prunelles reprirent leur place ; il me regarda avec un regard humain et répondit à mes questions. « Eh bien, tes désirs sont satisfaits : tu as vu une âme. Je suis parvenu à détacher la mienne de mon corps quand il me plaît ; — elle en sort, elle y rentre comme une abeille lumineuse, perceptible aux yeux seuls des adeptes. J'ai tant jeûné, tant prié, tant médité, je me suis macéré si rigoureusement, que j'ai pu dénouer les liens terrestres qui l'enchaînent, et que Wishnou, le dieu aux dix incarnations, m'a révélé le mot mystérieux qui la guide dans ses Avatars à travers les formes différentes. — Si, après avoir fait les gestes consacrés, je prononçais ce mot, ton âme s'envolerait pour animer l'homme ou la bête que je lui désignerais. Je te lègue ce secret, que je possède seul maintenant au monde. Je suis bien aise que tu sois venu, car il me tarde de me fondre dans le sein de l'incréé, comme une goutte d'eau dans la mer. — Et le pénitent me chuchota d'une voix faible comme le dernier râle d'un mourant, et pourtant distincte, quelques syllabes qui me firent passer sur le dos ce petit frisson dont parle Job.

— Que voulez-vous dire, docteur? s'écria Octave; je n'ose sonder l'effrayante profondeur de votre pensée.

— Je veux dire, répondit tranquillement M. Balthazar Cherbonneau, que je n'ai pas oublié la formule magique de mon ami Brahma-Logum, et que la comtesse Prascovie serait bien fine si elle reconnaissait l'âme d'Octave de Saville dans le corps d'Olaf Labinski. »

V

La réputation du docteur Balthazar Cherbonneau comme médecin et comme thaumaturge commençait à se répandre dans Paris; ses bizarreries, affectées ou vraies, l'avaient mis à la mode. Mais, loin de chercher à se faire, comme on dit, une clientèle, il s'efforçait de rebuter les malades en leur fermant sa porte ou en leur ordonnant des prescriptions étranges, des régimes impossibles. Il n'acceptait que des cas désespérés, renvoyant à ses confrères avec un dédain superbe les vulgaires fluxions de poitrine, les banales entérites, les bourgeoises fièvres typhoïdes, et dans ces occasions suprêmes il obtenait des guérisons vraiment inconcevables. Debout à côté du lit, il faisait des gestes magiques sur une tasse d'eau, et des corps déjà roides et froids, tout prêts pour le cercueil, après avoir avalé quelques gouttes de ce breuvage en desserrant des mâchoires crispées par l'agonie, reprenaient la souplesse de la vie, les couleurs de la santé, et se redressaient sur leur séant, promenant autour d'eux des regards accoutumés déjà aux ombres du tombeau. Aussi l'appelait-on le médecin des morts ou le résurrectionniste. Encore ne consentait-il pas toujours à opérer ces cures, et souvent refusait-il des sommes énormes de la part de riches moribonds. Pour qu'il se décidât à entrer en lutte avec la destruction, il fallait qu'il fût touché de la douleur d'une mère implorant le salut d'un enfant unique, du désespoir d'un amant demandant la grâce d'une maîtresse adorée, ou qu'il jugeât la vie menacée utile à la poésie, à la science et au progrès du genre humain. Il sauva de la sorte un charmant baby dont le croup serrait la gorge avec ses doigts de fer, une délicieuse jeune fille phthisique au dernier degré, un poëte en proie au *delirium tremens*, un inventeur attaqué d'une congestion cérébrale et qui allait enfouir le secret de sa découverte sous quelques pelletées de terre. Autrement il disait qu'on ne devait pas contrarier la nature, que certaines morts avaient leur raison d'être, et qu'on risquait, en les empêchant, de déranger quelque chose dans l'ordre universel. Vous voyez bien que M. Balthazar Cherbonneau était le docteur le plus paradoxal du monde, et qu'il avait rapporté de l'Inde une excentricité complète; mais sa renommée de magnétiseur l'emportait encore sur sa gloire de médecin; il avait donné devant un petit nombre d'élus quelques séances dont on racontait des merveilles à troubler toutes les notions du possible ou de l'impossible, et qui dépassaient les prodiges de Cagliostro.

Le docteur habitait le rez-de-chaussée d'un vieil hôtel de la rue du Regard, un appartement en enfilade comme on les faisait jadis, et dont les hautes fenêtres ouvraient sur un jardin planté de grands arbres au tronc noir, au grêle feuillage vert. Quoiqu'on fût en été, de puissants calorifères soufflaient par leurs bouches grillées de laiton des trombes d'air brûlant dans les vastes salles, et en maintenaient la température à trente-cinq ou quarante degrés de chaleur, car M. Balthazar Cherbonneau, habitué au climat incendiaire de l'Inde, grelottait à nos pâles soleils, comme ce voyageur qui, revenu des sources du Nil Bleu, dans l'Afrique centrale, tremblait de froid au Caire, et il ne sortait jamais qu'en voiture fermée, frileusement emmaillotté d'une pelisse de renard bleu de Sibérie, et les pieds posés sur un manchon de fer-blanc rempli d'eau bouillante.

Il n'y avait d'autres meubles dans ces salles que des divans bas en étoffes malabares historiées d'éléphants chimériques et d'oiseaux fabuleux, des étagères découpées, coloriées et dorées avec une naïveté barbare par les naturels de Ceylan, des vases du Japon pleins de fleurs exotiques ; et sur le plancher s'étalait, d'un bout à l'autre de l'appartement, un de ces tapis funèbres à ramages noirs et blancs que tissent pour pénitence les Thuggs en prison, et dont la trame semble faite avec le chanvre de leurs cordes d'étrangleurs ; quelques idoles indoues, de marbre ou de bronze, aux longs yeux en amande, au nez cerclé d'anneaux, aux lèvres épaisses et souriantes, aux colliers de perles descendant jusqu'au nombril, aux attributs singuliers et mystérieux, croisaient leurs jambes sur des piédouches dans les encoignures ; — le long des murailles étaient appendues des miniatures gouachées, œuvre de quelque peintre de Calcutta ou de Lucknow, qui représentaient les neuf *Avatars* déjà accomplis de Wishnou, en poisson, en tortue, en cochon, en lion à tête humaine, en nain brahmine, en Rama, en héros combattant le géant aux mille bras Cartasuciriargunen, en Kitsna, l'enfant miraculeux dans lequel des rêveurs voient un Christ indien ; en Bouddha, adorateur du grand dieu Mahadevi ; et, enfin, le montraient endormi, au milieu de la mer lactée, sur la couleuvre aux cinq têtes recourbées en dais, attendant l'heure de prendre, pour dernière incarnation, la forme de ce cheval blanc ailé qui, en laissant retomber son sabot sur l'univers, doit amener la fin du monde.

Dans la salle du fond, chauffée plus fortement encore que les autres, se tenait M. Balthazar Cherbonneau, entouré de livres sanscrits tracés au poinçon sur de minces lames de bois percées d'un trou et réunies par un cordon de manière à ressembler plus à des persiennes qu'à des volumes comme les entend la librairie européenne. Une machine électrique, avec ses bouteilles remplies de feuilles d'or et ses disques de verre tournés par des manivelles, élevait sa silhouette inquiétante et compliquée au milieu de la chambre, à côté d'un baquet mesmérique où plongeait une lance de métal et d'où rayonnaient de nombreuses tiges de fer. M. Cherbonneau n'était rien moins que charlatan et ne cherchait pas la mise en scène, mais cependant il était difficile de pénétrer dans cette retraite bizarre sans éprouver un peu de l'impression que devaient causer autrefois les laboratoires d'alchimie.

Le comte Olaf Labinski avait entendu parler des miracles réalisés par le docteur, et sa curiosité demi-crédule s'était allumée. Les races slaves ont un penchant naturel au merveilleux, que ne corrige pas toujours l'éducation la plus soignée, et d'ailleurs des témoins dignes de foi qui avaient assisté à ces séances en disaient de ces choses qu'on ne peut croire sans les avoir vues, quelque confiance qu'on ait dans le narrateur. Il alla donc visiter le thaumaturge.

Lorsque le comte Labinski entra chez le docteur Balthazar Cherbonneau, il se sentit comme entouré d'une vague flamme ; tout son sang afflua vers sa tête, les veines des tempes lui sifflèrent ; l'extrême chaleur qui régnait dans l'appartement le suffoquait ; les lampes où brûlaient des huiles aromatiques, les larges fleurs de Java balançant leurs énormes calices comme des encensoirs l'enivraient de leurs émanations vertigineuses et de leurs parfums asphyxiants. Il fit quelques pas en chancelant vers M. Cherbonneau, qui se tenait accroupi sur son divan, dans une de ces étranges poses de fakir ou de sannyâsi, dont le prince Soltikoff a si pittoresquement illustré son voyage de l'Inde. On eût dit, à le voir dessinant les angles de ses articulations sous les plis de ses vêtements, une araignée humaine pelotonnée au milieu de sa toile et se tenant immobile devant sa proie. A l'apparition du comte, ses prunelles de turquoise s'illuminèrent de lueurs phosphorescentes au centre de leur orbite dorée du bistre de l'hépatite, et s'éteignirent aussitôt comme recouvertes par une taie volontaire. Le docteur étendit la main vers Olaf, dont il comprit le malaise, et en deux ou trois passes l'entoura d'une atmosphère de printemps, lui créant un frais paradis dans cet enfer de chaleur.

« Vous trouvez-vous mieux à présent? Vos poumons, habitués aux brises de la Baltique qui arrivent toutes froides encore de s'être roulées sur les neiges centenaires du pôle, devaient haleter comme des soufflets de forge à cet air brûlant, où cependant je grelotte, moi, cuit, recuit et comme calciné aux fournaises du soleil. »

Le comte Olaf Labinski fit un signe pour témoigner qu'il ne souffrait plus de la haute température de l'appartement.

« Eh bien, dit le docteur avec un accent de bonhomie, vous avez entendu parler sans doute de mes tours de passe-passe, et vous voulez avoir un échantillon de mon savoir-faire ; oh! je suis plus fort que Comus, Comte ou Bosco.

— Ma curiosité n'est pas si frivole, répondit le comte, et j'ai plus de respect pour un des princes de la science.

— Je ne suis pas un savant dans l'acception qu'on donne à ce mot; mais au contraire, en étudiant certaines choses que la science dédaigne, je me suis rendu maître de forces occultes inemployées, et je produis des effets qui semblent merveilleux, quoique naturels. A force de la guetter, j'ai quelquefois surpris l'âme, — elle m'a fait des confidences dont j'ai profité et dit des mots que j'ai retenus. L'esprit est tout, la matière n'existe qu'en apparence ; l'univers n'est peut-être qu'un rêve de Dieu ou qu'une irradiation du Verbe dans l'immensité. Je chiffonne à mon gré la guenille du corps, j'arrête ou je précipite la vie, je déplace les sens, je supprime l'espace, j'anéantis la douleur sans avoir besoin de chloroforme, d'éther ou de toute autre drogue anesthésique. Armé de la volonté, cette électricité intellectuelle, je vivifie ou je foudroie. Rien n'est plus opaque pour mes yeux; mon regard traverse tout; je vois distinctement les rayons de la pensée, et comme on projette les spectres solaires sur un écran, je peux les faire passer par mon prisme invisible et les forcer à se réfléchir sur la toile blanche de mon cerveau. Mais tout cela est peu de chose à côté des prodiges qu'accomplissent certains yoghis de l'Inde, arrivés au plus sublime degré d'ascétisme. Nous autres Européens, nous sommes trop légers, trop distraits, trop futiles, trop amoureux de notre prison d'argile pour y ouvrir de bien larges fenêtres sur l'éternité et sur l'infini. Cependant j'ai obtenu quelques résultats assez étranges, et vous allez en juger, dit le docteur Balthazar Cherbonneau en faisant glisser sur leur tringle les anneaux d'une lourde portière qui masquait une sorte d'alcôve pratiquée dans le fond de la salle. »

A la clarté d'une flamme d'esprit-de-vin qui oscillait sur un trépied de bronze, le comte Olaf Labinski aperçut un spectacle effrayant qui le fit frissonner malgré sa bravoure. Une table de marbre noir supportait le corps d'un jeune homme nu jusqu'à la ceinture et gardant une immobilité cadavérique; de son torse hérissé de flèches comme celui de saint Sébastien, il ne coulait pas une goutte de sang; on l'eût pris pour une image de martyr coloriée, où l'on aurait oublié de teindre de cinabre les lèvres des blessures.

« Cet étrange médecin, dit en lui-même Olaf, est peut-être un adorateur de Shiva, et il aura sacrifié cette victime à son idole. »

« Oh! il ne souffre pas du tout; piquez-le sans crainte, pas un muscle de sa face ne bougera; » et le docteur lui enlevait les flèches du corps, comme l'on retire les épingles d'une pelote.

Quelques mouvements rapides de mains dégagèrent le patient du réseau d'effluves qui l'emprisonnait, et il s'éveilla le sourire de l'extase sur les lèvres comme sortant d'un rêve bienheureux. M. Balthazar Cherbonneau le congédia du geste, et il se retira par une petite porte coupée dans la boiserie dont l'alcôve était revêtue.

« J'aurais pu lui couper une jambe ou un bras sans qu'il s'en aperçût, dit le docteur en plissant ses rides en façon de sourire; je ne l'ai pas fait parce que je ne crée pas encore, et que l'homme, inférieur au lézard en cela, n'a pas une séve assez puissante pour reformer les membres qu'on lui retranche. Mais si je ne crée pas, en revanche je rajeunis. Et il enleva le voile qui recouvrait une femme âgée magnétiquement endormie sur un fauteuil, non loin de la table de marbre noir; ses traits, qui avaient pu être beaux, étaient flétris, et les ravages du temps se lisaient sur les contours amaigris de ses bras, de ses épaules et de sa poitrine. Le docteur fixa sur elle pendant quelques minutes, avec une intensité opiniâtre, les regards de ses prunelles bleues ; les lignes altérées se raffermirent, le galbe du sein reprit sa pureté virginale, une chair blanche et satinée remplit les maigreurs du col ; les joues s'arrondirent et se veloutèrent comme des pêches de toute la fraîcheur de la jeunesse ; les yeux s'ouvrirent scintillants dans un fluide vivace ; le masque de vieillesse, enlevé comme par magie, laissait voir la belle jeune femme disparue depuis longtemps.

« Croyez-vous que la fontaine de Jouvence ait versé quelque part ses eaux miraculeuses? dit le docteur au comte stupéfait de cette transformation. Je le crois, moi, car l'homme n'invente rien, et chacun de ses rêves est une divination ou un souvenir. — Mais abandonnons cette forme un instant repétrie par ma volonté, et consultons cette jeune fille qui dort tranquillement dans ce coin. Interrogez-la, elle en sait plus long que les pythies et les sibylles. Vous pouvez l'envoyer dans un de vos sept châteaux de Bohême, lui demander ce que renferme le plus secret de vos tiroirs, elle vous le dira, car il ne faudra pas à son âme plus d'une seconde pour faire le voyage ; chose, après tout, peu surprenante, puisque l'électricité parcourt soixante-dix mille lieues dans le même espace de temps, et l'électricité est à la pensée ce qu'est le fiacre au wagon. Donnez-lui la main pour vous mettre en rapport avec elle ; vous n'aurez pas besoin de formuler votre question, elle la lira dans votre esprit. »

La jeune fille, d'une voix atone comme celle d'une

ombre, répondit à l'interrogation mentale du comte :

« Dans le coffret de cèdre il y a un morceau de terre saupoudrée de sable fin sur lequel se voit l'empreinte d'un petit pied. »

— A-t-elle deviné juste? » dit le docteur négligemment et comme sûr de l'infaillibilité de sa somnambule.

Une éclatante rougeur couvrit les joues du comte. Il avait en effet, au premier temps de leurs amours, enlevé dans une allée d'un parc l'empreinte d'un pas de Prascovie, et il la gardait comme une relique au fond d'une boîte incrustée de nacre et d'argent, du plus précieux travail, dont il portait la clef microscopique suspendue à son cou par un jaseron de Venise.

M. Balthazar Cherbonneau, qui était un homme de bonne compagnie, voyant l'embarras du comte, n'insista pas et le conduisit à une table sur laquelle était posée une eau aussi claire que le diamant.

« Vous avez sans doute entendu parler du miroir magique où Méphistophélès fait voir à Faust l'image d'Hélène ; sans avoir un pied de cheval dans mon bas de soie et deux plumes de coq à mon chapeau, je puis vous régaler de cet innocent prodige. Penchez-vous sur cette coupe et pensez fixement à la personne que vous désirez faire apparaître ; vivante ou morte, lointaine ou rapprochée, elle viendra à votre appel, du bout du monde ou des profondeurs de l'histoire. »

Le comte s'inclina sur la coupe, dont l'eau se troubla bientôt sous son regard et prit des teintes opalines, comme si l'on y eût versé une goutte d'essence ; un cercle irisé des couleurs du prisme couronna les bords du vase, encadrant le tableau qui s'ébauchait déjà sous le nuage blanchâtre.

Le brouillard se dissipa. — Une jeune femme en peignoir de dentelles, aux yeux vert de mer, aux cheveux d'or crespelés, laissant errer comme des papillons blancs ses belles mains distraites sur l'ivoire du clavier, se dessina ainsi que sous une glace au fond de l'eau redevenue transparente, avec une perfection si merveilleuse qu'elle eût fait mourir tous les peintres de désespoir : — c'était Prascovie Labinska, qui, sans le savoir, obéissait à l'évocation passionnée du comte.

« Et maintenant passons à quelque chose de plus curieux, » dit le docteur en prenant la main du comte et en la posant sur une des tiges de fer du baquet mesmérique. Olaf n'eut pas plutôt touché le métal chargé d'un magnétisme fulgurant, qu'il tomba comme foudroyé.

Le docteur le prit dans ses bras, l'enleva comme une plume, le posa sur un divan, sonna, et dit au domestique qui parut au seuil de la porte :

« Allez chercher M. Octave de Saville. »

VI

Le roulement d'un coupé se fit entendre dans la cour silencieuse de l'hôtel, et presque aussitôt Octave se présenta devant le docteur ; il resta stupéfait lorsque M. Cherbonneau lui montra le comte Olaf Labinski étendu sur un divan avec les apparences de la mort. Il crut d'abord à un assassinat et resta quelques instants muet d'horreur ; mais, après un examen plus attentif, il s'aperçut qu'une respiration presque imperceptible abaissait et soulevait la poitrine du jeune dormeur.

« Voilà, dit le docteur, votre déguisement tout préparé ; il est un peu plus difficile à mettre qu'un domino loué chez Babin ; mais Roméo, en montant au balcon de Vérone, ne s'inquiète pas du danger qu'il y a de se casser le cou ; il sait que Juliette l'attend là-haut dans la chambre sous ses voiles de nuit ; et la comtesse Prascovie Labinska vaut bien la fille des Capulets. »

Octave, troublé par l'étrangeté de la situation, ne répondait rien ; il regardait toujours le comte, dont la tête légèrement rejetée en arrière posait sur un coussin, et qui ressemblait à ces effigies de chevaliers couchés au-dessus de leurs tombeaux dans les cloîtres gothiques, ayant sous leur nuque roidie un oreiller de marbre sculpté. Cette belle et noble figure qu'il allait déposséder de son âme lui inspirait malgré lui quelques remords.

Le docteur prit la rêverie d'Octave pour de l'hésitation : un vague sourire de dédain erra sur le pli de ses lèvres, et il lui dit :

« Si vous n'êtes pas décidé, je puis réveiller le comte, qui s'en retournera comme il est venu, émerveillé de mon pouvoir magnétique ; mais, pensez-y bien, une telle occasion peut ne jamais se retrouver. Pourtant, quelque intérêt que je porte à votre amour, quelque désir que j'aie de faire une expérience qui n'a jamais été tentée en Europe, je ne dois pas vous cacher que cet échange d'âmes a ses périls. Frappez votre poitrine, interrogez votre cœur. Risquez-vous franchement votre vie sur cette carte suprême ? L'amour est fort comme la mort, dit la Bible.

— Je suis prêt, répondit simplement Octave.

— Bien, jeune homme, s'écria le docteur en frottant ses mains brunes et sèches avec une rapidité extraordinaire, comme s'il eût voulu allumer du feu à la manière des sauvages. — Cette passion qui ne recule devant rien me plaît. Il n'y a que deux choses au monde : la passion et la volonté. Si vous n'êtes pas heureux, ce ne sera certes pas de ma faute. Ah ! mon vieux Brahma-Logum, tu vas voir du fond du ciel d'Indra où les apsaras t'entourent de leurs chœurs voluptueux, si j'ai oublié la formule irrésistible que tu m'as râlée à l'oreille en abandonnant ta carcasse momifiée. Les mots et les gestes, j'ai tout retenu. — A l'œuvre ! à l'œuvre ! Nous allons faire dans notre chaudron une étrange cuisine, comme les sorcières de Macbeth, mais sans l'ignoble sorcellerie du Nord.

— Placez-vous devant moi, assis dans ce fauteuil ; abandonnez-vous en toute confiance à mon pouvoir. Bien ! les yeux sur les yeux, les mains contre les mains.

— Déjà le charme agit. Les notions de temps et d'espace se perdent, la conscience du moi s'efface, les paupières s'abaissent; les muscles, ne recevant plus d'ordres du cerveau, se détendent; la pensée s'assoupit, tous les fils délicats qui retiennent l'âme au corps sont dénoués. Brahma, dans l'œuf d'or où il rêva dix mille ans, n'était pas plus séparé des choses extérieures; saturons-le d'effluves, baignons-le de rayons. »

Le docteur, tout en marmottant ces phrases entrecoupées, ne discontinuait pas un seul instant ses passes : de ses mains tendues jaillissaient des jets lumineux qui allaient frapper le front ou le cœur du patient, autour duquel se formait peu à peu une sorte d'atmosphère visible, phosphorescente comme une auréole.

« Très-bien! fit M. Balthazar Cherbonneau, s'applaudissant lui-même de son ouvrage. Le voilà comme je le veux. Voyons, voyons, qu'est-ce qui résiste encore par là? s'écria-t-il après une pause, comme s'il lisait à travers le crâne d'Octave le dernier effort de la personnalité près de s'anéantir. Quelle est cette idée mutine qui, chassée des circonvolutions de la cervelle, tâche de se soustraire à mon influence en se pelotonnant sur la monade primitive, sur le point central de la vie? Je saurai bien la rattraper et la mater. »

Pour vaincre cette involontaire rébellion, le docteur rechargea plus puissamment encore la batterie magnétique de son regard, et atteignit la pensée en révolte entre la base du cervelet et l'insertion de la moelle épinière, le sanctuaire le plus caché, le tabernacle le plus mystérieux de l'âme. Son triomphe était complet.

Alors il se prépara avec une solennité majestueuse à l'expérience inouïe qu'il allait tenter ; il se revêtit comme un mage d'une robe de lin, il lava ses mains dans une eau parfumée, il tira de diverses boîtes des poudres dont il se fit aux joues et au front des tatouages hiératiques; il ceignit son bras du cordon des brahmes, lut deux ou trois Slocas des poëmes sacrés, et n'omit aucun des rites minutieux recommandés par le sannyâsi des grottes d'Elephanta.

Ces cérémonies terminées, il ouvrit toutes grandes les bouches de chaleur, et bientôt la salle fut remplie d'une atmosphère embrasée qui eût fait se pâmer les tigres dans les jungles, se craqueler leur cuirasse de vase sur le cuir rugueux des buffles, et s'épanouir avec une détonation la large fleur de l'aloès.

« Il ne faut pas que ces deux étincelles du feu divin, qui vont se trouver nues tout à l'heure et dépouillées pendant quelques secondes de leur enveloppe mortelle, pâlissent ou s'éteignent dans notre air glacial, » dit le docteur en regardant le thermomètre, qui marquait alors 120 degrés Fahrenheit.

Le docteur Balthazar Cherbonneau, entre ces deux corps inertes, avait l'air, dans ses blancs vêtements, du sacrificateur d'une de ces religions sanguinaires qui jetaient des cadavres d'hommes sur l'autel de leurs dieux. Il rappelait ce prêtre de Vitziliputzili, la farouche idole mexicaine dont parle Henri Heine dans une de ses ballades, mais ses intentions étaient à coup sûr plus pacifiques.

Il s'approcha du comte Olaf Labinski toujours immobile, et prononça l'ineffable syllabe, qu'il alla rapidement répéter sur Octave profondément endormi. La figure ordinairement bizarre de M. Cherbonneau avait pris en ce moment une majesté singulière; la grandeur du pouvoir dont il disposait ennoblissait ses traits désordonnés, et si quelqu'un l'eût vu accomplissant ces rites mystérieux avec une gravité sacerdotale, il n'eût pas reconnu en lui le docteur hoffmanique qui appelait, en le défiant, le crayon de la caricature.

Il se passa alors des choses bien étranges : Octave de Saville et le comte Olaf Labinski parurent agités simultanément comme d'une convulsion d'agonie, leur visage se décomposa, une légère écume leur monta aux lèvres ; la pâleur de la mort décolora leur peau ; cependant deux petites lueurs bleuâtres et tremblotantes scintillaient incertaines au-dessus de leurs têtes.

A un geste fulgurant du docteur qui semblait leur tracer leur route dans l'air, les deux points phosphoriques se mirent en mouvement, et, laissant derrière eux un sillage de lumière, se rendirent à leur demeure nouvelle : l'âme d'Octave occupa le corps du comte Labinski, l'âme du comte celui d'Octave : l'avatar était accompli.

Une légère rougeur des pommettes indiquait que la vie venait de rentrer dans ces argiles humaines restées sans âme pendant quelques secondes, et dont l'Ange noir eût fait sa proie sans la puissance du docteur.

La joie du triomphe faisait flamboyer les prunelles bleues de Cherbonneau, qui se disait en marchant à grands pas dans la chambre : « Que les médecins les plus vantés en fassent autant, eux si fiers de raccommoder tant bien que mal l'horloge humaine lorsqu'elle se détraque : Hippocrate, Galien, Paracelse, Van Helmont, Boerhaave, Tronchin, Hahnemann, Rasori, le moindre fakir indien, accroupi sur l'escalier d'une pagode, en sait mille fois plus long que vous ! Qu'importe le cadavre quand on commande à l'esprit ! »

En finissant sa période, le docteur Balthazar Cherbonneau fit plusieurs cabrioles d'exultation, et dansa comme les montagnes dans le Sir-Hasirim du roi Salomon ; il faillit même tomber sur le nez, s'étant pris le pied aux plis de sa robe brahminique, petit accident qui le rappela à lui-même et lui rendit tout son sang-froid.

« Réveillons nos dormeurs, » dit M. Cherbonneau après avoir essuyé les raies de poudre colorées dont il s'était strié la figure et dépouillé son costume de brahme, — et, se plaçant devant le corps du comte Labinski habité par l'âme d'Octave, il fit les passes nécessaires pour le tirer de l'état somnambulique, secouant à chaque geste ses doigts chargés du fluide qu'il enlevait.

Au bout de quelques minutes, Octave-Labinski

(désormais nous le désignerons de la sorte pour la clarté du récit) se redressa sur son séant, passa ses mains sur ses yeux et promena autour de lui un regard étonné que la conscience du moi n'illuminait pas encore. Quand la perception nette des objets lui fut revenue, la première chose qu'il aperçut, ce fut sa forme placée en dehors de lui sur un divan. Il se voyait! non pas réfléchi par un miroir, mais en réalité. Il poussa un cri, — ce cri ne résonna pas avec le timbre de sa voix et lui causa une sorte d'épouvante; — l'échange d'âmes ayant eu lieu pendant le sommeil magnétique, il n'en avait pas gardé mémoire et éprouvait un malaise singulier. Sa pensée, servie par de nouveaux organes, était comme un ouvrier à qui l'on a retiré ses outils habituels pour lui en donner d'autres. Psyché dépaysée battait de ses ailes inquiètes la voûte de ce crâne inconnu, et se perdait dans les méandres de cette cervelle où restaient encore quelques traces d'idées étrangères.

« Eh bien, dit le docteur lorsqu'il eut suffisamment joui de la surprise d'Octave-Labinski, que vous semble de votre nouvelle habitation? Votre âme se trouve-t-elle bien installée dans le corps de ce charmant cavalier, hetmann, hospodar ou magnat, mari de la plus belle femme du monde? Vous n'avez plus envie de vous laisser mourir comme c'était votre projet la première fois que je vous ai vu dans votre triste appartement de la rue Saint-Lazare, maintenant que les portes de l'hôtel Labinski vous sont toutes grandes ouvertes et que vous n'avez plus peur que Prascovie ne vous mette la main devant la bouche, comme à la villa Salviati, lorsque vous voudrez lui parler d'amour! Vous voyez bien que le vieux Balthazar Cherbonneau, avec sa figure de macaque, qu'il ne tiendrait qu'à lui de changer pour une autre, possède encore dans son sac à malices d'assez bonnes recettes.

— Docteur, répondit Octave-Labinski, vous avez le pouvoir d'un Dieu, ou, tout au moins, d'un démon.

— Oh! oh! n'ayez pas peur, il n'y a pas la moindre diablerie là dedans. Votre salut ne périclite pas: je ne vais pas vous faire signer un pacte avec un parafe rouge. Rien n'est plus simple que ce qui vient de se passer. Le Verbe qui a créé la lumière peut bien déplacer une âme. Si les hommes voulaient écouter Dieu à travers le temps et l'infini, ils en feraient, ma foi, bien d'autres.

— Par quelle reconnaissance, par quel dévouement reconnaître cet inestimable service?

— Vous ne me devez rien; vous m'intéressiez, et pour un vieux Lascar comme moi, tanné à tous les soleils, bronzé à tous les événements, une émotion est une chose rare. Vous m'avez révélé l'amour, et vous savez que nous autres rêveurs un peu alchimistes, un peu magiciens, un peu philosophes, nous cherchons tous plus ou moins l'absolu. Mais levez-vous donc, remuez-vous, marchez, et voyez si votre peau neuve ne vous gêne pas aux entournures. »

Octave-Labinski obéit au docteur et fit quelques

tours par la chambre ; il était déjà moins embarrassé ; quoique habité par une autre âme, le corps du comte conservait l'impulsion de ses anciennes habitudes, et l'hôte récent se confia à ces souvenirs physiques, car il lui importait de prendre la démarche, l'allure, le geste du propriétaire expulsé.

« Si je n'avais opéré moi-même tout à l'heure le déménagement de vos âmes, je croirais, dit en riant le docteur Balthazar Cherbonneau, qu'il ne s'est rien passé que d'ordinaire pendant cette soirée, et je vous prendrais pour le véritable, légitime et authentique comte lithuanien Olaf de Labinski, dont le moi sommeille encore là-bas dans la chrysalide que vous avez dédaigneusement laissée. Mais minuit va sonner bientôt ; partez pour que Prascovie ne vous gronde pas et ne vous accuse pas de lui préférer le lansquenet ou le baccarat. Il ne faut pas commencer votre vie d'époux par une querelle, ce serait de mauvais augure. Pendant ce temps, je m'occuperai de réveiller votre ancienne enveloppe avec toutes les précautions et les égards qu'elle mérite. »

Reconnaissant la justesse des observations du docteur, Octave-Labinski se hâta de sortir. Au bas du perron piaffaient d'impatience les magnifiques chevaux bais du comte, qui, en mâchant leurs mors, avaient devant eux couvert le pavé d'écume. — Au bruit de pas du jeune homme, un superbe chasseur vert, de la race perdue des heyduques, se précipita vers le marchepied, qu'il abattit avec fracas. Octave, qui s'était d'abord dirigé machinalement vers son modeste brougham, s'installa dans le haut et splendide coupé, et dit au chasseur, qui jeta le mot au cocher : « A l'hôtel ! » La portière à peine fermée, les chevaux partirent en faisant des courbettes, et le digne successeur des Almanzor et des Azolan se suspendit aux larges cordons de passementerie avec une prestesse que n'aurait pas laissé supposer sa grande taille.

Pour des chevaux de cette allure la course n'est pas longue de la rue du Regard au faubourg Saint-Honoré ; l'espace fut dévoré en quelques minutes, et le cocher cria de sa voix de Stentor : La porte !

Les deux immenses battants, poussés par le suisse, livrèrent passage à la voiture, qui tourna dans une grande cour sablée et vint s'arrêter avec une précision remarquable sous une marquise rayée de blanc et de rose.

La cour, qu'Octave-Labinski détailla avec cette rapidité de vision que l'âme acquiert en certaines occasions solennelles, était vaste, entourée de bâtiments symétriques, éclairée par des lampadaires de bronze dont le gaz dardait ses langues blanches dans des fanaux de cristal semblables à ceux qui ornaient autrefois le Bucentaure, et sentait le palais plus que l'hôtel ; des caisses d'orangers dignes de la terrasse de Versailles étaient posées de distance en distance sur la marge d'asphalte qui encadrait comme une bordure le tapis de sable formant le milieu.

Le pauvre amoureux transformé, en mettant le pied sur le seuil, fut obligé de s'arrêter quelques secoudes et de poser sa main sur son cœur pour en comprimer les battements. Il avait bien le corps du comte Olaf Labinski, mais il n'en possédait que l'apparence physique ; toutes les notions que contenait cette cervelle s'étaient enfuies avec l'âme du premier propriétaire, — la maison qui désormais devait être la sienne lui était inconnue, il en ignorait les dispositions intérieures ; — un escalier se présentait devant lui, il le suivit à tout hasard, sauf à mettre son erreur sur le compte d'une distraction.

Les marches de pierre poncée éclataient de blancheur et faisaient ressortir le rouge opulent de la large bande de moquette retenue par des baguettes de cuivre doré qui dessinait au pied son moelleux chemin ; des jardinières remplies des plus belles fleurs exotiques montaient chaque degré avec vous.

Une immense lanterne découpée et fenestrée, suspendue à un gros câble de soie pourpre orné de houppes et de nœuds, faisait courir des frissons d'or sur les murs revêtus d'un stuc blanc et poli comme le marbre, et projetait une masse de lumière sur une répétition de la main de l'auteur, d'un des plus célèbres groupes de Canova, *l'Amour embrassant Psyché.*

Le palier de l'étage unique était pavé de mosaïques d'un précieux travail, et aux parois, des cordes de soie suspendaient quatre tableaux de Paris Bordone, de Bonifazzio, de Palma le Vieux et de Paul Véronèse, dont le style architectural et pompeux s'harmonisait avec la magnificence de l'escalier.

Sur ce palier s'ouvrait une haute porte de serge relevée de clous dorés ; Octave-Labinski la poussa et se trouva dans une vaste antichambre où sommeillaient quelques laquais en grande tenue, qui, à son approche, se levèrent comme poussés par des ressorts et se rangèrent le long des murs avec l'impassibilité d'esclaves orientaux.

Il continua sa route. Un salon blanc et or, où il n'y avait personne, suivait l'antichambre. Octave tira une sonnette. Une femme de chambre parut.

« Madame peut-elle me recevoir ?

— Madame la comtesse est en train de se déshabiller, mais tout à l'heure elle sera visible. »

VII

Resté seul avec le corps d'Octave de Saville, habité par l'âme du comte Olaf Labinski, le docteur Balthazar Cherbonneau se mit en devoir de rendre cette forme inerte à la vie ordinaire. Au bout de quelques passes Olaf-de Saville (qu'on nous permette de réunir ces deux noms pour désigner un personnage double) sortit comme un fantôme des limbes du profond sommeil, ou plutôt de la catalepsie qui l'enchaînait, immobile et roide, sur l'angle du divan ; il se leva avec un mouvement automatique que la volonté ne dirigeait pas encore, et chancelant sous un vertige mal dissipé. Les objets vacillaient autour de lui, les incarnations de Wishnou dansaient la sarabande le long des murailles, le docteur Cherbonneau lui apparaissait sous la figure du sannyâsi d'Elephanta, agitant ses bras comme des ailerons d'oiseau et roulant ses prunelles bleues dans des orbes de rides brunes, pareils à des cercles de besicles; — les spectacles étranges auxquels il avait assisté avant de tomber dans l'anéantissement magnétique réagissaient sur sa raison, et il ne se reprenait que lentement à la réalité : il était comme un dormeur réveillé brusquement d'un cauchemar, qui prend encore pour des spectres ses vêtements épars sur les meubles, avec de vagues formes humaines, et pour des yeux flamboyants de cyclope les patères de cuivre des rideaux, simplement illuminées par le reflet de la veilleuse.

Peu à peu cette fantasmagorie s'évapora; tout revint à son aspect naturel; M. Balthazar Cherbonneau ne fut plus un pénitent de l'Inde, mais un simple docteur en médecine, qui adressait à son client un sourire d'une bonhomie banale.

« Monsieur le comte est-il satisfait des quelques expériences que j'ai eu l'honneur de faire devant lui? disait-il avec un ton d'obséquieuse humilité où l'on aurait pu démêler une légère nuance d'ironie ; — j'ose espérer qu'il ne regrettera pas trop sa soirée et qu'il partira convaincu que tout ce qu'on raconte sur le magnétisme n'est pas fable et jonglerie, comme le prétend la science officielle. »

Olaf de Saville répondit par un signe de tête en

manière d'assentiment, et sortit de l'appartement accompagné du docteur Cherbonneau, qui lui faisait de profonds saluts à chaque porte.

Le brougham s'avança en rasant les marches, et l'âme du mari de la comtesse Labinska y monta avec le corps d'Octave de Saville sans trop se rendre compte que ce n'était là ni sa livrée ni sa voiture.

Le cocher demanda où monsieur allait.

« Chez moi, » répondit Olaf-de Saville, confusément étonné de ne pas reconnaître la voix du chasseur vert qui, ordinairement, lui adressait cette question avec un accent hongrois des plus prononcés. Le brougham où il se trouvait était tapissé de damas bleu foncé ; un satin bouton d'or capitonnait son coupé, et le comte s'étonnait de cette différence tout en l'acceptant comme on fait dans le rêve où les objets habituels se présentent sous des aspects tout autres sans pourtant cesser d'être reconnaissables ; il se sentait aussi plus petit que de coutume ; en outre, il lui semblait être venu en habit chez le docteur, et, sans se souvenir d'avoir changé de vêtement, il se voyait habillé d'un paletot d'été en étoffe légère qui n'avait jamais fait partie de sa garde-robe ; son esprit éprouvait une gêne inconnue, et ses pensées, le matin si lucides, se débrouillaient péniblement. Attribuant cet état singulier aux scènes étranges de la soirée, il ne s'en occupa plus, il appuya sa tête à l'angle de la voiture, et se laissa aller à une rêverie flottante, à une vague somnolence qui n'était ni la veille ni le sommeil.

Le brusque arrêt du cheval et la voix du cocher criant « La porte ! » le rappelèrent à lui ; il baissa la glace, mit la tête dehors et vit à la clarté du réverbère une rue inconnue, une maison qui n'était pas la sienne.

« Où diable me mènes-tu, animal ? s'écria-t-il ; sommes-nous donc faubourg Saint-Honoré, hôtel Labinski ?

— Pardon, monsieur ; je n'avais pas compris, » grommela le cocher en faisant prendre à sa bête la direction indiquée.

Pendant le trajet, le comte transfiguré se fit plusieurs questions auxquelles il ne pouvait répondre. Comment sa voiture était-elle partie sans lui, puisqu'il avait donné ordre qu'on l'attendît ? Comment se trouvait-il lui-même dans la voiture d'un autre ? Il supposa qu'un léger mouvement de fièvre troublait la netteté de ses perceptions, ou que peut-être le docteur thaumaturge, pour frapper plus vivement sa crédulité, lui avait fait respirer pendant son sommeil quelque flacon de haschich ou de toute autre drogue hallucinatrice dont une nuit de repos dissiperait les illusions.

La voiture arriva à l'hôtel Labinski ; le suisse, interpellé, refusa d'ouvrir la porte, disant qu'il n'y avait pas de réception ce soir-là, que monsieur était rentré depuis plus d'une heure et madame retirée dans ses appartements.

« Drôle, es-tu ivre ou fou ? dit Olaf-de Saville en repoussant le colosse qui se dressait gigantesquement sur le seuil de la porte entre-bâillée, comme une de ces statues en bronze qui, dans les contes arabes défendent aux chevaliers errants l'accès des châteaux enchantés.

« Ivre ou fou vous-même, mon petit monsieur, » répliqua le suisse, qui, de cramoisi qu'il était naturellement, devint bleu de colère.

— Misérable! rugit Olaf-de Saville, si je ne me respectais...

— Taisez-vous ou je vais vous casser sur mon genou et jeter vos morceaux sur le trottoir, répliqua le géant en ouvrant une main plus large et plus grande que la colossale main de plâtre exposée chez le gantier de la rue Richelieu; il ne faut pas faire le méchant avec moi, mon petit jeune homme parce qu'on a bu une ou deux bouteilles de vin de Champagne de trop. »

Olaf-de Saville, exaspéré, repoussa le suisse si rudement, qu'il pénétra sous le porche. Quelques valets qui n'étaient pas couchés encore accoururent au bruit de l'altercation.

« Je te chasse, bête brute, brigand, scélérat! je ne veux pas même que tu passes la nuit à l'hôtel; sauve-toi, ou je te tue comme un chien enragé. Ne me fais pas verser l'ignoble sang d'un laquais. »

Et le comte, dépossédé de son corps, s'élançait les yeux injectés de rouge, l'écume aux lèvres, les poings crispés, vers l'énorme suisse, qui, rassemblant les deux mains de son agresseur dans une des siennes, les y maintint presque écrasées par l'étau de ses gros doigts courts, charnus et noueux comme ceux d'un tortionnaire du moyen âge.

« Voyons, du calme, disait le géant, assez bonasse au fond, qui ne redoutait plus rien de son adversaire et lui imprimait quelques saccades pour le tenir en respect. — Y a-t-il du bon sens de se mettre dans des états pareils quand on est vêtu en homme du monde, et de venir ensuite comme un perturbateur faire des tapages nocturnes dans les maisons respectables? On doit des égards au vin, et il doit être fameux celui qui vous a si bien grisé! c'est pourquoi je ne vous assomme pas, et je me contenterai de vous poser délicatement dans la rue, où la patrouille vous ramassera si vous continuez vos esclandres; — un petit air de violon vous rafraîchira les idées.

— Infâmes, s'écria Olaf-de Saville en interpellant les laquais, vous laissez insulter par cette abjecte canaille votre maître, le noble comte Labinski! »

A ce nom, la valetaille poussa d'un commun accord une immense huée; un éclat de rire énorme, homérique, convulsif, souleva toutes ces poitrines chamarrées de galons : « Ce petit monsieur qui se croit le comte Labinski! ha! ha! hi! hi! l'idée est bonne! »

Une sueur glacée mouilla les tempes d'Olaf-de Saville. Une pensée aiguë lui traversa la cervelle comme une lame d'acier, et il sentit se figer la moelle de ses os. Smarra lui avait-il mis son genou sur la poitrine où vivait-il de la vie réelle? Sa raison avait-elle sombré dans l'océan sans fond du magnétisme, ou était-il le jouet de quelque machination diabolique? — Aucun de ses laquais si tremblants, si sou-

mis, si prosternés devant lui, ne le reconnaissait.
Lui avait-on changé son corps comme son vêtement
et sa voiture?

« Pour que vous soyez bien sûr de n'être pas le
comte de Labinski, dit un des plus insolents de la
bande, regardez là-bas, le voilà lui-même qui descend
le perron, attiré par le bruit de votre algarade. »

Le captif du suisse tourna les yeux vers le fond de
la cour, et vit debout sous l'auvent de la marquise un
jeune homme de taille élégante et svelte, à figure
ovale, aux yeux noirs, au nez aquilin, à la moustache
fine, qui n'était autre que lui-même, ou son
spectre modelé par le diable, avec une ressemblance
à faire illusion.

Le suisse lâcha les mains qu'il tenait prisonnières.
Les valets se rangèrent respectueusement contre la
muraille, le regard baissé, les mains pendantes,
dans une immobilité absolue, comme les icoglans
à l'approche du padischa; ils rendaient à ce fantôme
les honneurs qu'ils refusaient au comte véritable.

L'époux de Prascovie, quoique intrépide comme
un Slave, c'est tout dire, ressentit un effroi indicible
à l'approche de ce Ménechme, qui, plus terrible que
celui du théâtre, se mêlait à la vie positive et rendait
son jumeau méconnaissable.

Une ancienne légende de famille lui revint en mémoire
et augmenta encore sa terreur. Chaque fois
qu'un Labinski devait mourir, il en était averti par
l'apparition d'un fantôme absolument pareil à lui.

Parmi les nations du Nord, voir son double, même en rêve, a toujours passé pour un présage fatal, et l'intrépide guerrier du Caucase, à l'aspect de cette vision extérieure de son moi, fut saisi d'une insurmontable horreur superstitieuse ; lui qui eût plongé son bras dans la gueule des canons prêts à tirer, il recula devant lui-même.

Octave-Labinski s'avança vers son ancienne forme, où se débattait, s'indignait et frissonnait l'âme du comte, et lui dit d'un ton de politesse hautaine et glaciale :

« Monsieur, cessez de vous compromettre avec ces valets. M. le comte de Labinski, si vous voulez lui parler, est visible de midi à deux heures. Madame la comtesse reçoit le jeudi les personnes qui ont eu l'honneur de lui être présentées. »

Cette phrase débitée lentement et en donnant de la valeur à chaque syllabe, le faux comte se retira d'un pas tranquille, et les portes se refermèrent sur lui.

On porta dans la voiture Olaf-de Saville évanoui. Lorsqu'il reprit ses sens, il était couché sur un lit qui n'avait pas la forme du sien, dans une chambre où il ne se rappelait pas être jamais entré ; près de lui se tenait un domestique étranger qui lui soulevait la tête et lui faisait respirer un flacon d'éther.

« Monsieur se sent-il mieux ? demanda Jean au comte, qu'il prenait pour son maître.

— Oui, répondit Olaf-de Saville ; ce n'était qu'une faiblesse passagère.

— Puis-je me retirer ou faut-il que je veille, monsieur ?

— Non, laissez-moi seul ; mais, avant de vous retirer, allumez les torchères près de la glace.

— Monsieur n'a pas peur que cette vive clarté ne l'empêche de dormir ?

— Nullement ; d'ailleurs je n'ai pas sommeil encore.

— Je ne me coucherai pas, et si monsieur a besoin de quelque chose, j'accourrai au premier coup de sonnette, » dit Jean, intérieurement alarmé de la pâleur et des traits décomposés du comte.

Lorsque Jean se fut retiré après avoir allumé les bougies, le comte s'élança vers la glace, et, dans le cristal profond et pur où tremblait la scintillation des lumières, il vit une tête jeune, douce et triste, aux abondants cheveux noirs, aux prunelles d'un azur sombre, aux joues pâles, duvetée d'une barbe soyeuse et brune, une tête qui n'était pas la sienne, et qui du fond du miroir le regardait avec un air surpris. Il s'efforça d'abord de croire qu'un mauvais plaisant encadrait son masque dans la bordure incrustée de cuivre et de burgau de la glace à biseaux vénitiens. Il passa la main derrière ; il ne sentit que les planches du parquet ; il n'y avait personne.

Ses mains, qu'il tâta, étaient plus maigres, plus longues, plus veinées ; au doigt annulaire saillait en bosse une grosse bague d'or avec un chaton d'aventurine sur laquelle un blason était gravé, — un écu fascé de gueules et d'argent, et pour timbre un tortil de baron. Cet anneau n'avait jamais appartenu au comte, qui portait d'or à l'aigle de sable essorant, becqué, patté et onglé de même; le tout surmonté de la couronne à perles. Il fouilla ses poches, il y trouva un petit portefeuille contenant des cartes de visite avec ce nom : « Octave de Saville. »

Le rire des laquais à l'hôtel Labinski, l'apparition de son double, la physionomie inconnue substituée à sa réflexion dans le miroir pouvaient être, à la rigueur, les illusions d'un cerveau malade ; mais ces habits différents, cet anneau qu'il ôtait de son doigt, étaient des preuves matérielles, palpables, des témoignages impossibles à récuser. Une métamorphose complète s'était opérée en lui à son insu, un magicien, à coup sûr, un démon peut-être, lui avait volé sa forme, sa noblesse, son nom, toute sa personnalité, en ne lui laissant que son âme sans moyens de la manifester.

Les historiens fantastiques de Pierre Schlemil et de la Nuit de saint Sylvestre lui revinrent en mémoire ; mais les personnages de Lamotte-Fouqué et d'Hoffmann n'avaient perdu, l'un que son ombre, l'autre que son reflet ; et si cette privation bizarre d'une projection que tout le monde possède inspirait des soupçons inquiétants, personne du moins ne leur niait qu'ils ne fussent eux-mêmes.

Sa position, à lui, était bien autrement désastreuse: il ne pouvait réclamer son titre de comte Labinski avec la forme dans laquelle il se trouvait emprisonné. Il passerait aux yeux de tout le monde pour un impudent imposteur, ou tout au moins pour un fou. Sa femme même le méconnaîtrait affublé de cette apparence mensongère. — Comment prouver son identité? Certes, il y avait mille circonstances intimes, mille détails mystérieux inconnus de toute autre personne, qui, rappelés à Prascovie, lui feraient reconnaître l'âme de son mari sous ce déguisement; mais que vaudrait cette conviction isolée, au cas où il l'obtiendrait, contre l'unanimité de l'opinion? Il était bien réellement et bien absolument dépossédé de son moi. Autre anxiété : Sa transformation se bornait-elle au changement extérieur de la taille et des traits, ou habitait-il en réalité le corps d'un autre? En ce cas, qu'avait-on fait du sien? Un puits de chaux l'avait-il consumé ou était-il devenu la propriété d'un hardi voleur? Le double aperçu à l'hôtel Labinski pouvait être un spectre, une vision, mais aussi un être physique, vivant, installé dans cette peau que lui aurait dérobée, avec une habileté infernale, ce médecin à figure de fakir.

Une idée affreuse lui mordit le cœur de ses crochets de vipère : « Mais ce comte de Labinski fictif, pétri dans ma forme par les mains du démon, ce vampire qui habite maintenant mon hôtel, à qui mes valets obéissent contre moi, peut-être à cette heure met-il son pied fourchu sur le seuil de cette chambre où je n'ai jamais pénétré que le cœur ému comme le premier soir, et Prascovie lui sourit-elle doucement et penche-t-elle avec une rougeur divine sa tête charmante sur cette épaule parafée de la griffe du diable, prenant pour moi cette larve menteuse, ce brucolaque, cette empouse, ce hideux fils de la nuit et de l'enfer. Si je courais à l'hôtel, si j'y mettais le feu pour crier, dans les flammes, à Prascovie : On te trompe, ce n'est pas Olaf ton bien-aimé que tu tiens sur ton cœur ! Tu vas commettre innocemment un crime abominable et dont mon âme désespérée se souviendra encore quand les éternités se seront fatigué les mains à retourner leurs sabliers ! »

Des vagues enflammées affluaient au cerveau du comte, il poussait des cris de rage inarticulés, se mordait les poings, tournait dans la chambre comme une bête fauve. La folie allait submerger l'obscure conscience qu'il lui restait de lui-même ; il courut à la toilette d'Octave, remplit une cuvette d'eau et y plongea sa tête, qui sortit fumante de ce bain glacé.

Le sang-froid lui revint. Il se dit que le temps du magisme et de la sorcellerie était passé ; que la mort seule déliait l'âme du corps ; qu'on n'escamotait pas de la sorte, au milieu de Paris, un comte polonais accrédité de plusieurs millions chez Rothschild, allié aux plus grandes familles, mari aimé d'une femme à la mode, décoré de l'ordre de Saint-André de première classe, et que tout cela n'était sans doute qu'une plaisanterie d'assez mauvais goût de M. Balthazar Cherbonneau, qui s'expliquerait le plus naturellement du monde, comme les épouvantails des romans d'Anne Radcliffe.

Comme il était brisé de fatigue, il se jeta sur le lit d'Octave et s'endormit d'un sommeil lourd, opaque, semblable à la mort, qui durait encore lorsque Jean, croyant son maître éveillé, vint poser sur la table les lettres et les journaux.

VIII

Le comte ouvrit les yeux, et promena autour de lui un regard investigateur ; il vit une chambre à coucher confortable, mais simple ; un tapis ocellé, imitant la peau de léopard, couvrait le plancher ; des rideaux de tapisserie, que Jean venait d'entr'ouvrir, pendaient aux fenêtres et masquaient les portes ; les murs étaient tendus d'un papier velouté vert uni, simulant le drap. Une pendule formée d'un bloc de marbre noir, au cadran de platine, surmontée de la statuette en argent oxydé de la Diane de Gabies, réduite par Barbedienne, et accompagnée de deux coupes antiques, aussi en argent, décorait la cheminée en marbre blanc à veines bleuâtres ; le miroir de Venise où le comte avait découvert la veille qu'il ne possédait plus sa figure habituelle, et un portrait de femme âgée, peint par Flandrin, sans doute celui de la mère d'Octave, étaient les seuls ornements de cette pièce, un peu triste et sévère ; un divan, un fauteuil à la Voltaire placé près de la cheminée, une table à tiroirs, couverte de papiers et de livres, composaient un ameublement commode, mais qui ne rappelait en rien les somptuosités de l'hôtel Labinski.

« Monsieur se lève-t-il? » dit Jean de cette voix ménagée qu'il s'était faite pendant la maladie d'Octave, et en présentant au comte la chemise de couleur, le pantalon de flanelle à pied et la gandoura d'Alger, vêtements du matin de son maître. Quoiqu'il répugnât au comte de mettre les habits d'un étranger, à moins de rester nu il lui fallait accepter ceux que lui présentait Jean, et il posa ses pieds sur la peau d'ours soyeuse et noire qui servait de descente de lit.

Sa toilette fut bientôt achevée, et Jean, sans paraître concevoir le moindre doute sur l'identité du faux Octave de Saville qu'il aidait à s'habiller, lui dit : « A quelle heure monsieur désire-t-il déjeuner? »

« A l'heure ordinaire, » répondit le comte, qui, afin de ne pas éprouver d'empêchement dans les démarches qu'il comptait faire pour recouvrer sa personnalité, avait résolu d'accepter extérieurement son incompréhensible transformation.

Jean se retira, et Olaf-de Saville ouvrit les deux lettres qui avaient été apportées avec les journaux, espérant y trouver quelques renseignements ; la première contenait des reproches amicaux, et se plaignait de bonnes relations de camaraderie interrompues sans motif ; un nom inconnu pour lui la signait. La seconde était du notaire d'Octave, et le pressait de venir toucher un quartier de rente échu depuis longtemps, ou du moins d'assigner un emploi à ces capitaux qui restaient improductifs.

« Ah çà, il paraît, se dit le comte, que l'Octave de

Saville dont j'occupe la peau bien contre mon gré existe réellement ; ce n'est point un être fantastique, un personnage d'Achim d'Arnim ou de Clément Brentano : il a un appartement, des amis, un notaire, des rentes à émarger, tout ce qui constitue l'état civil d'un gentleman. Il me semble bien cependant, que je suis le comte Olaf Labinski. »

Un coup d'œil jeté sur le miroir le convainquit que cette opinion ne serait partagée de personne ; à la pure clarté du jour, aux douteuses lueurs des bougies, le reflet était identique.

En continuant la visite domiciliaire, il ouvrit les tiroirs de la table : dans l'un il trouva des titres de propriété, deux billets de mille francs et cinquante louis, qu'il s'appropria sans scrupule pour les besoins de la campagne qu'il allait commencer, et dans l'autre un portefeuille en cuir de Russie fermé par une serrure à secret.

Jean entra, en annonçant M. Alfred Humbert, qui s'élança dans la chambre avec la familiarité d'un ancien ami, sans attendre que le domestique vînt lui rendre la réponse du maître.

« Bonjour, Octave, dit le nouveau venu, beau jeune homme à l'air cordial et franc; que fais-tu, que deviens-tu, es-tu mort ou vivant? On ne te voit nulle part ; on t'écrit, tu ne réponds pas. — Je devrais te bouder, mais, ma foi, je n'ai pas d'amour-propre en affection, et je viens te serrer la main. — Que diable! on ne peut pas laisser mourir de mélancolie son camarade de collége au fond de cet appartement lugubre comme la cellule de Charles-Quint au monastère de Yuste. Tu te figures que tu es malade, tu t'ennuies, voilà tout ; mais je te forcerai à te distraire, et je vais t'emmener d'autorité à un joyeux déjeuner où Gustave Raimbaud enterre sa liberté de garçon. »

En débitant cette tirade d'un ton moitié fâché, moitié comique, il secouait vigoureusement à la manière anglaise la main du comte qu'il avait prise.

« Non, répondit le mari de Prascovie, entrant dans l'esprit de son rôle, je suis plus souffrant aujourd'hui que d'ordinaire ; je ne me sens pas en train ; je vous attristerais et vous gênerais.

— En effet, tu es bien pâle et tu as l'air fatigué ; à une occasion meilleure ! Je me sauve, car je suis en retard de trois douzaines d'huîtres vertes et d'une bouteille de vin de Sauterne, dit Alfred en se dirigeant vers la porte : Raimbaud sera fâché de ne pas te voir. »

Cette visite augmenta la tristesse du comte. — Jean le prenait pour son maître, Alfred pour son ami. Une dernière épreuve lui manquait. La porte s'ouvrit ; une dame dont les bandeaux étaient entremêlés de fils d'argent, et qui ressemblait d'une manière frappante au portrait suspendu à la muraille, entra dans la chambre, s'assit sur le divan, et dit au comte :

« Comment vas-tu, mon pauvre Octave ? Jean m'a dit que tu étais rentré tard hier, et dans un état de faiblesse alarmante ; ménage-toi bien, mon cher fils, car tu sais combien je t'aime, malgré le chagrin que me cause cette inexplicable tristesse dont tu n'as jamais voulu me confier le secret.

— Ne craignez rien, ma mère, cela n'a rien de grave, répondit Olaf de Saville; je suis beaucoup mieux aujourd'hui. »

Madame de Saville, rassurée, se leva et sortit, ne voulant pas gêner son fils, qu'elle savait ne pas aimer à être troublé longtemps dans sa solitude.

« Me voilà bien définitivement Octave de Saville, s'écria le comte lorsque la vieille dame fut partie; sa mère me reconnaît et ne devine pas une âme étrangère sous l'épiderme de son fils. Je suis donc à jamais peut-être claquemuré dans cette enveloppe; quelle étrange prison pour un esprit que le corps d'un autre! Il est dur pourtant de renoncer à être le comte Olaf Labinski, de perdre son blason, sa femme, sa fortune, et de se voir réduit à une chétive existence bourgeoise. Oh! je la déchirerai, pour en sortir, cette peau de Nessus qui s'attache à mon moi, et je ne la rendrai qu'en pièces à son premier possesseur. Si je retournais à l'hôtel! Non! — Je ferais un scandale inutile, et le Suisse me jetterait à la porte, car je n'ai plus de vigueur dans cette robe de chambre de malade; voyons, cherchons, car il faut que je sache un peu la vie de cet Octave de Saville qui est moi maintenant. Et il essaya d'ouvrir le portefeuille. Le ressort touché par hasard céda, et le comte tira, des poches de cuir, d'abord plusieurs papiers, noircis d'une écriture serrée et fine, ensuite un carré de vélin; — sur le carré de vélin une main peu habile, mais fidèle, avait dessiné, avec la mémoire du cœur et la ressemblance que n'atteignent pas toujours les grands artistes, un portrait au crayon de la comtesse Prascovie Labinska, qu'il était impossible de ne pas reconnaître du premier coup d'œil.

Le comte demeura stupéfait de cette découverte. A la surprise succéda un furieux mouvement de jalousie; comment le portrait de la comtesse se trouvait-il dans le portefeuille secret de ce jeune homme inconnu, d'où lui venait-il, qui l'avait fait, qui l'avait donné? Cette Prascovie si religieusement adorée serait-elle descendue de son ciel d'amour dans une intrigue vulgaire? Quelle raillerie infernale l'incarnait, lui, le mari, dans le corps de l'amant de cette femme, jusque-là crue si pure? — Après avoir été l'époux, il allait être le galant! Sarcastique métamorphose, renversement de position à devenir fou, il pourrait se tromper lui-même, être à la fois Clitandre et Georges Dandin!

Toutes ces idées bourdonnaient tumultueusement dans son crâne; il sentait sa raison près de s'échapper, et il fit, pour reprendre un peu de calme, un effort suprême de volonté. Sans écouter Jean qui l'avertissait que le déjeuner était servi, il continua avec une trépidation nerveuse l'examen du portefeuille mystérieux.

Les feuillets composaient une espèce de journal psychologique, abandonné et repris à diverses époques; en voici quelques fragments, dévorés par le comte avec une curiosité anxieuse :

« Jamais elle ne m'aimera, jamais, jamais! J'ai lu dans ses yeux si doux ce mot si cruel, que Dante n'en a pas trouvé de plus dur pour l'inscrire sur les portes de bronze de la Cité Dolente : « Perdez tout espoir. » Qu'ai-je fait à Dieu pour être damné vivant? Demain, après-demain, toujours, ce sera la même chose! Les astres peuvent entre-croiser leurs orbes, les étoiles en conjonction former des nœuds, rien dans mon sort ne changera. D'un mot, elle a dissipé le rêve ; d'un geste, brisé l'aile à la chimère. Les combinaisons fabuleuses des impossibilités ne m'offrent aucune chance ; les chiffres, rejetés un milliard de fois dans la roue de la fortune, n'en sortiraient pas, — il n'y a pas de numéro gagnant pour moi! »

« Malheureux que je suis! je sais que le paradis m'est fermé et je reste stupidement assis au seuil, le dos appuyé à la porte, qui ne doit pas s'ouvrir, et je pleure en silence, sans secousses, sans efforts, comme si mes yeux étaient des sources d'eau vive. Je n'ai pas le courage de me lever et de m'enfoncer au désert immense ou dans la Babel tumultueuse des hommes. »

« Quelquefois, quand, la nuit, je ne puis dormir, je pense à Prascovie ; — si je dors, j'en rêve ; — oh! qu'elle était belle ce jour-là, dans le jardin de la villa Salviati, à Florence ! — Cette robe blanche et ces rubans noirs, — c'était charmant et funèbre! Le blanc pour elle, le noir pour moi! — Quelquefois les rubans, remués par la brise, formaient une croix sur ce fond d'éclatante blancheur; un esprit invisible disait tout bas la messe de mort de mon cœur. »

« Si quelque catastrophe inouïe mettait sur mon front la couronne des empereurs et des califes, si la terre saignait pour moi ses veines d'or, si les mines de diamant de Golconde et de Visapour me laissaient fouiller dans leurs gangues étincelantes, si la lyre de Byron résonnait sous mes doigts, si les plus parfaits chefs-d'œuvre de l'art antique et moderne me prêtaient leurs beautés, si je découvrais un monde, eh bien, je n'en serais pas plus avancé pour cela! »

« A quoi tient la destinée! j'avais envie d'aller à Constantinople, je ne l'aurais pas rencontrée; je reste à Florence, je la vois et je meurs. »

« Je me serais bien tué; mais elle respire dans cet air où nous vivons, et peut-être ma lèvre avide aspirera-t-elle — ô bonheur ineffable! — une effluve lointaine de ce souffle embaumé; et puis l'on assignerait à mon âme coupable une planète d'exil, et je n'aurais pas la chance de me faire aimer d'elle dans l'autre vie. — Être encore séparés là-bas, elle au paradis, moi en enfer : pensée accablante! »

« Pourquoi faut-il que j'aime précisément la seule femme qui ne peut m'aimer! d'autres qu'on dit belles, qui étaient libres, me souriaient de leur sourire le plus tendre et semblaient appeler un aveu qui ne venait pas. Oh! qu'il est heureux, lui! Quelle sublime vie antérieure Dieu récompense-t-il en lui par le don magnifique de cet amour? »

… Il était inutile d'en lire davantage. Le soupçon que le comte avait pu concevoir à l'aspect du portrait de Prascovie s'était évanoui dès les premières lignes de ces tristes confidences. Il comprit que l'image chérie, recommencée mille fois, avait été caressée loin du modèle avec cette patience infatigable de l'amour malheureux, et que c'était la madone d'une petite chapelle mystique, devant laquelle s'agenouillait l'adoration sans espoir.

« Mais si cet Octave avait fait un pacte avec le diable pour me dérober mon corps et surprendre sous ma forme l'amour de Prascovie ! »

L'invraisemblance, au dix-neuvième siècle, d'une pareille supposition, la fit bientôt abandonner au comte, qu'elle avait cependant étrangement troublé.

Souriant lui-même de sa crédulité, il mangea, refroidi, le déjeuner servi par Jean, s'habilla et demanda la voiture. Lorsqu'on eut attelé, il se fit conduire chez le docteur Balthazar Cherbonneau ; il traversa ces salles où la veille il était entré s'appelant encore le comte Olaf Labinski, et d'où il était sorti salué par tout le monde du nom d'Octave de Saville. Le docteur était assis, comme à son ordinaire, sur le divan de la pièce du fond, tenant son pied dans sa main, et paraissait plongé dans une méditation profonde.

Au bruit des pas du comte, le docteur releva la tête.

« Ah ! c'est vous, mon cher Octave ; j'allais passer chez vous ; mais c'est bon signe quand le malade vient voir le médecin.

— Toujours Octave! dit le comte, je crois que j'en deviendrai fou de rage! » Puis, se croisant les bras, il se plaça devant le docteur, et, le regardant avec une fixité terrible :

« Vous savez bien, monsieur Balthazar Cherbonneau, que je ne suis pas Octave, mais le comte Olaf Labinski, puisque hier soir vous m'avez, ici même, volé ma peau au moyen de vos sorcelleries exotiques. »

A ces mots, le docteur partit d'un énorme éclat de rire, se renversa sur ses coussins, et se mit les poings au côté pour contenir les convulsions de sa gaieté.

« Modérez, docteur, cette joie intempestive dont vous pourriez vous repentir. Je parle sérieusement.

— Tant pis, tant pis! cela prouve que l'anesthésie et l'hypocondrie pour laquelle je vous soignais se tournent en démence. Il faudra changer le régime, voilà tout.

— Je ne sais à quoi tient, docteur du diable, que je ne vous étrangle de mes mains, » cria le comte en s'avançant vers Cherbonneau.

Le docteur sourit de la menace du comte, qu'il toucha du bout d'une petite baguette d'acier. — Olaf-de Saville reçut une commotion terrible et crut qu'il avait le bras cassé.

« Oh! nous avons les moyens de réduire les malades lorsqu'ils se regimbent, dit-il en laissant tomber sur lui ce regard froid comme une douche, qui dompte les fous et fait s'aplatir les lions sur le ventre.

Retournez chez vous, prenez un bain, cette surexcitation se calmera. »

Olaf-de Saville, étourdi par la secousse électrique, sortit de chez le docteur Cherbonneau plus incertain et plus troublé que jamais. Il se fit conduire à Passy chez le docteur B***, pour le consulter.

« Je suis, dit-il au médecin célèbre, en proie à une hallucination bizarre ; lorsque je me regarde dans une glace, ma figure ne m'apparaît pas avec ses traits habituels ; la forme des objets qui m'entourent est changée ; je ne reconnais ni les murs ni les meubles de ma chambre ; il me semble que je suis une autre personne que moi-même.

— Sous quel aspect vous voyez-vous ? demanda le médecin ; l'erreur peut venir des yeux ou du cerveau.

— Je me vois des cheveux noirs, des yeux bleu foncé, un visage pâle encadré de barbe.

— Un signalement de passe-port ne serait pas plus exact : il n'y a chez vous ni hallucination intellectuelle, ni perversion de la vue. Vous êtes, en effet, tel que vous dites.

— Mais non ! J'ai réellement les cheveux blonds, les yeux noirs, le teint hâlé et une moustache effilée à la hongroise.

— Ici, répondit le médecin, commence une légère altération des facultés intellectuelles.

— Pourtant, docteur, je ne suis nullement fou.

— Sans doute. Il n'y a que les sages qui viennent chez moi tout seuls. Un peu de fatigue, quelque excès d'étude ou de plaisir aura causé ce trouble. Vous vous trompez ; la vision est réelle, l'idée est chimérique : au lieu d'être un blond qui se voit brun, vous êtes un brun qui se croit blond.

— Pourtant je suis sûr d'être le comte Olaf de Labinski, et tout le monde depuis hier m'appelle Octave de Saville.

— C'est précisément ce que je disais, répondit le docteur. Vous êtes M. de Saville et vous vous imaginez être M. le comte Labinski, que je me souviens d'avoir vu, et qui, en effet, est blond. — Cela explique parfaitement comment vous vous trouvez une autre figure dans le miroir ; cette figure, qui est la vôtre, ne répond point à votre idée intérieure et vous surprend. — Réfléchissez à ceci, que tout le monde vous nomme M. de Saville et par conséquent ne partage pas votre croyance. Venez passer une quinzaine de jours ici : les bains, le repos, les promenades sous les grands arbres dissiperont cette influence fâcheuse. »

Le comte baissa la tête et promit de revenir. Il ne savait plus que croire. Il retourna à l'appartement de la rue Saint-Lazare, et vit par hasard sur la table la carte d'invitation de la comtesse Labinska, qu'Octave avait montrée à M. Cherbonneau.

« Avec ce talisman, s'écria-t-il, demain je pourrai la voir ! »

IX

Lorsque les valets eurent porté à sa voiture le vrai comte Labinski chassé de son paradis terrestre par le faux ange gardien debout sur le seuil, l'Octave transfiguré rentra dans le petit salon blanc et or pour attendre le loisir de la comtesse.

Appuyé contre le marbre blanc de la cheminée dont l'âtre était rempli de fleurs, il se voyait répété au fond de la glace placée en symétrie sur la console à pieds tarabiscotés et dorés. Quoiqu'il fût dans le secret de sa métamorphose, ou, pour parler plus exactement, de sa transposition, il avait peine à se persuader que cette image si différente de la sienne fût le double de sa propre figure, et il ne pouvait détacher ses yeux de ce fantôme étranger qui était cependant devenu lui. Il se regardait et voyait un autre. Involontairement il cherchait si le comte Olaf n'était pas accoudé près de lui à la tablette de la cheminée projetant sa réflexion au miroir; mais il était bien seul; le docteur Cherbonneau avait fait les choses en conscience.

Au bout de quelques minutes, Octave-Labinski ne songea plus au merveilleux avatar qui avait fait passer son âme dans le corps de l'époux de Prascovie; ses pensées prirent un cours plus conforme à sa situation. Cet événement incroyable, en dehors de toutes les possibilités, et que l'espérance la plus chimérique n'eût pas osé rêver en son délire, était arrivé! Il allait se trouver en présence de la belle créature adorée, et elle ne le repousserait pas! La seule combinaison qui pût concilier son bonheur avec l'immaculée vertu de la comtesse s'était réalisée!

Près de ce moment suprême, son âme éprouvait des transes et des anxiétés affreuses : les timidités du véritable amour la faisaient défaillir comme si elle habitait encore la forme dédaignée d'Octave de Saville.

L'entrée de la femme de chambre mit fin à ce tumulte de pensées qui se combattaient. A son approche il ne put maîtriser un soubresaut nerveux, et tout son sang afflua vers son cœur lorsqu'elle lui dit :

« Madame la comtesse peut à présent recevoir monsieur. »

Octave-Labinski suivit la femme de chambre, car il ne connaissait pas les êtres de l'hôtel, et ne voulait pas trahir son ignorance par l'incertitude de sa démarche.

La femme de chambre l'introduisit dans une pièce assez vaste, un cabinet de toilette orné de toutes les recherches du luxe le plus délicat. Une suite d'armoires d'un bois précieux, sculptées par Knecht et Lienhart, et dont les battants étaient séparés par des colonnes torses autour desquelles s'enroulaient en spirales de légères brindilles de convolvulus aux feuilles en cœur et aux fleurs en clochettes découpées avec un art infini, formait une espèce de boiserie architecturale, un portique d'ordre capricieux d'une élégance rare et d'une exécution achevée; dans ces armoires étaient serrés les robes de velours et de moire, les cachemires, les mantelets, les dentelles, les pelisses de martre-zibeline, de renard bleu, les chapeaux aux milles formes, tout l'attirail de la jolie femme.

En face se répétait le même motif, avec cette différence que les panneaux pleins étaient remplacés par des glaces jouant sur des charnières comme des feuilles de paravent, de façon à ce que l'on pût s'y voir de face, de profil, par derrière, et juger de l'effet d'un corsage ou d'une coiffure.

Sur la troisième face régnait une longue toilette plaquée d'albâtre-onyx, où des robinets d'argent dégorgeaient l'eau chaude et froide dans d'immenses jattes du Japon enchâssées par des découpures circulaires du même métal; des flacons en cristal de Bohême, qui, aux feux des bougies, étincelaient comme des diamants et des rubis, contenaient les essences et les parfums.

Les murailles et le plafond étaient capitonnés de satin vert d'eau, comme l'intérieur d'un écrin. Un épais tapis de Smyrne, aux teintes moelleusement assorties, ouatait le plancher.

Au milieu de la chambre, sur un socle de velours vert, était posé un grand coffre de forme bizarre, en acier de Khorassan ciselé, niellé et ramagé d'arabesques d'une complication à faire trouver simples les ornements de la salle des Ambassadeurs à l'Alhambra. L'art oriental semblait avoir dit son dernier mot dans ce travail merveilleux, auquel les doigts de fée des Péris avaient dû prendre part. C'était dans ce coffre que la comtesse Prascovie Labinska enfermait ses parures, des joyaux dignes d'une reine, et qu'elle ne mettait que fort rarement, trouvant avec raison qu'ils ne valaient pas la place qu'ils couvraient. Elle était trop belle pour avoir besoin d'être riche : son instinct de femme le lui disait. Aussi ne leur faisait-elle voir les lumières que dans les occasions solennelles où le faste héréditaire de l'antique maison Labinski devait paraître avec toute sa splendeur. Jamais diamants ne furent moins occupés.

Près de la fenêtre, dont les amples rideaux retombaient en plis puissants, devant une toilette à la duchesse, en face d'un miroir que lui penchaient deux anges sculptés par mademoiselle de Fauveau avec cette élégance longue et fluette qui caractérise son talent, illuminée de la lumière blanche de deux torchères à six bougies, se tenait assise la comtesse Prascovie Labinska, radieuse de fraîcheur et de beauté. Un bournous de Tunis d'une finesse idéale, rubané de raies bleues et blanches alternativement opaques et transparentes, l'enveloppait comme un nuage souple; la légère étoffe avait glissé sur le tissu satiné des épaules et laissait voir la naissance et les attaches d'un col qui eût fait paraître gris le col de neige du cygne. Dans l'interstice des plis bouillonnaient les dentelles d'un peignoir de batiste, parure nocturne que ne retenait aucune ceinture; les cheveux de la comtesse étaient défaits et s'allongeaient derrière elle en nappes opulentes comme le manteau d'une impératrice. — Certes, les torsades d'or fluide dont la Vénus Aphrodite exprimait des perles, agenouillée dans sa conque de nacre, lorsqu'elle sortit comme une fleur des mers de l'azur ionien, étaient moins blondes, moins épaisses, moins lourdes! Mêlez l'ambre du Titien et l'argent de Paul Véronèse avec le vernis d'or de Rembrandt; faites passer le soleil à travers la topaze, et vous n'obtiendrez pas encore le ton merveilleux de cette opulente chevelure, qui semblait envoyer la lumière au lieu de la recevoir, et qui eût mérité mieux que celle de Bérénice de flamboyer, constellation nouvelle, parmi les anciens astres! Deux femmes la divisaient, la polissaient, la crespelaient et l'arrangeaient en boucles soigneusement massées pour que le contact de l'oreiller ne la froissât pas.

Pendant cette opération délicate, la comtesse faisait danser au bout de son pied une babouche de velours blanc brodée de canetille d'or, petite à rendre jalouses les khanouns et les odalisques du Padischa. Parfois, rejetant les plis soyeux du bournous, elle découvrait son bras blanc, et repoussait de la main quelques cheveux échappés, avec un mouvement d'une grâce mutine.

Ainsi abandonnée dans sa pose nonchalante, elle rappelait ces sveltes figures de toilettes grecques qui ornent les vases antiques et dont aucun artiste n'a pu retrouver le pur et suave contour, la beauté jeune et légère ; elle était mille fois plus séduisante encore que dans le jardin de la villa Salviati à Florence ; et si Octave n'avait pas été déjà fou d'amour, il le serait infailliblement devenu ; mais, par bonheur, on ne peut rien ajouter à l'infini.

Octave-Labinski sentit à cet aspect, comme s'il eût vu le spectacle le plus terrible, ses genoux s'entrechoquer et se dérober sous lui. Sa bouche se sécha, et l'angoisse lui étreignit la gorge comme la main d'un Thugg ; des flammes rouges tourbillonnèrent autour de ses yeux. Cette beauté le médusait.

Il fit un effort de courage, se disant que ces manières effarées et stupides, convenables à un amant repoussé, seraient parfaitement ridicules de la part d'un mari, quelque épris qu'il pût être encore de sa femme, et il marcha assez résolûment vers la comtesse.

« Ah ! c'est vous, Olaf ! comme vous rentrez tard ce soir ! » dit la comtesse sans se retourner, car sa tête était maintenue par les longues nattes que tressaient ses femmes, et la dégageant des plis du bournous, elle lui tendit une de ses belles mains.

Octave-Labinski saisit cette main plus douce et plus fraîche qu'une fleur, la porta à ses lèvres et y imprima un long, un ardent baiser, — toute son âme se concentrait sur cette petite place.

Nous ne savons quelle délicatesse de sensitive, quel instinct de pudeur divine, quelle intuition irraisonnée du cœur avertit la comtesse : mais un nuage rose couvrit subitement sa figure, son col et ses bras, qui prirent cette teinte dont se colore sur les hautes montagnes la neige vierge surprise par le premier baiser du soleil. Elle tressaillit et dégagea lentement sa main, demi-fâchée, demi-honteuse; les lèvres d'Octave lui avaient produit comme une impression de fer rouge. Cependant elle se remit bientôt et sourit de son enfantillage.

« Vous ne me répondez pas, cher Olaf; savez-vous qu'il y a plus de six heures que je ne vous ai vu; vous me négligez, dit-elle d'un ton de reproche; autrefois vous ne m'auriez pas abandonnée ainsi toute une longue soirée. Avez-vous pensé à moi seulement ?

— Toujours, répondit Octave-Labinski.

— Oh! non, pas toujours; je sens quand vous pensez à moi, même de loin. Ce soir, par exemple, j'étais seule, assise à mon piano, jouant un morceau de Weber et berçant mon ennui de musique; votre âme a voltigé quelques minutes autour de moi dans le tourbillon sonore des notes; puis elle s'est envolée je ne sais où sur le dernier accord, et n'est pas revenue. Ne mentez pas, je suis sûre de ce que je dis. »

Prascovie, en effet, ne se trompait pas; c'était le moment où chez le docteur Balthazar Cherbonneau le comte Olaf Labinski se penchait sur le verre d'eau magique, évoquant une image adorée de toute la force d'une pensée fixe. A dater de là, le comte, submergé dans l'océan sans fond du sommeil magnétique, n'avait plus eu ni idée, ni sentiment, ni volition.

Les femmes, ayant achevé la toilette nocturne de la comtesse, se retirèrent; Octave-Labinski restait toujours debout, suivant Prascovie d'un regard enflammé. — Gênée et brûlée par ce regard, la comtesse s'enveloppa de son bournous comme la Polymnie de sa draperie. Sa tête seule apparaissait au-dessus des plis blancs et bleus, inquiète, mais charmante.

Bien qu'aucune pénétration humaine n'eût pu deviner le mystérieux déplacement d'âmes opéré par le docteur Cherbonneau au moyen de la formule du Sannyâsi Brahmah-Logum, Prascovie ne reconnaissait pas, dans les yeux d'Octave-Labinski, l'expression ordinaire des yeux d'Olaf, celle d'un amour pur, calme, égal, éternel comme l'amour des anges; — une passion terrestre incendiait ce regard, qui la troublait et la faisait rougir. — Elle ne se rendait pas compte de ce qui s'était passé, mais il s'était passé quelque chose. Mille suppositions étranges lui traversèrent la pensée : n'était-elle plus pour Olaf qu'une femme vulgaire, désirée pour sa beauté comme une courtisane ? l'accord sublime de leurs âmes avait-il été rompu par quelque dissonance qu'elle ignorait ? Olaf en aimait-il une autre ? les corruptions de Paris avaient-elles souillé ce chaste cœur ? Elle se posa rapidement ces questions sans pouvoir y répondre d'une manière satisfaisante, et se dit qu'elle était folle; mais, au fond, elle sentait qu'elle avait raison. Une terreur secrète l'envahissait comme si elle eût été en présence d'un danger inconnu, mais deviné par cette seconde vue de

9

l'âme, à laquelle on a toujours tort de ne pas obéir.

Elle se leva agitée et nerveuse et se dirigea vers la porte de sa chambre à coucher. Le faux comte l'accompagna, un bras sur la taille, comme Othello reconduit Desdémone à chaque sortie dans la pièce de Shakspeare ; mais quand elle fut sur le seuil, elle se retourna, s'arrêta un instant, blanche et froide comme une statue, jeta un coup d'œil effrayé au jeune homme, entra, ferma la porte vivement et poussa le verrou.

« Le regard d'Octave ! » s'écria-t-elle en tombant à demi évanouie sur une causeuse. Quand elle eut repris ses sens, elle se dit : « Mais comment se fait-il que ce regard, dont je n'ai jamais oublié l'expression, étincelle ce soir dans les yeux d'Olaf ? Comment en ai-je vu la flamme sombre et désespérée luire à travers les prunelles de mon mari ? Octave est-il mort ? Est-ce son âme qui a brillé un instant devant moi comme pour me dire adieu avant de quitter cette terre ! Olaf ! Olaf ! si je me suis trompée, si j'ai cédé follement à de vaines terreurs, tu me pardonneras ; mais si je t'avais accueilli ce soir, j'aurais cru me donner à un autre. »

La comtesse s'assura que le verrou était bien poussé, alluma la lampe suspendue au plafond, se blottit dans son lit comme un enfant peureux avec un sentiment d'angoisse indéfinissable, et ne s'endormit que vers le matin : des rêves incohérents et bizarres tourmentèrent son sommeil agité. — Des yeux ardents — les yeux d'Octave — se fixaient sur elle du fond d'un brouillard et lui lançaient des jets de feu, pendant qu'au pied de son lit une figure noire et sillonnée de rides se tenait accroupie, marmottant des syllabes d'une langue inconnue; le comte Olaf parut aussi dans ce rêve absurde, mais revêtu d'une forme qui n'était pas la sienne.

Nous n'essayerons pas de peindre le désappointement d'Octave lorsqu'il se trouva en face d'une porte fermée et qu'il entendit le grincement intérieur du verrou. Sa suprême espérance s'écroulait. Eh quoi! il avait eu recours à des moyens terribles, étranges; il s'était livré à un magicien, peut-être à un démon, en risquant sa vie dans ce monde et son âme dans l'autre pour conquérir une femme qui lui échappait, quoique livrée à lui sans défense par les sorcelleries de l'Inde. Repoussé comme amant, il l'était encore comme mari; l'invincible pureté de Prascovie déjouait les machinations les plus infernales. Sur le seuil de la chambre à coucher elle lui était apparue comme un ange blanc de Swedenborg foudroyant le mauvais esprit.

Il ne pouvait rester toute la nuit dans cette situation ridicule; il chercha l'appartement du comte, et au bout d'une enfilade de pièces il en vit une où s'élevait un lit aux colonnes d'ébène, aux rideaux de tapisserie, où parmi les ramages et les arabesques étaient brodés des blasons. Des panoplies d'armes orientales, des cuirasses et des casques de chevaliers atteints par le reflet d'une lampe, jetaient des lueurs vagues dans l'ombre; un cuir de Bohême gaufré d'or miroitait sur les murs. Trois ou quatre grands fauteuils sculptés, un bahut tout historié de figurines complétaient cet ameublement d'un goût féodal, et qui n'eût pas été déplacé dans la grande salle d'un manoir gothique; ce n'était pas de la part du comte frivole imitation de la mode, mais pieux souvenir. Cette chambre reproduisait exactement celle qu'il habitait chez sa mère, et quoiqu'on l'eût souvent raillé — sur ce décor de cinquième acte — il avait toujours refusé d'en changer le style.

Octave-Labinski, épuisé de fatigues et d'émotions, se jeta sur le lit et s'endormit en maudissant le docteur Balthazar Cherbonneau. Heureusement, le jour lui apporta des idées plus riantes ; il se promit de se conduire désormais d'une façon plus modérée, d'éteindre son regard, et de prendre les manières d'un mari ; aidé par le valet de chambre du comte, il fit une toilette sérieuse et se rendit d'un pas tranquille dans la salle à manger, où madame la comtesse l'attendait pour déjeuner.

X

Octave-Labinski descendit sur les pas du valet de chambre, car il ignorait où se trouvait la salle à manger dans cette maison dont il paraissait le maître ; la salle à manger était une vaste pièce au rez-de-chaussée donnant sur la cour, d'un style noble et

sévère, qui tenait à la fois du manoir et de l'abbaye :
— des boiseries de chêne brun d'un ton chaud et
riche, divisées en panneaux et en compartiments symétriques, montaient jusqu'au plafond, où des poutres en saillie et sculptées formaient des caissons
hexagones coloriés en bleu et ornés de légères arabesques d'or; dans les panneaux longs de la boiserie,
Philippe Rousseau avait peint les quatre saisons symbolisées, non pas par des figures mythologiques, mais
par des trophées de nature morte composés de productions se rapportant à chaque époque de l'année;
des Chasses de Jadin faisaient pendant aux natures
mortes de Ph. Rousseau, et au-dessus de chaque
peinture rayonnait, comme un disque de bouclier,
un immense plat de Bernard Palissy ou de Léonard
de Limoges, de porcelaine du Japon, de majolique
ou de poterie arabe, au vernis irisé par toutes les
couleurs du prisme; des massacres de cerfs, des cornes d'aurochs alternaient avec les faïences, et, aux
deux bouts de la salle de grands dressoirs, hauts
comme des retables d'églises espagnoles, élevaient
leur architecture ouvragée et sculptée d'ornements
à rivaliser avec les plus beaux ouvrages de Berruguete, de Cornejo Duque et de Verbruggen; sur
leurs rayons à crémaillère brillaient confusément
l'antique argenterie de la famille des Labinski, des
aiguières aux anses chimériques, des salières à la
vieille mode, des hanaps, des coupes, des pièces de
surtout contournées par la bizarre fantaisie allemande, et dignes de tenir leur place dans le trésor

de la Voûte-Verte de Dresde. En face des argenteries antiques étincelaient les produits merveilleux de l'orfévrerie moderne, les chefs-d'œuvre de Wagner, de Duponchel, de Rudolphi, de Froment-Meurice; thés en vermeil à figurines de Feuchère et de Vechte, plateaux niellés, seaux à vin de Champagne aux anses de pampre, aux bacchanales en bas-relief; réchauds élégants comme des trépieds de Pompéi : sans parler des cristaux de Bohème, des verreries de Venise, des services en vieux Saxe et en vieux Sèvres.

Des chaises de chêne garnies de maroquin vert étaient rangées le long des murs, et sur la table aux pieds sculptés en serre d'aigle, tombait du plafond une lumière égale et pure tamisée par les verres blancs dépolis garnissant le caisson central laissé vide. — Une transparente guirlande de vigne encadrait ce panneau laiteux de ses feuillages verts.

Sur la table, servie à la russe, les fruits entourés d'un cordon de violettes étaient déjà posés, et les mets attendaient le couteau des convives sous leurs cloches de métal poli, luisantes comme des casques d'émirs; un samovar de Moscou lançait en sifflant son jet de vapeur; deux valets, en culotte courte et en cravate blanche, se tenaient immobiles et silencieux derrière les deux fauteuils, placés en face l'un de l'autre, pareils à deux statues de la domesticité.

Octave s'assimila tous ces détails d'un coup d'œil rapide pour n'être pas involontairement préoccupé par la nouveauté d'objets qui auraient dû lui être familiers.

Un glissement léger sur les dalles, un froufrou de taffetas lui fit retourner la tête. C'était la comtesse Prascovie Labinska qui approchait et qui s'assit après lui avoir fait un petit signe amical.

Elle portait un peignoir de soie quadrillée vert et blanc, garni d'une ruche de même étoffe découpée en dents de loup; ses cheveux massés en épais bandeaux sur les tempes, et roulés à la naissance de la nuque en une torsade d'or semblable à la volute d'un chapiteau ionien, lui composaient une coiffure aussi simple que noble, et à laquelle un statuaire grec n'eût rien voulu changer; son teint de rose carnée était un peu pâli par l'émotion de la veille et le sommeil agité de la nuit; une imperceptible auréole nacrée entourait ses yeux ordinairement si calmes et si purs; elle avait l'air fatigué et languissant; mais, ainsi attendrie, sa beauté n'en était que plus pénétrante, elle prenait quelque chose d'humain; la déesse se faisait femme; l'ange, reployant ses ailes, cessait de planer.

Plus prudent cette fois, Octave voila la flamme de ses yeux et masqua sa muette extase d'un air indifférent.

La comtesse allongea son petit pied chaussé d'une pantoufle en peau mordorée, dans la laine soyeuse du tapis-gazon placé sous la table pour neutraliser le froid contact de la mosaïque de marbre blanc et de brocatelle de Vérone qui pavait la salle à manger, fit un léger mouvement d'épaules comme glacée par un dernier frisson de fièvre, et, fixant ses beaux yeux d'un bleu polaire sur le convive qu'elle prenait pour son mari, car le jour avait fait évanouir les pressentiments, les terreurs et les fantômes nocturnes, elle lui dit d'une voix harmonieuse et tendre, pleine de chastes câlineries, une phrase en polonais!!! Avec le comte elle se servait souvent de la chère langue maternelle aux moments de douceur et d'intimité, surtout en présence des domestiques français, à qui cet idiome était inconnu.

Le Parisien Octave savait le latin, l'italien, l'espagnol, quelques mots d'anglais; mais, comme tous les Gallo-Romains, il ignorait entièrement les langues slaves. — Les chevaux de frise de consonnes qui défendent les rares voyelles du polonais lui en eussent interdit l'approche quand bien même il eût voulu s'y frotter. — A Florence, la comtesse lui avait toujours parlé français ou italien, et la pensée d'apprendre l'idiome dans lequel Mickiewicz a presque égalé Byron ne lui était pas venue. On ne songe jamais à tout!

A l'audition de cette phrase il se passa dans la cervelle du comte, habitée par le *moi* d'Octave, un très-singulier phénomène : les sons étrangers au Parisien suivant les replis d'une oreille slave, arrivèrent à l'endroit habituel où l'âme d'Olaf les accueillait pour les traduire en pensées, et y évoquèrent une sorte de mémoire physique; leur sens apparut confusément à Octave; des mots enfouis dans les circonvolutions cérébrales, au fond des tiroirs secrets du souvenir, se présentèrent en bourdonnant, tout prêts à la réplique; mais ces réminiscences vagues, n'étant pas mises en communication avec l'esprit, se dissipèrent bientôt, et tout redevint opaque. L'embarras du pauvre amant était affreux; il n'avait pas songé à ces complications en gantant la peau du comte Olaf Labinski, et il comprit qu'en volant la forme d'un autre on s'exposait à de rudes déconvenues.

Prascovie, étonnée du silence d'Octave, et croyant que, distrait par quelque rêverie, il ne l'avait pas entendue, répéta sa phrase lentement et d'une voix plus haute.

S'il entendait mieux le son des mots, le faux comte n'en comprenait pas davantage la signification; il faisait des efforts désespérés pour deviner de quoi il pouvait s'agir; mais pour qui ne les sait pas, les compactes langues du Nord n'ont aucune transparence, et si un Français peut soupçonner ce que dit une Italienne, il sera comme sourd en écoutant parler une Polonaise. — Malgré lui, une rougeur ardente couvrit ses joues; il se mordit les lèvres, et, pour se donner une contenance, découpa rageusement le morceau placé sur son assiette.

« On dirait en vérité, mon cher seigneur, dit la comtesse, cette fois, en français, que vous ne m'entendez pas, ou que vous ne me comprenez point...

— En effet, balbutia Octave-Labinski, ne sachant trop ce qu'il disait... cette diable de langue est si difficile!

— Difficile! oui, peut-être pour des étrangers,

mais pour celui qui l'a bégayée sur les genoux de sa mère, elle jaillit des lèvres comme le souffle de la vie, comme l'effluve même de la pensée.

— Oui, sans doute, mais il y a des moments où il me semble que je ne la sais plus.

— Que contez-vous là, Olaf? quoi! vous l'auriez oubliée, la langue de vos aïeux, la langue de la sainte patrie, la langue qui vous fait reconnaître vos frères parmi les hommes, et, ajouta-t-elle plus bas, la langue dans laquelle vous m'avez dit la première fois que vous m'aimiez!

— L'habitude de me servir d'un autre idiome...» hasarda Octave-Labinski à bout de raisons.

« Olaf, répliqua la comtesse d'un ton de reproche, je vois que Paris vous a gâté; j'avais raison de ne pas vouloir y venir. Qui m'eût dit que lorsque le noble comte Labinski retournerait dans ses terres, il ne saurait plus répondre aux félicitations de ses vassaux? »

Le charmant visage de Prascovie prit une expression douloureuse; pour la première fois la tristesse jeta son ombre sur ce front pur comme celui d'un ange; ce singulier oubli la froissait au plus tendre de l'âme, et lui paraissait presque une trahison.

Le reste du déjeuner se passa silencieusement: Prascovie boudait celui qu'elle prenait pour le comte. Octave était au supplice, car il craignait d'autres questions qu'il eût été forcé de laisser sans réponse.

La comtesse se leva et rentra dans ses appartements.

Octave, resté seul, jouait avec le manche d'un couteau qu'il avait envie de se planter au cœur, car sa position était intolérable : il avait compté sur une surprise, et maintenant il se trouvait engagé dans les méandres sans issue pour lui d'une existence qu'il ne connaissait pas : en prenant son corps au comte Olaf Labinski, il eût fallu lui dérober aussi ses notions antérieures, les langues qu'il possédait, ses souvenirs d'enfance, les mille détails intimes qui composent le *moi* d'un homme, les rapports liant son existence aux autres existences : et pour cela tout le savoir du docteur Balthazar Cherbonneau n'eût pas suffi. Quelle rage! être dans ce paradis dont il osait à peine regarder le seuil de loin ; habiter sous le même toit que Prascovie, la voir, lui parler, baiser sa belle main avec les lèvres mêmes de son mari, et ne pouvoir tromper sa pudeur céleste, et se trahir à chaque instant par quelque inexplicable stupidité! « Il était écrit là-haut que Prascovie ne m'aimerait jamais! Pourtant j'ai fait le plus grand sacrifice auquel puisse descendre l'orgueil humain : j'ai renoncé à mon *moi* et consenti à profiter sous une forme étrangère de caresses destinées à un autre! »

Il en était là de son monologue quand un groom s'inclina devant lui avec tous les signes du plus profond respect, en lui demandant quel cheval il monterait aujourd'hui...

Voyant qu'il ne répondait pas, le groom se hasarda, tout effrayé d'une telle hardiesse, à murmurer :

« Vultur ou Rustem ? ils ne sont pas sortis depuis huit jours.

— Rustem, » répondit Octave-Labinski, comme il eût dit Vultur, mais le dernier nom s'était accroché à son esprit distrait.

Il s'habilla de cheval et partit pour le bois de Boulogne, voulant faire prendre un bain d'air à son exaltation nerveuse.

Rustem, bête magnifique de la race Nedji, qui portait sur son poitrail, dans un sachet oriental de velours brodé d'or, ses titres de noblesse remontant aux premières années de l'hégire, n'avait pas besoin d'être excité. Il semblait comprendre la pensée de celui qui le montait, et dès qu'il eut quitté le pavé et pris la terre, il partit comme une flèche sans qu'Octave lui fît sentir l'éperon. Après deux heures d'une course furieuse, le cavalier et la bête rentrèrent à l'hôtel, l'un calmé, l'autre fumant et les naseaux rouges.

Le comte supposé entra chez la comtesse, qu'il trouva dans son salon, vêtue d'une robe de taffetas blanc à volants étagés jusqu'à la ceinture, un nœud de rubans au coin de l'oreille, car c'était précisément le jeudi, — le jour où elle restait chez elle et recevait ses visites.

« Eh bien, lui dit-elle avec un gracieux sourire, car la bouderie ne pouvait rester longtemps sur ses belles lèvres, avez-vous rattrapé votre mémoire en courant dans les allées du bois?

— Mon Dieu, non, ma chère, répondit Octave Labinski; mais il faut que je vous fasse une confidence.

— Ne connais-je pas d'avance toutes vos pensées? ne sommes-nous plus transparents l'un pour l'autre?

—Hier, je suis allé chez ce médecin dont on parle tant.

— Oui, le docteur Balthazar Cherbonneau, qui a fait un long séjour aux Indes et a, dit-on, appris des brahmes une foule de secrets plus merveilleux les uns que les autres. — Vous vouliez même m'emmener; mais je ne suis pas curieuse, — car je sais que vous m'aimez, et cette science me suffit.

— Il a fait devant moi des expériences si étranges, opéré de tels prodiges, que j'en ai l'esprit troublé encore. Cet homme bizarre, qui dispose d'un pouvoir irrésistible, m'a plongé dans un sommeil magnétique si profond, qu'à mon réveil je ne me suis plus trouvé les mêmes facultés : j'avais perdu la mémoire de bien des choses; le passé flottait dans un brouillard confus : seul, mon amour pour vous était demeuré intact.

— Vous avez eu tort, Olaf, de vous soumettre à l'influence de ce docteur. Dieu, qui a créé l'âme, a le droit d'y toucher; mais l'homme, en l'essayant, commet une action impie, dit d'un ton grave la comtesse Prascovie Labinska. — J'espère que vous n'y retournerez plus, et que, lorsque je vous dirai quelque chose d'aimable — en polonais, — vous me comprendrez comme autrefois. »

Octave, pendant sa promenade à cheval, avait imaginé cette excuse de magnétisme pour pallier les bévues qu'il ne pouvait manquer d'entasser dans son existence nouvelle; mais il n'était pas au bout de ses peines. — Un domestique, ouvrant le battant de la porte, annonça un visiteur.

« M. Octave de Saville. »

Quoiqu'il dût s'attendre un jour ou l'autre à cette rencontre, le véritable Octave pâlit à ces simples mots comme si la trompette du jugement dernier lui eût brusquement éclaté à l'oreille. Il eut besoin de faire appel à tout son courage et de se dire qu'il avait l'avantage de la situation pour ne pas chanceler; instinctivement il enfonça ses doigts dans le dos d'une causeuse, et réussit ainsi à se maintenir debout avec une apparence ferme et tranquille.

Le comte Olaf, revêtu de l'apparence d'Octave, s'avança vers la comtesse qu'il salua profondément.

« M. le comte Labinski... M. Octave de Saville... » fit la comtesse Labinska en présentant les gentilshommes l'un à l'autre.

Les deux hommes se saluèrent froidement en se lançant des regards fauves à travers le masque de marbre de la politesse mondaine, qui recouvre parfois tant d'atroces passions.

« Vous m'avez tenu rigueur depuis Florence, monsieur Octave, dit la comtesse d'une voix amicale et familière, et j'avais peur de quitter Paris sans vous voir. — Vous étiez plus assidu à la villa Salviati, et vous comptiez alors parmi mes fidèles.

— Madame, répondit d'un ton contraint le faux Octave, j'ai voyagé, j'ai été souffrant, malade même, et, en recevant votre gracieuse invitation, je me suis demandé si j'en profiterais, car il ne faut pas être égoïste et abuser de l'indulgence qu'on veut bien avoir pour un ennuyeux.

— Ennuyé peut-être; ennuyeux, non, répliqua la comtesse ; vous avez toujours été mélancolique, — mais un de vos poëtes ne dit-il pas de la mélancolie :

Après l'oisiveté, c'est le meilleur des maux.

— C'est un bruit que font courir les gens heureux pour se dispenser de plaindre ceux qui souffrent, dit Olaf-de Saville. »

La comtesse jeta un regard d'une ineffable douceur sur le comte, enfermé dans la forme d'Octave, comme pour lui demander pardon de l'amour qu'elle lui avait involontairement inspiré.

« Vous me croyez plus frivole que je ne suis ; toute douleur vraie a ma pitié, et, si je ne puis la soulager, j'y sais compatir. — Je vous aurais voulu heureux, cher monsieur Octave ; mais pourquoi vous êtes vous cloîtré dans votre tristesse, refusant obstinément la vie qui venait à vous avec ses bonheurs, ses enchantements et ses devoirs ? Pourquoi avez-vous refusé l'amitié que je vous offrais ? »

Ces phrases si simples et si franches impressionnaient diversement les deux auditeurs. — Octave y entendait la confirmation de la sentence prononcée au jardin Salviati, par cette belle bouche que jamais ne souilla le mensonge ; Olaf y puisait une preuve de plus de l'inaltérable vertu de la femme, qui ne pouvait succomber que par un artifice diabolique. Aussi une rage subite s'empara de lui en voyant son spectre animé par une autre âme installé dans sa propre maison, et il s'élança à la gorge du faux comte.

« Voleur, brigand, scélérat, rends-moi ma peau ! »

A cette action si extraordinaire, la comtesse se pendit à la sonnette, des laquais emportèrent le comte.

« Ce pauvre Octave est devenu fou ! » dit Prascovie pendant qu'on emmenait Olaf, qui se débattait vainement.

« Oui, répondit le véritable Octave, fou d'amour ! Comtesse, vous êtes décidément trop belle ! »

XI

Deux heures après cette scène, le faux comte reçut du vrai une lettre fermée avec le cachet d'Octave de Saville, — le malheureux dépossédé n'en avait pas d'autres à sa disposition. Cela produisit un effet bizarre à l'usurpateur de l'entité d'Olaf Labinski de décacheter une missive scellée de ses armes, mais tout devait être singulier dans cette position anormale.

La lettre contenait les lignes suivantes, tracées d'une main contrainte et d'une écriture qui semblait contrefaite, car Olaf n'avait pas l'habitude d'écrire avec les doigts d'Octave :

« Lue par tout autre que par vous, cette lettre paraîtrait datée des Petites-Maisons, mais vous me comprendrez. Un concours inexplicable de circonstances fatales, qui ne se sont peut-être jamais produites depuis que la terre tourne autour du soleil, me force à une action que nul homme n'a faite. Je m'écris à moi-même et mets sur cette adresse un nom qui est le mien, un nom que vous m'avez volé avec ma personne. De quelles machinations ténébreuses suis-je victime, dans quel cercle d'illusions infernales ai-je mis le pied, je l'ignore ;— vous le savez, sans doute. Ce secret, si vous n'êtes point un lâche, le canon de mon pistolet ou la pointe de mon épée vous le demandera sur un terrain où tout homme honorable ou infâme répond aux questions qu'on lui pose ; il faut que demain l'un de nous ait cessé de voir la lumière du ciel. Ce large univers est maintenant trop étroit pour nous deux : — je tuerai mon corps habité par votre esprit imposteur ou vous tuerez le vôtre, où mon âme s'indigne d'être emprisonnée.— N'essayez pas de me faire passer pour fou, —j'aurai le courage d'être raisonnable, et, partout où je vous rencontrerai, je vous insulterai avec une politesse de gentilhomme, avec un sang-froid de diplomate ; les moustaches de M. le comte Olaf Labinski peuvent déplaire à M. Octave de Saville, et tous les jours on se marche sur le pied à la sortie de l'Opéra, mais j'espère que mes phrases, bien qu'obscures, n'auront aucune ambiguïté pour vous, et que mes témoins s'entendront parfaitement avec les vôtres pour l'heure, le lieu et les conditions du combat. »

Cette lettre jeta Octave dans une grande perplexité. Il ne pouvait refuser le cartel du comte, et cependant il lui répugnait de se battre avec lui-même, car il avait gardé pour son ancienne enveloppe une certaine tendresse. L'idée d'être obligé à ce combat par quelque outrage éclatant le fit se décider pour l'acceptation, quoique, à la rigueur, il pût mettre à son adversaire la camisole de force de la folie et lui arrêter ainsi le bras, mais ce moyen violent répugnait à sa délicatesse. Si, entraîné par une passion inéluctable, il avait commis un acte répréhensible et caché l'amant sous le masque de l'époux pour triompher d'une vertu au-dessus de toutes les séductions, il n'était pas pourtant un homme sans honneur et sans courage ; ce parti extrême, il ne l'avait d'ailleurs pris qu'après trois ans de luttes et de souffrances, au moment où sa vie, consumée par l'amour, allait lui échapper. Il ne connaissait pas le comte ; il n'était pas son ami ; il ne lui devait rien, et il avait profité du moyen hasardeux que lui offrait le docteur Balthazar Cherbonneau.

Où prendre des témoins? sans doute parmi les

amis du comte; mais Octave, depuis un jour qu'il habitait l'hôtel, n'avait pu se lier avec eux.

Sur la cheminée s'arrondissaient deux coupes de céladon craquelé, dont les anses étaient formées par des dragons d'or. L'une contenait des bagues, des épingles, des cachets et autres menus bijoux;— l'autre des cartes de visite où, sous des couronnes de duc, de marquis, de comte, en gothique, en ronde, en anglaise, étaient inscrits par des graveurs habiles une foule de noms polonais, russes, hongrois, allemands, italiens, espagnols, attestant l'existence voyageuse du comte, qui avait des amis dans tous les pays.

Octave en prit deux au hasard : le comte Zamoieczki et le marquis de Sepulveda. — Il ordonna d'atteler et se fit conduire chez eux. Il les trouva l'un et l'autre. Ils ne parurent pas surpris de la requête de celui qu'ils prenaient pour le comte Olaf Labinski. —Totalement dénués de la sensibilité des témoins bourgeois, ils ne demandèrent pas si l'affaire pouvait s'arranger et gardèrent un silence de bon goût sur le motif de la querelle, en parfaits gentilshommes qu'ils étaient.

De son côté, le comte véritable, ou, si vous l'aimez mieux, le faux Octave, était en proie à un embarras pareil; il se souvint d'Alfred Humbert et de Gustave Raimbault, au déjeuner duquel il avait refusé d'assister, et il les décida à le servir en cette rencontre. — Les deux jeunes gens marquèrent quelque étonnement de voir engager dans un duel leur ami, qui depuis un an n'avait presque pas quitté sa chambre, et dont ils savaient l'humeur plus pacifique que batailleuse ; mais, lorsqu'il leur eut dit qu'il s'agissait d'un combat à mort pour un motif qui ne devait pas être révélé, ils ne firent plus d'objections et se rendirent à l'hôtel Labinski.

Les conditions furent bientôt réglées. Une pièce d'or jetée en l'air décida de l'arme, les adversaires ayant déclaré que l'épée ou le pistolet leur convenait également. On devait se rendre au bois de Boulogne à six heures du matin dans l'avenue des Poteaux, près de ce toit de chaume soutenu par des piliers rustiques, à cette place libre d'arbres où le sable tassé présente une arène propre à ces sortes de combats.

Lorsque tout fut convenu, il était près de minuit, et Octave se dirigea vers la porte de l'appartement de Prascovie. Le verrou était tiré comme la veille, et la voix moqueuse de la comtesse lui jeta cette raillerie à travers la porte :

« Revenez quand vous saurez le polonais, je suis trop patriote pour recevoir un étranger chez moi. »

Le matin, le docteur Cherbonneau, qu'Octave avait prévenu, arriva portant une trousse d'instruments de chirurgie et un paquet de bandelettes. — Ils montèrent ensemble en voiture. MM. Zamoieczki et de Sepulveda suivaient dans leur coupé.

« Eh bien, mon cher Octave, dit le docteur, l'aventure tourne donc déjà au tragique ? J'aurais dû laisser dormir le comte dans votre corps une huitaine de jours sur mon divan. J'ai prolongé au delà de cette limite des sommeils magnétiques. Mais on a beau avoir étudié la sagesse chez les brahmes, les pandits et les sanniâsys de l'Inde, on oublie toujours quelque chose, et il se trouve des imperfections au plan le mieux combiné. Mais comment la comtesse Prascovie a-t-elle accueilli son amoureux de Florence ainsi déguisé?

— Je crois, répondit Octave, qu'elle m'a reconnu malgré ma métamorphose, ou bien c'est son ange gardien qui lui a soufflé à l'oreille de se méfier de moi; je l'ai trouvée aussi chaste, aussi froide, aussi pure que la neige du pôle. Sous une forme aimée, son âme exquise devinait sans doute une âme étrangère. — Je vous disais bien que vous ne pouviez rien pour moi; je suis plus malheureux encore que lorsque vous m'avez fait votre première visite.

—Qui pourrait assigner une borne aux facultés de l'âme, dit le docteur Balthazar Cherbonneau d'un air pensif, surtout lorsqu'elle n'est altérée par aucune pensée terrestre, souillée par aucun limon humain, et se maintient telle qu'elle est sortie des mains du Créateur dans la lumière, la contemplation de l'amour?— Oui, vous avez raison, elle vous a reconnu; son angélique pudeur a frissonné sous le regard du désir et, par instinct, s'est voilée de ses ailes blanches. Je vous plains, mon pauvre Octave ! votre mal est en effet irrémédiable. — Si nous étions au moyen âge, je vous dirais : Entrez dans un cloître.

— J'y ai souvent pensé, » répondit Octave.

On était arrivé. — Le coupé du faux Octave stationnait déjà à l'endroit désigné.

Le bois présentait à cette heure matinale un aspect véritablement pittoresque que la fashion lui fait perdre dans la journée : l'on était à ce point de l'été où le soleil n'a pas encore eu le temps d'assombrir le vert du feuillage ; des teintes fraîches, transparentes, lavées par la rosée de la nuit, nuançaient les massifs, et il s'en dégageait un parfum de jeune végétation. Les arbres, à cet endroit, sont particulièrement beaux, soit qu'ils aient rencontré un terrain plus favorable, soit qu'ils survivent seuls d'une plantation ancienne, leurs troncs vigoureux, plaqués de mousse ou satinés d'une écorce d'argent, s'agrafent au sol par des racines noueuses, projettent des branches aux coudes bizarres, et pourraient servir de modèles aux études des peintres et des décorateurs qui vont bien loin en chercher de moins remarquables. Quelques oiseaux que les bruits du jour font taire pépiaient gaiement sous la feuillée ; un lapin furtif traversait en trois bonds le sable de l'allée et courait se cacher dans l'herbe, effrayé du bruit des roues.

Ces poésies de la nature surprise en déshabillé occupaient peu, comme vous le pensez, les deux adversaires et leurs témoins.

La vue du docteur Cherbonneau fit une impression désagréable sur le comte Olaf Labinski ; mais il se remit bien vite.

L'on mesura les épées, l'on assigna les places aux

combattants, qui, après avoir mis habit bas, tombèrent en garde pointe contre pointe.

Les témoins crièrent : « Allez ! »

Dans tout duel, quel que soit l'acharnement des adversaires, il y a un moment d'immobilité solennelle ; chaque combattant étudie son ennemi en silence et fait son plan, méditant l'attaque et se préparant à la riposte ; puis les épées se cherchent, s'agacent, se tâtent pour ainsi dire sans se quitter : cela dure quelques secondes, qui paraissent des minutes, des heures, à l'anxiété des assistants.

Ici, les conditions du duel, en apparence ordinaires pour les spectateurs, étaient si étranges pour les combattants, qu'ils restèrent ainsi en garde plus longtemps que de coutume. En effet, chacun avait devant soi son propre corps et devait enfoncer l'acier dans une chair qui lui appartenait encore la veille.

— Le combat se compliquait d'une sorte de suicide non prévue, et, quoique braves tous deux, Octave et le comte éprouvaient une instinctive horreur à se trouver l'épée à la main en face de leurs fantômes et prêts à fondre sur eux-mêmes.

Les témoins impatientés allaient crier encore une fois : « Messieurs, mais allez donc ! » lorsque les fers se froissèrent enfin sur leurs carres.

Quelques attaques furent parées avec prestesse de part et d'autre.

Le comte, grâce à son éducation militaire, était un habile tireur ; il avait moucheté le plastron des maîtres les plus célèbres ; mais, s'il possédait toujours la théorie, il n'avait plus pour l'exécution ce bras nerveux habitué à tailler des croupières aux Mourides de Schamyl; c'était le faible poignet d'Octave qui tenait son épée.

Au contraire, Octave, dans le corps du comte, se trouvait une vigueur inconnue, et, quoique moins savant, il écartait toujours de sa poitrine le fer qui la cherchait.

Vainement Olaf s'efforçait d'atteindre son adversaire et risquait des bottes hasardeuses. Octave, plus froid et plus ferme, déjouait toutes les feintes.

La colère commençait à s'emparer du comte, dont le jeu devenait nerveux et désordonné. Quitte à rester Octave de Saville, il voulait tuer ce corps imposteur qui pouvait tromper Prascovie, pensée qui le jetait en d'inexprimables rages.

Au risque de se faire transpercer, il essaya un coup droit pour arriver, à travers son propre corps, à l'âme et à la vie de son rival; mais l'épée d'Octave se lia autour de la sienne avec un mouvement si preste, si sec, si irrésistible, que le fer, arraché de son poing, jaillit en l'air et alla tomber quelques pas plus loin.

La vie d'Olaf était à la discrétion d'Octave : il n'avait qu'à se fendre pour le percer de part en part.
— La figure du comte se crispa, non qu'il eût peur de la mort, mais il pensait qu'il allait laisser sa femme à ce voleur de corps, que rien désormais ne pourrait démasquer.

Octave, loin de profiter de son avantage, jeta son

épée, et, faisant signe aux témoins de ne pas intervenir, marcha vers le comte stupéfait, qu'il prit par le bras et qu'il entraîna dans l'épaisseur du bois.

« Que me voulez-vous? dit le comte. Pourquoi ne pas me tuer lorsque vous pouvez le faire? Pourquoi ne pas continuer le combat, après m'avoir laissé reprendre mon épée, s'il vous répugnait de frapper un homme sans armes? Vous savez bien que le soleil ne doit pas projeter ensemble nos deux ombres sur le sable, et qu'il faut que la terre absorbe l'un de nous.

— Écoutez-moi patiemment, répondit Octave. Votre bonheur est entre mes mains. Je puis garder toujours ce corps où je loge aujourd'hui et qui vous appartient en propriété légitime : je me plais à le reconnaître maintenant qu'il n'y a pas de témoins près de nous, et que les oiseaux seuls, qui n'iront pas le redire, peuvent nous entendre ; si nous recommençons le duel, je vous tuerai. Le comte Olaf Labinski, que je représente du moins mal que je peux, est plus fort à l'escrime qu'Octave de Saville, dont vous avez maintenant la figure, et que je serai forcé, bien à regret, de supprimer ; et cette mort, quoique non réelle, puisque mon âme y survivrait, désolerait ma mère. »

Le comte, reconnaissant la vérité de ces observations, garda un silence qui ressemblait à une sorte d'acquiescement.

« Jamais, continua Octave, vous ne parviendrez,

si je m'y oppose, à vous réintégrer dans votre individualité ; vous voyez à quoi ont abouti vos deux essais. D'autres tentatives vous feraient prendre pour un monomane. Personne ne croira un mot de vos allégations, et, lorsque vous prétendrez être le comte Olaf Labinski, tout le monde vous éclatera de rire au nez, comme vous avez déjà pu vous en convaincre. On vous enfermera, et vous passerez le reste de votre vie à protester sous les douches que vous êtes effectivement l'époux de la belle comtesse Prascovie Labinska. Les âmes compatissantes diront en vous entendant : Ce pauvre Octave ! Vous serez méconnu comme le Chabert de Balzac, qui voulait prouver qu'il n'était pas mort. »

Cela était si mathématiquement vrai, que le comte abattu laissa tomber sa tête sur sa poitrine.

« Puisque vous êtes pour le moment Octave de Saville, vous avez sans doute fouillé ses tiroirs, feuilleté ses papiers ; et vous n'ignorez pas qu'il nourrit depuis trois ans pour la comtesse Prascovie Labinska un amour éperdu, sans espoir, qu'il a vainement tenté de s'arracher du cœur et qui ne s'en ira qu'avec sa vie, s'il ne le suit pas encore dans la tombe.

— Oui, je le sais, fit le comte en se mordant les lèvres.

— Eh bien, pour parvenir à elle j'ai employé un moyen horrible, effrayant, et qu'une passion délirante pouvait seule risquer ; le docteur Cherbonneau a tenté pour moi une œuvre à faire reculer les thaumaturges de tous les pays et de tous les siècles. Après nous avoir tous deux plongés dans le sommeil, il a fait magnétiquement changer nos âmes d'enveloppe. Miracle inutile ! Je vais vous rendre votre corps : Prascovie ne m'aime pas ! Dans la forme de l'époux elle a reconnu l'âme de l'amant ; son regard s'est glacé sur le seuil de la chambre conjugale comme au jardin de la villa Salviati. »

Un chagrin si vrai se trahissait dans l'accent d'Octave, que le comte ajouta foi à ses paroles.

« Je suis un amoureux, ajouta Octave en souriant, et non pas un voleur ; et, puisque le seul bien que j'aie désiré sur cette terre ne peut m'appartenir, je ne vois pas pourquoi je garderai vos titres, vos châteaux, vos terres, votre argent, vos chevaux, vos armes. — Allons, donnez-moi le bras, ayons l'air réconciliés, remercions nos témoins, prenons avec nous le docteur Cherbonneau, et retournons au laboratoire magique d'où nous sommes sortis transfigurés ; le vieux brahme saura bien défaire ce qu'il a fait. »

« Messieurs, dit Octave, soutenant pour quelques minutes encore le rôle du comte Olaf Labinski, nous avons échangé, mon adversaire et moi, des explications confidentielles qui rendent la continuation du combat inutile. Rien n'éclaircit les idées entre honnêtes gens comme de froisser un peu le fer. »

MM. Zamoieczki et Sepulveda remontèrent dans leur voiture. Alfred Humbert et Gustave Raimbaud regagnèrent leur coupé. — Le comte Olaf Labinski, Octave de Saville et le docteur Balthazar se dirigèrent grand train vers la rue du Regard.

XII

Pendant le trajet du bois de Boulogne à la rue du Regard, Octave de Saville dit au docteur Cherbonneau :

« Mon cher docteur, je vais mettre encore une fois votre science à l'épreuve : il faut réintégrer nos âmes chacune dans son domicile habituel. — Cela ne doit pas vous être difficile ; j'espère que M. le comte Labinski ne vous en voudra pas pour lui avoir fait changer un palais contre une chaumière et loger quelques heures sa personnalité brillante dans mon pauvre individu. Vous possédez d'ailleurs une puissance à ne craindre aucune vengeance. »

Après avoir fait un signe d'acquiescement, le docteur Balthazar Cherbonneau dit : « L'opération sera beaucoup plus simple cette fois-ci que l'autre ; les imperceptibles filaments qui retiennent l'âme au corps ont été brisés récemment chez vous et n'ont pas eu le temps de se renouer, et vos volontés ne feront pas cet obstacle qu'oppose au magnétiseur la résistance instinctive du magnétisé. M. le comte pardonnera sans doute à un vieux savant comme moi de n'avoir pu résister au plaisir de pratiquer une expérience pour laquelle on ne trouve pas beaucoup de sujets, puisque cette tentative n'a servi d'ailleurs qu'à confirmer avec éclat une vertu qui pousse la délicatesse jusqu'à la divination, et triomphe là où toute autre eût succombé. Vous regarderez, si vous voulez, comme un rêve bizarre cette transformation passagère, et peut-être plus tard ne serez-vous pas fâché d'avoir éprouvé cette sensation étrange que très-peu d'hommes ont connue, celle d'avoir habité deux corps. — La métempsychose n'est pas une doctrine nouvelle; mais, avant de transmigrer dans une autre existence, les âmes boivent la coupe d'oubli, et tout le monde ne peut pas, comme Pythagore, se souvenir d'avoir assisté à la guerre de Troie.

— Le bienfait de me réinstaller dans mon individualité, répondit poliment le comte, équivaut au désagrément d'en avoir été exproprié, cela soit dit sans aucune mauvaise intention pour M. Octave de Saville que je suis encore et que je vais cesser d'être. »

Octave sourit avec les lèvres du comte Labinski à cette phrase, qui n'arrivait à son adresse qu'à travers une enveloppe étrangère, et le silence s'établit entre ces trois personnages, à qui leur situation anormale rendait toute conversation difficile.

Le pauvre Octave songeait à son espoir évanoui, et ses pensées n'étaient pas, il faut l'avouer, précisément couleur de rose. Comme tous les amants rebutés, il se demandait encore pourquoi il n'était pas aimé — comme si l'amour avait un pourquoi! la seule raison qu'on en puisse donner est le *parce que*, réponse logique dans son laconisme entêté, que les femmes opposent à toutes les questions embarrassantes. Cependant il se reconnaissait vaincu et sentait que le ressort de la vie, retendu chez lui un instant par le docteur Cherbonneau, était de nouveau brisé et bruissait dans son cœur comme celui d'une montre qu'on a laissée tomber à terre. Octave n'aurait pas voulu causer à sa mère le chagrin de son suicide, et il cherchait un endroit où s'éteindre silencieusement de son chagrin inconnu sous le nom scientifique d'une maladie plausible. S'il eût été peintre, poëte ou musicien, il aurait cristallisé sa douleur en chefs-d'œuvre, et Prascovie vêtue de blanc, couronnée d'étoiles, pareille à la Béatrice de Dante, aurait plané sur son inspiration comme un ange lumineux ; mais, nous l'avons dit en commençant cette histoire, bien qu'instruit et distingué, Octave n'était pas un de ces esprits d'élite qui impriment sur ce monde la trace de leur passage. Ame obscurément sublime, il ne savait qu'aimer et mourir.

La voiture entra dans la cour du vieil hôtel de la rue du Regard, cour au pavé serti d'herbe verte où les pas des visiteurs avaient frayé un chemin et que les hautes murailles grises des constructions inondaient d'ombres froides comme celles qui tombent des arcades d'un cloître : le Silence et l'Immobilité veillaient sur le seuil comme deux statues invisibles pour protéger la méditation du savant.

Octave et le comte descendirent, et le docteur franchit le marchepied d'un pas plus leste qu'on n'aurait pu l'attendre de son âge et sans s'appuyer au bras que le valet de pied lui présentait avec cette politesse que les laquais de grande maison affectent pour les personnes faibles ou âgées.

Dès que les doubles portes se furent refermées sur eux, Olaf et Octave se sentirent enveloppés par cette chaude atmosphère qui rappelait au docteur celle de l'Inde et où seulement il pouvait respirer à l'aise, mais qui suffoquait presque les gens qui n'avaient pas été comme lui torréfiés trente ans aux soleils tropicaux. Les incarnations de Wishnou grimaçaient toujours dans leurs cadres, plus bizarres au jour qu'à la lumière; Shiva, le dieu bleu, ricanait sur son socle, et Dourga, mordant sa lèvre calleuse de ses dents de sanglier, semblait agiter son chapelet de crânes. Le logis gardait son impression mystérieuse et magique.

Le docteur Balthazar Cherbonneau conduisit ses deux sujets dans la pièce où s'était opérée la première transformation ; il fit tourner le disque de verre de la machine électrique, agita les tiges de fer du baquet mesmérien, ouvrit les bouches de chaleur de façon à faire monter rapidement la température, lut deux ou trois lignes sur des papyrus si anciens qu'ils ressemblaient à de vieilles écorces prêtes à tomber en poussière, et, lorsque quelques minutes furent écoulées, il dit à Octave et au comte :

« Messieurs, je suis à vous ; voulez-vous que nous commencions ? »

Pendant que le docteur se livrait à ces préparatifs, des réflexions inquiétantes passaient par la tête du comte.

« Lorsque je serai endormi, que va faire de mon âme ce vieux magicien à figure de macaque qui pourrait bien être le diable en personne? — La restituera-t-il à mon corps ou l'emportera-t-il en enfer avec lui? Cet échange qui doit me rendre mon bien n'est-il qu'un nouveau piége, une combinaison machiavélique pour quelque sorcellerie dont le but m'échappe? Pourtant, ma position ne saurait guère empirer. Octave possède mon corps, et, comme il le disait très-bien ce matin, en le réclamant sous ma figure actuelle je me ferais enfermer comme fou. S'il avait voulu se débarrasser définitivement de moi, il n'avait qu'à pousser la pointe de son épée ; j'étais désarmé, à sa merci ; la justice des hommes n'avait rien à y voir; les formes du duel étaient parfaitement régulières et tout s'était passé selon l'usage.— Allons ! pensons à Prascovie, et pas de terreur enfantine ! Essayons du seul moyen qui me reste de la reconquérir ! »

Et il prit comme Octave la tige de fer que le docteur Balthazar Cherbonneau lui présentait.

Fulgurés par les conducteurs de métal chargés à outrance de fluide magnétique, les deux jeunes gens tombèrent bientôt dans un anéantissement si profond qu'il eût ressemblé à la mort pour toute personne non prévenue : le docteur fit les passes, accomplit les rites, prononça les syllabes comme la première fois, et bientôt deux petites étincelles apparurent au-dessus d'Octave et du comte avec un tremblement lumineux ; le docteur reconduisit à sa demeure primitive l'âme du comte Olaf Labinski, qui suivit d'un vol empressé le geste du magnétiseur.

Pendant ce temps, l'âme d'Octave s'éloignait lentement du corps d'Olaf, et, au lieu de rejoindre le sien, s'élevait, s'élevait comme toute joyeuse d'être libre, et ne paraissait pas se soucier de rentrer dans sa prison. Le docteur se sentit pris de pitié pour cette Psyché qui palpitait des ailes, et se demanda si c'était un bienfait de la ramener vers cette vallée de misère. Pendant cette minute d'hésitation, l'âme montait toujours. Se rappelant son rôle, M. Cherbonneau répéta de l'accent le plus impérieux l'irrésistible monosyllabe et fit une passe fulgurante de volonté; la petite lueur tremblotante était déjà hors du cercle d'attraction, et, traversant la vitre supérieure de la croisée, elle disparut.

Le docteur cessa des efforts qu'il savait superflus et réveilla le comte, qui, en se voyant dans un miroir avec ses traits habituels, poussa un cri de joie, jeta un coup d'œil sur le corps toujours immobile d'Octave comme pour se prouver qu'il était bien définitivement débarrassé de cette enveloppe, et s'élança dehors, après avoir salué de la main M. Balthazar Cherbonneau.

Quelques instants après, le roulement sourd d'une voiture sous la voûte se fit entendre, et le docteur Balthazar Cherbonneau resta seul face à face avec le cadavre d'Octave de Saville.

« Par la trompe de Ganésa! s'écria l'élève du brahme d'Elephanta lorsque le comte fut parti, voilà une fâcheuse affaire; j'ai ouvert la porte de la cage, l'oiseau s'est envolé, et le voilà déjà hors de la sphère de ce monde, si loin que le sannyâsi Brahma-Logum lui-même ne le rattraperait pas; je reste avec un corps sur les bras. Je puis bien le dissoudre dans un bain corrosif si énergique qu'il n'en resterait pas un atome appréciable, ou en faire en quelques heures une momie de Pharaon pareille à celles qu'enferment ces boîtes bariolées d'hiéroglyphes; mais on commencerait des enquêtes, on fouillerait mon logis, on ouvrirait mes caisses, on me ferait subir toutes sortes d'interrogatoires ennuyeux... »

Ici, une idée lumineuse traversa l'esprit du docteur; il saisit une plume et traça rapidement quelques lignes sur une feuille de papier qu'il serra dans le tiroir de sa table.

Le papier contenait ces mots :

« N'ayant ni parents, ni collatéraux, je lègue tous mes biens à M. Octave de Saville, pour qui j'ai une affection particulière, — à la charge de payer un legs de cent mille francs à l'hôpital brahminique de Ceylan, pour les animaux vieux, fatigués ou malades, de servir douze cents francs de rente viagère à mon domestique indien et à mon domestique anglais, et de remettre à la bibliothèque Mazarine le manuscrit des lois de Manou. »

Ce testament fait à un mort par un vivant n'est pas une des choses les moins bizarres de ce conte invraisemblable et pourtant réel; mais cette singularité va s'expliquer sur-le-champ.

Le docteur toucha le corps d'Octave de Saville, que la chaleur de la vie n'avait pas encore abandonné, regarda dans la glace son visage ridé, tanné et rugueux comme une peau de chagrin, d'un air singulièrement dédaigneux, et faisant sur lui le geste avec lequel on jette un vieil habit lorsque le tailleur vous en apporte un neuf, il murmura la formule du sannyâsi Brahma-Logum.

Aussitôt le corps du docteur Balthazar Cherbonneau roula comme foudroyé sur le tapis, et celui d'Octave de Saville se redressa fort, alerte et vivace.

Octave-Cherbonneau se tint debout quelques minutes devant cette dépouille maigre, osseuse et livide qui, n'étant plus soutenue par l'âme puissante qui la vivifiait tout à l'heure, offrit presque aussitôt les signes de la plus extrême sénilité, et prit rapidement une apparence cadavéreuse.

« Adieu, pauvre lambeau humain, misérable guenille percée au coude, élimée sur toutes les coutures, que j'ai traînée soixante-dix ans dans les cinq parties du monde! tu m'as fait un assez bon service, et je ne te quitte pas sans quelque regret. On s'habitue l'un et l'autre à vivre si longtemps ensemble! mais avec cette jeune enveloppe, que ma science aura bientôt rendue robuste, je pourrai étudier, travailler, lire encore quelques mots du grand livre, sans que la mort le ferme au paragraphe le plus intéressant en disant : « C'est assez! »

Cette oraison funèbre adressée à lui-même, Octave-Cherbonneau sortit d'un pas tranquille pour aller prendre possession de sa nouvelle existence.

Le comte Olaf Labinski était retourné à son hôtel et avait fait demander tout de suite si la comtesse pouvait le recevoir.

Il la trouva assise sur un banc de mousse, dans la serre, dont les panneaux de cristal relevés à demi laissaient passer un air tiède et lumineux, au milieu d'une véritable forêt vierge de plantes exotiques et tropicales; elle lisait Novalis, un des auteurs les plus subtils, les plus raréfiés, les plus immatériels qu'ait produits le spiritualisme allemand; la comtesse n'aimait pas les livres qui peignent la vie avec des couleurs réelles et fortes, — et la vie lui paraissait un peu grossière à force d'avoir vécu dans un monde d'élégance, d'amour et de poésie.

Elle jeta son livre et leva lentement les yeux vers le comte. Elle craignait de rencontrer encore dans les prunelles noires de son mari ce regard ardent, orageux, chargé de pensées mystérieuses, qui l'avait si péniblement troublée et qui lui semblait — appréhension folle, idée extravagante, — le regard d'un autre !

Dans les yeux d'Olaf éclatait une joie sereine, brûlait d'un feu égal un amour chaste et pur; l'âme étrangère qui avait changé l'expression de ses traits s'était envolée pour toujours : Prascovie reconnut aussitôt son Olaf adoré, et une rapide rougeur de plaisir nuança ses joues transparentes. —Quoiqu'elle ignorât les transformations opérées par le docteur Cherbonneau, sa délicatesse de sensitive avait pressenti tous ces changements sans pourtant qu'elle s'en rendît compte.

« Que lisiez-vous là, chère Prascovie? dit Olaf en ramassant sur la mousse le livre relié de maroquin bleu. — Ah! l'histoire de Henri d'Ofterdingen, — c'est le même volume que je suis allé vous chercher à franc étrier à Mohilev, — un jour que vous aviez manifesté à table le désir de l'avoir. A minuit il était sur votre guéridon, à côté de votre lampe; mais aussi Ralph en est resté poussif!

— Et je vous ai dit que jamais plus je ne manifesterais la moindre fantaisie devant vous. Vous êtes du caractère de ce grand d'Espagne qui priait sa maîtresse de ne pas regarder les étoiles, puisqu'il ne pouvait les lui donner.

— Si tu en regardais une, répondit le comte, j'essayerais de monter au ciel et de l'aller demander à Dieu. »

Tout en écoutant son mari, la comtesse repoussait une mèche révoltée de ses bandeaux qui scintillait comme une flamme dans un rayon d'or. Ce mouvement avait fait glisser sa manche et mis à nu son beau bras que cerclait au poignet le lézard constellé de turquoises qu'elle portait le jour de cette apparition aux Cascines, si fatale pour Octave.

« Quelle peur, dit le comte, vous a causée jadis ce pauvre petit lézard que j'ai tué d'un coup de badine lorsque, pour la première fois, vous êtes descendue au jardin sur mes instantes prières! Je le fis mouler en or et orner de quelques pierres; mais, même à l'état de bijou, il vous semblait toujours effrayant, et ce n'est qu'au bout d'un certain temps que vous vous décidâtes à le porter.

— Oh! j'y suis habituée tout à fait maintenant, et c'est de mes joyaux celui que je préfère, car il me rappelle un bien cher souvenir.

— Oui, reprit le comte; ce jour-là, nous convînmes que, le lendemain, je vous ferais demander officiellement en mariage à votre tante. »

La comtesse, qui retrouvait le regard, l'accent du vrai Olaf, se leva, rassurée d'ailleurs par ces détails intimes, lui sourit, lui prit le bras et fit avec lui quelques tours dans la serre, arrachant au passage, de sa main restée libre, quelques fleurs dont elle mordait les pétales de ses lèvres fraîches, comme cette Vénus de Schiavone qui mange des roses.

« Puisque vous avez si bonne mémoire aujourd'hui, dit-elle en jetant la fleur qu'elle coupait de ses dents de perle, vous devez avoir retrouvé l'usage de votre langue maternelle... que vous ne saviez plus hier.

— Oh! répondit le comte en polonais, c'est celle que mon âme parlera dans le ciel pour te dire que je t'aime, si les âmes gardent au paradis un langage humain. »

Prascovie, tout en marchant, inclina doucement sa tête sur l'épaule d'Olaf.

« Cher cœur, murmura-t-elle, vous voilà tel que je vous aime. Hier vous me faisiez peur, et je vous ai fui comme un étranger. »

Le lendemain, Octave de Saville, animé par l'esprit

du vieux docteur, reçut une lettre liserée de noir, qui le priait d'assister aux service, convoi et enterrement de M. Balthazar Cherbonneau.

Le docteur, revêtu de sa nouvelle apparence, suivit son ancienne dépouille au cimetière, se vit enterrer, écouta d'un air de componction fort bien joué les discours que l'on prononça sur sa fosse, et dans lesquels on déplorait la perte irréparable que venait de faire la science; puis il retourna rue Saint-Lazare, et attendit l'ouverture du testament qu'il avait écrit en sa faveur.

Ce jour-là on lut aux *faits divers* dans les journaux du soir :

« M. le docteur Balthazar Cherbonneau, connu par le long séjour qu'il a fait aux Indes, ses connaissances philologiques et ses cures merveilleuses, a été trouvé mort, hier, dans son cabinet de travail. L'examen minutieux du corps éloigne entièrement l'idée d'un crime. M. Cherbonneau a sans doute succombé à des fatigues intellectuelles excessives ou péri dans quelque expérience audacieuse. On dit qu'un testament olographe découvert dans le bureau du docteur lègue à la bibliothèque Mazarine des manuscrits extrêmement précieux, et nomme pour son héritier un jeune homme appartenant à une famille distinguée, M. O. de S. »

JETTATURA

I

Le Léopold, superbe bateau à vapeur toscan qui fait le trajet de Marseille à Naples, venait de doubler la pointe de Procida. Les passagers étaient tous sur le pont, guéris du mal de mer par l'aspect de la terre, plus efficace que les bonbons de Malte et autres recettes employées en pareil cas.

Sur le tillac, dans l'enceinte réservée aux premières places, se tenaient des Anglais tâchant de se séparer les uns des autres le plus possible et de tracer autour d'eux un cercle de démarcation infranchissable ; leurs figures splénétiques étaient soigneusement rasées, leurs cravates ne faisaient pas un faux pli, leurs cols de chemise roides et blancs ressemblent à des angles de papier Bristol ; des gants de peau de Suède tout frais recouvraient leurs mains, et le vernis de lord Elliot miroitait sur leurs chaussures neuves. On eût dit qu'ils sortaient d'un des compartiments de leurs nécessaires ; dans leur tenue correcte, aucun des petits désordres de toilette, conséquence ordinaire du voyage. Il y avait là des lords, des membres de la chambre des Communes, des marchands de la Cité, des tailleurs de Regent's street et des couteliers de Sheffields tous convenables, tous graves, tous immobiles, tous ennuyés. Les femmes ne manquaient pas non plus, car les Anglaises ne sont pas sédentaires comme les femmes des autres pays, et profitent du plus léger prétexte pour quitter leur île. Auprès des ladies et des mistresses, beautés à leur automne, vergetées des couleurs de la couperose, rayonnaient, sous leur voile de gaze bleue, de jeunes misses au tein pétri de crème et de fraises, aux brillantes spirales de cheveux blonds, aux dents longues et blanches rappelant les types affectionnés par les keepsakes, et justifiant les gravures d'outre-Manche du reproche de mensonge qu'on leur adresse souvent. Ces charmantes personnes modulaient, chacune de son côté, avec le plus délicieux accent britannique, la phrase sacramentelle : « *Vedi Napoli e poi mori*, » consultaient leur Guide de voyage ou prenaient note de leurs impressions sur leur carnet, sans faire la moindre attention aux œillades à la don Juan de quelques fats parisiens qui rôdaient autour d'elles, pendant que les mamans irritées murmuraient à demi-voix contre l'impropriété française.

Sur la limite du quartier aristocratique se promenaient, fumant des cigares, trois ou quatre jeunes gens qu'à leur chapeau de paille ou de feutre gris, à leurs paletots-sacs constellés de larges boutons de corne, à leur vaste pantalon de coutil, il était facile de reconnaître pour des artistes, indication que confirmaient d'ailleurs leurs moustaches à la Van Dyck, leurs cheveux bouclés à la Rubens ou coupés en brosse à la Paul Véronèse ; ils tâchaient, mais dans un tout autre but que les dandies, de saisir quelques profils de ces beautés que leur peu de fortune les empêchait d'approcher de plus près, et cette préoccupation les distrayait un peu du magnifique panorama étalé devant leurs yeux.

A la pointe du navire, appuyés au bastingage ou assis sur des paquets de cordages enroulés, étaient groupés les pauvres gens des troisièmes places, achevant les provisions que les nausées leur avaient fait garder intactes, et n'ayant pas un regard pour le plus admirable spectacle du monde, car le sentiment de la nature est le privilége des esprits cultivés, que les nécessités matérielles de la vie n'absorbent pas entièrement.

Il faisait beau ; les vagues bleues se déroulaient à larges plis, ayant à peine la force d'effacer le sillage du bâtiment ; la fumée du tuyau, qui formait les nuages de ce ciel splendide, s'en allait lentement en légers flocons d'ouate, et les palettes des roues se démenant dans une poussière diamantée où le soleil suspendait des iris, brassaient l'eau avec une activité joyeuse, comme si elles eussent eu la conscience de la proximité du port.

Cette longue ligne de collines qui, de Pausilippe au Vésuve, dessine le golfe merveilleux au fond du-

quel Naples se repose comme une nymphe marine
se séchant sur la rive après le bain, commençait
à prononcer ses ondulations violettes, et se détachait
en traits plus fermes de l'azur éclatant du ciel ; déjà
quelques points de blancheur, piquant le fond plus
sombre des terres, trahissaient la présence des villas
répandues dans la campagne. Des voiles de bateau
pêcheurs rentrant au port glissaient sur le bleu
uni comme des plumes de cygne promenées par la
brise, et montraient l'activité humaine sur la majestueuse solitude de la mer.

Après quelques tours de roue, le château Saint-Elme et le couvent Saint-Martin se profilèrent d'une
façon distincte au sommet de la montagne où Naples
s'adosse, par-dessus les dômes des églises, les terrasses des hôtels, les toits des maisons, les façades
des palais, et les verdures des jardins encore vaguement ébauchés dans une vapeur lumineuse. — Bientôt le château de l'Œuf, accroupi sur son écueil lavé
d'écume, sembla s'avancer vers le bateau à vapeur,
et le môle avec son phare s'allongea comme un bras
tenant un flambeau.

A l'extrémité de la baie, le Vésuve, plus rapproché,
changea les teintes bleuâtres dont l'éloignement le
revêtait pour des tons plus vigoureux et plus solides;
ses flancs se sillonnèrent de ravines et de coulées de
laves refroidies, et de son cône tronqué comme des
trous d'une cassolette, sortirent très-visiblement
de petits jets de fumée blanche qu'un souffle de vent
faisait trembler.

On distinguait nettement Chiatamone, Pizzo Falcone, le quai de Santa Lucia, tout bordé d'hôtels, le Palazzo Reale avec ses rangées de balcons, le Palazzo Nuovo flanqué de ses tours à moucharabys, l'Arsenal, et les vaisseaux de toutes nations, entremêlant leurs mâts et leurs espars comme les arbres d'un bois dépouillé de feuilles, lorsque sortit de sa cabine un passager qui ne s'était pas fait voir de toute la traversée, soit que le mal de mer l'eût retenu dans son cadre, soit que par sauvagerie il n'eût pas voulu se mêler au reste des voyageurs, ou bien que ce spectacle, nouveau pour la plupart, lui fût dès longtemps familier et ne lui offrît plus d'intérêt.

C'était un jeune homme de vingt-six à vingt-huit ans, ou du moins auquel on était tenté d'attribuer cet âge au premier abord, car lorsqu'on le regardait avec attention on le trouvait ou plus jeune ou plus vieux, tant sa physionomie énigmatique mélangeait la fraîcheur et la fatigue. Ses cheveux d'un blond obscur tiraient sur cette nuance que les Anglais appellent *auburn*, et s'incendiaient au soleil de reflets cuivrés et métalliques, tandis que dans l'ombre ils paraissaient presque noirs; son profil offrait des lignes purement accusées, un front dont un phrénologue eût admiré les protubérances, un nez d'une noble courbe aquiline, des lèvres bien coupées, et un menton dont la rondeur puissante faisait penser aux médailles antiques; et cependant tous ces traits, beaux en eux-mêmes, ne composaient point un ensemble agréable. Il leur manquait cette mystérieuse harmonie qui adoucit les contours et les fond les uns dans les autres. La légende parle d'un peintre italien qui, voulant représenter l'archange rebelle, lui composa un masque de beautés disparates, et arriva ainsi à un effet de terreur bien plus grand qu'au moyen des cornes, des sourcils circonflexes et de la bouche en rictus. Le visage de l'étranger produisait une impression de ce genre. Ses yeux surtout étaient extraordinaires; les cils noirs qui les bordaient contrastaient avec la couleur gris pâle des prunelles et le ton châtain brûlé des cheveux. Le peu d'épaisseur des os du nez les faisait paraître plus rapprochés que les mesures des principes de dessin ne le permettent, et, quant à leur expression, elle était vraiment indéfinissable. Lorsqu'ils ne s'arrêtaient sur rien, une vague mélancolie, une tendresse languissante s'y peignaient dans une lueur humide; s'ils se fixaient sur quelque personne ou quelque objet, les sourcils se rapprochaient, se crispaient, et modelaient une ride perpendiculaire dans la peau du front : les prunelles, de grises devenaient vertes, se tigraient de points noirs, se striaient de fibrilles jaunes; le regard en jaillissait aigu, presque blessant; puis tout reprenait sa placidité première, et le personnage à tournure méphistophélique redevenait un jeune homme du monde, — membre du Jockey-Club, si vous voulez, — allant passer la saison à Naples, et satisfait de mettre le pied sur un pavé de lave moins mobile que le pont du *Léopold.*

Sa tenue était élégante sans attirer l'œil par aucun

détail voyant : une redingote bleu foncé, une cravate noire à pois dont le nœud n'avait rien d'apprêté ni de négligé non plus, un gilet de même dessin que la cravate, un pantalon gris clair, tombant sur une botte fine, composaient sa toilette ; la chaîne qui retenait sa montre était d'or tout uni, et un cordon de soie plate suspendait son pince-nez ; sa main bien gantée agitait une petite canne mince en cep de vigne tordu terminé par un écusson d'argent.

Il fit quelques pas sur le pont, laissant errer vaguement son regard vers la rive qui se rapprochait et sur laquelle on voyait rouler les voitures, fourmiller la population et stationner ces groupes d'oisifs pour qui l'arrivée d'une diligence ou d'un bateau à vapeur est un spectacle toujours intéressant et toujours neuf quoiqu'ils l'aient contemplé mille fois.

Déjà se détachait du quai une escadrille de canots, de chaloupes, qui se préparaient à l'assaut du *Léopold*, chargés d'un équipage de garçons d'hôtel, de domestiques de place, de facchini et autres canailles variées habituées à considérer l'étranger comme une proie ; chaque barque faisait force de rames pour arriver la première, et les mariniers échangeaient, selon la coutume, des injures, des vociférations capables d'effrayer des gens peu au fait des mœurs de la basse classe napolitaine.

Le jeune homme aux cheveux *auburn* avait, pour mieux saisir les détails du point de vue qui se déroulait devant lui, posé son lorgnon double sur son nez ; mais son attention, détournée du spectacle sublime de la baie par le concert de criailleries qui s'élevait de la flottille, se concentra sur les canots; sans doute le bruit l'importunait, car ses sourcils se contractèrent, la ride de son front se creusa, et le gris de ses prunelles prit une teinte jaune.

Une vague inattendue, venue du large et courant sur la mer, ourlée d'une frange d'écume, passa sous le bateau à vapeur, qu'elle souleva et laissa retomber lourdement, se brisa sur le quai en millions de paillettes, mouilla les promeneurs tout surpris de cette douche subite, et fit, par la violence de son ressac, s'entre-choquer si rudement les embarcations, que trois ou quatre facchini tombèrent à l'eau. L'accident n'était pas grave, car ces drôles nagent tous comme des poissons ou des dieux marins, et quelques secondes après ils reparurent, les cheveux collés aux tempes, crachant l'eau amère par la bouche et les narines, et aussi étonnés, à coup sûr, de ce plongeon, que put l'être Télémaque, fils d'Ulysse, lorsque Minerve, sous la figure du sage Mentor, le lança du haut d'une roche à la mer pour l'arracher à l'amour d'Eucharis.

Derrière le voyageur bizarre, à distance respectueuse, restait debout, auprès d'un entassement de malles, un petit groom, espèce de vieillard de quinze ans, gnome en livrée, ressemblant à ces nains que la patience chinoise élève dans des potiches pour les empêcher de grandir; sa face plate, où le nez faisait à peine saillie, semblait avoir été comprimée dès l'enfance, et ses yeux à fleur de tête avaient cette dou-

ceur que certains naturalistes trouvent à ceux du
crapaud. Aucune gibbosité n'arrondissait ses épaules
ni ne bombait sa poitrine; cependant il faisait naître
l'idée d'un bossu, quoiqu'on eût vainement cherché
sa bosse. En somme, c'était un groom très-convenable, qui eût pu se présenter sans entraînement aux
races d'Ascott ou aux courses de Chantilly; tout gentlemen-rider l'eût accepté sur sa mauvaise mine. Il
était déplaisant, mais irréprochable en son genre,
comme son maître.

L'on débarqua; les porteurs, après des échanges
d'injures plus qu'homériques, se divisèrent les étrangers et les bagages, et prirent le chemin des différents hôtels dont Naples est abondamment pourvu.

Le voyageur au lorgnon et son groom se dirigèrent vers l'hôtel de Rome, suivis d'une nombreuse
phalange de robustes facchini qui faisaient semblant
de suer et de haleter sous le poids d'un carton à chapeau ou d'une légère boîte, dans l'espoir naïf d'un plus
large pourboire, tandis que quatre ou cinq de leurs
camarades, mettant en relief des muscles aussi puissants que ceux de l'Hercule qu'on admire au Studj,
poussaient une charrette à bras où ballottaient deux
malles de grandeur médiocre et de pesanteur modérée.

Quand on fut arrivé aux portes de l'hôtel et que le
padron di casa eut désigné au nouveau survenant l'appartement qu'il devait occuper, les porteurs, bien
qu'ils eussent reçu environ le triple du prix de leur
course, se livrèrent à des gesticulations effrénées et à
des discours où les formules suppliantes se mêlaient

aux menaces dans la proportion la plus comique; ils parlaient tous à la fois avec une volubilité effrayante, réclamant un surcroît de paye, et jurant leurs grands dieux qu'ils n'avaient pas été suffisamment récompensés de leur fatigue. — Paddy, resté seul pour leur tenir tête, car son maître, sans s'inquiéter de ce tapage, avait déjà gravi l'escalier, ressemblait à un singe entouré par une meute de dogues : il essaya, pour calmer cet ouragan de bruit, un petit bout de harangue dans sa langue maternelle, c'est-à-dire en anglais. La harangue obtint peu de succès. Alors, fermant les poings et ramenant ses bras à la hauteur de sa poitrine, il prit une pose de boxe très-correcte à la grande hilarité des facchini, et d'un coup droit digne d'Adams ou de Tom Cribbs et porté au creux de l'estomac, il envoya le géant de la bande rouler les quatre fers en l'air sur les dalles de lave du pavé.

Cet exploit mit en fuite la troupe ; le colosse se releva lourdement, tout brisé de sa chute ; et sans chercher à tirer vengeance de Paddy, il s'en alla frottant de sa main, avec force contorsions, l'empreinte bleuâtre qui commençait à iriser sa peau, persuadé qu'un démon devait être caché sous la jaquette de ce macaque, bon tout au plus à faire de l'équitation sur le dos d'un chien, et qu'il aurait cru pouvoir renverser d'un souffle.

L'étranger, ayant fait appeler le *padron di casa* lui demanda si une lettre à l'adresse de M. Paul d'Aspremont n'avait pas été remise à l'hôtel de Rome; l'hôtelier répondit qu'une lettre portant cette suscription attendait, en effet, depuis une semaine, dans le casier des correspondances, et il s'empressa de l'aller chercher.

La lettre, enfermée dans une épaisse enveloppe de papier cream-lead azuré et vergé, scellée d'un cachet de cire aventurine, était écrite de ce caractère penché aux pleins anguleux, aux déliés cursifs, qui dénote une haute éducation aristocratique, et que possèdent, un peu trop uniformément peut-être, les jeunes Anglaises de bonne famille.

Voici ce que contenait ce pli, ouvert par M. d'Aspremont avec une hâte qui n'avait peut-être pas la seule curiosité pour motif :

« Mon cher monsieur Paul,

« Nous sommes arrivés à Naples depuis deux mois. Pendant le voyage fait à petites journées mon oncle s'est plaint amèrement de la chaleur, des moustiques, du vin, du beurre, des lits; il jurait qu'il faut être véritablement fou pour quitter un confortable cottage, à quelques milles de Londres, et se promener sur des routes poussiéreuses bordées d'auberges détestables, où d'honnêtes chiens anglais ne voudraient pas passer une nuit; mais tout en grognant il m'accompagnait, et je l'aurais mené au bout du monde; il ne se porte pas plus mal et moi je me porte mieux. — Nous sommes installés sur le bord de la mer, dans une maison blanchie à la chaux et enfouie dans une sorte de forêt vierge d'orangers, de citronniers, de myrtes, de lauriers-roses et autres végétations exotiques. — Du haut de la terrasse on jouit d'une vue merveilleuse, et vous y trouverez tous les soirs une tasse de thé ou une limonade à la neige, à votre choix. Mon oncle, que vous avez fasciné, je ne sais pas comment, sera enchanté de vous serrer la main. Est-il nécessaire d'ajouter que votre servante n'en sera pas fâchée non plus, quoique vous lui ayez coupé les doigts avec votre bague, en lui disant adieu sur la jetée de Folkestone.

« ALICIA W. »

II

Paul d'Aspremont, après s'être fait servir à dîner dans sa chambre, demanda une calèche. Il y en a toujours qui stationnent autour des grands hôtels, n'attendant que la fantaisie des voyageurs; le désir de Paul fut donc accompli sur-le-champ. Les chevaux de louage napolitains sont maigres à faire paraître Rossinante surchargé d'embonpoint; leurs têtes décharnées, leurs côtes apparentes comme des cercles de tonneaux, leur échine saillante toujours écorchée, semblent implorer à titre de bienfait le couteau de l'équarrisseur, car donner de la nourriture aux animaux est regardé comme un soin superflu par l'insouciance méridionale; les harnais, rompus la plupart du temps, ont des suppléments de corde, et quand le cocher a rassemblé ses guides et fait clapper sa langue pour décider le départ, on croirait que les chevaux vont s'évanouir et la voiture se dissiper en fumée comme le carrosse de Cendrillon lorsqu'elle revient du bal passé minuit, malgré l'ordre de la fée. Il n'en est rien cependant ; les rosses se roidissent sur leurs jambes et, après quelques titubations, prennent un galop qu'elles ne quittent plus : le cocher leur communique son ardeur, et la mèche de son fouet sait faire jaillir la dernière étincelle de vie cachée dans ces carcasses. Cela piaffe, agite la tête, se donne des airs fringants, écarquille l'œil, élargit la narine, et soutient une allure que n'égaleraient pas les plus rapides trotteurs anglais. Comment ce phénomène s'accomplit-il, et quelle puissance fait courir ventre à terre des bêtes mortes ? C'est ce que nous n'expliquerons pas. Toujours est-il que ce miracle a lieu journellement à Naples et que personne n'en témoigne de surprise.

La calèche de M. Paul d'Aspremont volait à travers la foule compacte, rasant les boutiques d'acquajoli aux guirlandes de citrons, les cuisines de fritures ou de macaronis en plein vent, les étalages de fruits de mer et les tas de pastèques disposés sur la voie publique comme les boulets dans les parcs d'artillerie. A peine si les lazzaroni couchés le long des murs, enveloppés de leurs cabans, daignaient retirer leurs jambes pour les soustraire à l'atteinte des attelages ; de temps à autre, un corricolo, filant entre ses grandes roues écarlates, passait encombré d'un monde de moines, de nourrices, de facchini et de polissons, à côté de la calèche dont il frisait l'essieu au milieu d'un nuage de poussière et de bruit. Les corricoli sont proscrits maintenant, et il est défendu d'en créer de nouveaux ; mais on peut ajouter une caisse neuve à de vieilles roues, ou des roues neuves à une vieille caisse ; moyen ingénieux qui permet à ces bizarres véhicules de durer longtemps encore à la grande satisfaction des amateurs de couleur locale.

Notre voyageur ne prêtait qu'une attention fort distraite à ce spectacle animé et pittoresque qui eût certes absorbé un touriste n'ayant pas trouvé à l'hôtel de Rome un billet à son adresse, signé Alicia W.

Il regardait vaguement la mer limpide et bleue, où se distinguaient, dans une lumière brillante, et nuancées par le lointain de teintes d'améthyste et de saphir, les belles îles semées en éventail à l'entrée du golfe, Capri, Ischia, Nisida, Procida, dont les noms harmonieux résonnent comme des dactyles grecs, mais son âme n'était pas là ; elle volait à tire-d'aile du côté de Sorrente, vers la petite maison blanche enfouie dans la verdure dont parlait la lettre d'Alicia. En ce moment la figure de M. d'Aspremont n'avait pas cette expression indéfinissablement déplaisante qui la caractérisait quand une joie intérieure n'en harmonisait pas les perfections disparates : elle était vraiment belle et sympathique, pour nous servir d'un mot cher aux Italiens ; l'arc de ses sourcils était détendu ; les coins de sa bouche ne s'abaissaient pas dédaigneusement, et une lueur tendre illuminait ses yeux calmes : — on eût parfaitement compris en le voyant alors les sentiments que semblaient indiquer à son endroit les phrases demi-tendres, demi-moqueuses écrites sur le papier cream-lead. Son originalité soutenue de beaucoup de distinction ne devait pas déplaire à une jeune miss, librement élevée à la manière anglaise par un vieil oncle très-indulgent.

Au train dont le cocher poussait ses bêtes, l'on eût bientôt dépassé Chiaja, la Marinella, et la calèche roula dans la campagne sur cette route remplacée aujourd'hui par un chemin de fer. Une poussière noire, pareille à du charbon pilé, donne un aspect plutonique à toute cette plage que recouvre un ciel étincelant et que lèche une mer du plus suave azur; c'est la suie du Vésuve tamisée par le vent qui saupoudre cette rive, et fait ressembler les maisons de Portici et de Torre del Greco à des usines de Birmingham. M. d'Aspremont ne s'occupa nullement du contraste de la terre d'ébène et du ciel de saphir, il lui tardait d'être arrivé. Les plus beaux chemins sont longs lorsque miss Alicia vous attend au bout, et qu'on lui a dit adieu il y a six mois sur la jetée de Folkestone : le ciel et la mer de Naples y perdent leur magie.

La calèche quitta la route, prit un chemin de traverse, et s'arrêta devant une porte formée de deux piliers de briques blanchies, surmontées d'urnes de terre rouge, où des aloès épanouissaient leurs feuilles pareilles à des lames de fer blanc et pointues comme des poignards. Une claire-voie peinte en vert servait de fermeture. La muraille était remplacée par une haie de cactus, dont les pousses faisaient des coudes difformes et entremêlaient inextricablement leurs raquettes épineuses.

Au-dessus de la haie, trois ou quatre énormes figuiers étalaient par masses compactes leurs larges feuilles d'un vert métallique avec une vigueur de végétation tout africaine; un grand pin parasol balançait son ombelle, et c'est à peine si, à travers les interstices de ces frondaisons luxuriantes, l'œil pouvait démêler la façade de la maison brillant par plaques blanches derrière ce rideau touffu.

Une servante basanée, aux cheveux crépus, et si épais que le peigne s'y serait brisé, accourut au bruit de la voiture, ouvrit la claire-voie, et, précédant M. d'Aspremont dans une allée de lauriers-roses dont les branches lui caressaient la joue avec leurs fleurs, elle le conduisit à la terrasse où miss Alicia Ward prenait le thé en compagnie de son oncle.

Par un caprice très-convenable chez une jeune fille blasée sur tous les conforts et toutes les élégances, et peut-être aussi pour contrarier son oncle, dont elle raillait les goûts bourgeois, miss Alicia avait choisi, de préférence à des logis civilisés, cette villa, dont les maîtres voyageaient, et qui était restée plusieurs années sans habitants. Elle trouvait dans ce jardin abandonné, et presque revenu à l'état de nature, une poésie sauvage qui lui plaisait; sous l'actif climat de Naples, tout avait poussé avec une activité prodigieuse. Orangers, myrtes, grenadiers, limons, s'en étaient donné à cœur joie, et les branches, n'ayant plus à craindre la serpette de l'émondeur, se donnaient la main d'un bout de l'allée à l'autre, ou pénétraient familièrement dans les chambres par quelque vitre brisée. — Ce n'était pas, comme dans le Nord, la tristesse d'une maison déserte, mais la gaieté folle et la pétulance heureuse de la nature du Midi livrée à elle-même ; en l'absence du maître, les végétaux exubérants se donnaient le plaisir d'une débauche de feuilles, de fleurs, de fruits et de parfums ; ils reprenaient la place que l'homme leur dispute.

Lorsque le commodore — c'est ainsi qu'Alicia appelait familièrement son oncle — vit ce fourré impénétrable et à travers lequel on n'aurait pu s'avancer qu'à l'aide d'un sabre d'abatage, comme dans les forêts d'Amérique, il jeta les hauts cris et prétendit que sa nièce était décidément folle. Mais Alicia lui promit gravement de faire pratiquer de la porte d'entrée au salon et du salon à la terrasse un passage suffisant pour un tonneau de malvoisie — seule. concession qu'elle pouvait accorder au positivisme avunculaire. — Le commodore se résigna, car il ne savait pas résister à sa nièce, et en ce moment, assis vis-à-vis d'elle sur la terrasse, il buvait à petits coups, sous prétexte de thé, une grande tasse de rhum.

Cette terrasse, qui avait principalement séduit la jeune miss, était en effet fort pittoresque, et mérite une description particulière, car Paul d'Aspremont y reviendra souvent, et il faut peindre le décor des scènes que l'on raconte.

On montait à cette terrasse, dont les pans à pic dominaient un chemin creux, par un escalier de larges dalles disjointes où prospéraient de vivaces herbes sauvages. Quatre colonnes frustes, tirées de quelque ruine antique et dont les chapiteaux perdus avaient été remplacés par des dés de pierre, soutenaient un treillage de perches enlacées et plafonnées de vigne. Des garde-fous tombaient en nappes et en guirlandes les lambruches et les plantes pariétaires. Au pied des murs, le figuier d'Inde, l'aloès, l'arbousier poussaient dans un désordre charmant, et au delà d'un bois que dépassait un palmier et trois pins d'Italie, la vue s'étendait sur des ondulations de terrain semées de blanches villas, s'arrêtait sur la silhouette violâtre du Vésuve, ou se perdait sur l'immensité bleue de la mer.

Lorsque M. Paul d'Aspremont parut au sommet de l'escalier, Alicia se leva, poussa un petit cri de joie et fit quelques pas à sa rencontre. Paul lui prit la main à l'anglaise, mais la jeune fille éleva cette main prisonnière à la hauteur des lèvres de son ami avec un mouvement plein de gentillesse enfantine et de coquetterie ingénue.

Le commodore essaya de se dresser sur ses jambes un peu goutteuses, et il y parvint après quelques grimaces de douleur qui contrastaient comiquement avec l'air de jubilation épanoui sur sa large face; il s'approcha d'un pas assez alerte pour lui du charmant groupe des deux jeunes gens, et tenailla la main de Paul de manière à lui mouler les doigts en creux les uns contre les autres, ce qui est la suprême expression de la vieille cordialité britannique.

Miss Alicia Ward appartenait à cette variété d'Anglaises brunes qui réalisent un idéal dont les conditions semblent se contrarier : c'est-à-dire une peau d'une blancheur éblouissante à rendre jaune le lait, la neige, le lis, l'albâtre, la cire vierge, et tout ce qui sert aux poëtes à faire des comparaisons blanches ; des lèvres de cerise, et des cheveux aussi noirs que la nuit sur les ailes du corbeau. L'effet de cette opposition est irrésistible et produit une beauté à part dont on ne saurait trouver l'équivalent ailleurs. — Peut-être quelques Circassiennes élevées dès l'enfance au sérail offrent-t-elles ce teint miraculeux, mais il faut nous en fier là-dessus aux exagérations de la poésie orientale et aux gouaches de Léwis représentant les harems du Caire. Alicia était assurément le type le plus parfait de ce genre de beauté.

L'ovale allongé de sa tête, son teint d'une incomparable pureté, son nez fin, mince, transparent, ses yeux d'un bleu sombre frangés de longs cils qui palpitaient sur ses joues rosées comme des papillons noirs lorsqu'elle abaissait ses paupières, ses lèvres colorées d'une pourpre éclatante, ses cheveux tombant en volutes brillantes comme des rubans de satin de chaque côté de ses joues et de son col de cygne, témoignaient en faveur de ces romanesques figures de femmes de Maclise, qui, à l'Exposition universelle, semblaient de charmantes impostures.

Alicia portait une robe de grenadine à volants festonnés et brodés de palmettes rouges, qui s'accordaient à merveille avec les tresses de corail à petits grains composant sa coiffure, son collier et ses bracelets ; cinq pampilles suspendues à une perle de corail à facettes tremblaient au lobe de ses oreilles petites et délicatement enroulées. — Si vous blâmez cet abus du corail, songez que nous sommes à Naples, et que les pêcheurs sortent tout exprès de la mer pour vous présenter ces branches que l'air rougit.

Nous vous devons, après le portrait de miss Alicia Ward, ne fût-ce que pour faire opposition, tout au moins une caricature du commodore à la manière de Hogarth.

Le commodore, âgé de quelque soixante ans, présentait cette particularité d'avoir la face d'un cramoisi uniformément enflammé, sur lequel tranchaient des sourcils blancs et des favoris de même couleur, et taillés en côtelettes, ce qui le rendait pareil à un vieux Peau Rouge qui se serait tatoué avec de la craie. Les coups de soleil, inséparables d'un voyage d'Italie, avaient ajouté quelques couches de plus à cette ardente coloration, et le commodore faisait involontairement penser à une grosse praline entourée de coton. Il était habillé des pieds à la tête, veste, gilet, pantalon et guêtres, d'une étoffe vigogne d'un gris vineux, et que le tailleur avait dû affirmer, sur son honneur, être la nuance la plus à la mode et la mieux portée, en quoi peut-être ne mentait-il pas. Malgré ce teint enluminé et ce vêtement grotesque, le commodore n'avait nullement l'air commun. Sa propreté rigoureuse, sa tenue irréprochable et ses grandes manières indiquaient le parfait gentleman, quoiqu'il eût plus d'un rapport extérieur avec les Anglais de vaudeville comme les parodient Hoffmann ou Levassor. Son caractère, c'était d'adorer sa nièce et de boire beaucoup de porto et de rhum de la Jamaïque pour entretenir l'humide radical, d'après la méthode du caporal Trimm.

« Voyez comme je me porte bien maintenant et comme je suis belle! Regardez mes couleurs; je n'en ai pas encore autant que mon oncle ; cela ne viendra pas, il faut l'espérer. — Pourtant ici j'ai du rose, du vrai rose, dit Alicia en passant sur sa joue son doigt effilé terminé par un ongle luisant comme l'agate; j'ai engraissé aussi, et l'on ne sent plus ces pauvres petites salières qui me faisaient tant de peine lorsque j'allais au bal. Dites, faut-il être coquette pour se priver pendant trois mois de la compagnie de son fiancé, afin qu'après l'absence il vous retrouve fraîche et superbe! »

Et en débitant cette tirade du ton enjoué et sautillant qui lui était familier, Alicia se tenait debout devant Paul comme pour provoquer et défier son examen.

« N'est-ce pas, ajouta le commodore, qu'elle est robuste à présent et superbe comme ces filles de

Procida qui portent des amphores grecques sur la tête ?

— Assurément, commodore, répondit Paul ; miss Alicia n'est pas devenue plus belle, c'était impossible, mais elle est visiblement en meilleure santé que lorsque, par coquetterie, à ce qu'elle prétend, elle m'a imposé cette pénible séparation. »

Et son regard s'arrêtait avec une fixité étrange sur la jeune fille posée devant lui.

Soudain les jolies couleurs roses qu'elle se vantait d'avoir conquises disparurent des joues d'Alicia, comme la rougeur du soir quitte les joues de neige de la montagne quand le soleil s'enfonce à l'horizon; toute tremblante, elle porta la main à son cœur; sa bouche charmante et pâlie se contracta.

Paul alarmé se leva, ainsi que le commodore; les vives couleurs d'Alicia avaient reparu ; elle souriait avec un peu d'effort.

« Je vous ai promis une tasse de thé ou un sorbet; quoique Anglaise, je vous conseille le sorbet. La neige vaut mieux que l'eau chaude, dans ce pays voisin de l'Afrique, et où le sirocco arrive en droite ligne. »

Tous les trois prirent place autour de la table de pierre, sous le plafond des pampres ; le soleil s'était plongé dans la mer, et le jour bleu qu'on appelle la nuit à Naples succédait au jour jaune. La lune semait des pièces d'argent sur la terrasse, par les déchiquetures du feuillage; — la mer bruissait sur la rive comme un baiser, et l'on entendait au loin le frisson de cuivre des tambours de basque accompagnant les tarentelles...

Il fallut se quitter ; — Vicè, la fauve servante à chevelure crépue, vint avec un falot pour reconduire Paul à travers les dédales du jardin. Pendant qu'elle servait les sorbets et l'eau de neige, elle avait attaché sur le nouveau venu un regard mélangé de curiosité et de crainte. Sans doute, le résultat de l'examen n'avait pas été favorable pour Paul, car le front de Vicè, jaune déjà comme un cigare, s'était rembruni encore, et, tout en accompagnant l'étranger, elle dirigeait contre lui, de façon à ce qu'il ne pût l'apercevoir, le petit doigt et l'index de sa main, tandis que les deux autres doigts, repliés sous la paume, se joignaient au pouce comme pour former un signe cabalistique.

III

L'ami d'Alicia revint à l'hôtel de Rome par le le même chemin : la beauté de la soirée était incomparable ; une lune pure et brillante versait sur l'eau d'un azur diaphane une longue traînée de paillettes d'argent dont le fourmillement perpétuel, causé par le clapotis des vagues, multipliait l'éclat. Au large, les barques de pêcheur, portant à la proue un fanal de fer rempli d'étoupes enflammées, piquaient la mer d'étoiles rouges et traînaient après elles des sillages écarlates ; la fumée du Vésuve, blanche le jour, s'était changée en colonne lumineuse et jetait aussi son reflet sur le golfe. En ce moment la baie présentait cet aspect invraisemblable pour des yeux septentrionaux et que lui donnent ces gouaches italiennes encadrées de noir, si répandues il y a quelques années, et plus fidèles qu'on ne pense dans leur exagération crue.

Quelques lazzaroni noctambules vaguaient encore sur la rive, émus, sans le savoir, de ce spectacle magique, et plongeaient leurs grands yeux noirs dans l'étendue bleuâtre. D'autres, assis sur le bordage d'une barque échouée, chantaient l'air de *Lucie* ou la romance populaire alors en vogue : « *Ti voglio ben' assai,* » d'une voix qu'auraient enviée bien des ténors payés cent mille francs. Naples se couche tard, comme toutes les villes méridionales ; cependant les fenêtres s'éteignaient peu à peu, et les seuls bureaux de loterie, avec leurs guirlandes de papier de couleur, leurs numéros favoris et leur éclairage scintillant, étaient ouverts encore, prêts à recevoir l'argent des joueurs capricieux que la fantaisie de mettre quelques carlins ou quelques ducats sur un chiffre rêvé pouvait prendre en rentrant chez eux.

Paul se mit au lit, tira sur lui les rideaux de gaze du moustiquaire, et ne tarda pas à s'endormir. Ainsi que cela arrive aux voyageurs après une traversée, sa couche, quoique immobile, lui semblait tanguer et rouler, comme si l'hôtel de Rome eût été le *Léopold.* Cette impression lui fit rêver qu'il était encore en mer et qu'il voyait, sur le môle, Alicia très-pâle, à côté de son oncle cramoisi, et qui lui faisait signe de la main de ne pas aborder; le visage de la jeune fille exprimait une douleur profonde, et en le repoussant elle paraissait obéir contre son gré à une fatalité impérieuse.

Ce songe, qui prenait d'images toutes récentes une réalité extrême, chagrina le dormeur au point de l'éveiller, et il fut heureux de se retrouver dans sa chambre où tremblottait, avec un reflet d'opale, une veilleuse illuminant une petite tour de porcelaine qu'assiégeaient les moustiques en bourdonnant. Pour ne pas retomber sous le coup de ce rêve pénible, Paul lutta contre le sommeil et se mit à penser aux commencements de sa liaison avec miss Alicia, reprenant une à une toutes ces scènes puérilement charmantes d'un premier amour.

Il revit la maison de briques roses, tapissée d'églantiers et de chèvrefeuilles, qu'habitait à Richmond miss Alicia avec son oncle, et où l'avait introduit, à son premier voyage en Angleterre, une de ces lettres de recommandation dont l'effet se borne ordinairement à une invitation à dîner. Il se rappela la robe blanche de mousseline des Indes, ornée d'un simple ruban, qu'Alicia, sortie la veille de pension, portait ce jour-là, et la branche de jasmin qui roulait dans la cascade de ses cheveux comme une fleur de la couronne d'Ophélie, emportée par le courant, et ses yeux d'un bleu de velours, et sa bouche un peu entr'ouverte, laissant entrevoir de petites dents

14.

de nacre et son col frêle qui s'allongeait comme celui d'un oiseau attentif, et ses rougeurs soudaines lorsque le regard du jeune gentleman français rencontrait le sien.

Le parloir à boiseries brunes, à tentures de drap vert, orné de gravures de chasse au renard et de steeple-chases coloriés des tons tranchants de l'enluminure anglaise, se reproduisait dans son cerveau comme dans une chambre noire. Le piano allongeait sa rangée de touches pareilles à des dents de douairière. La cheminée, festonnée d'une brindille de lierre d'Irlande, faisait luire sa coquille de fonte frottée de mine de plomb ; les fauteuils de chêne à pieds tournés ouvraient leurs bras garnis de maroquin, le tapis étalait ses rosaces, et miss Alicia, tremblante comme la feuille, chantait de la voix la plus adorablement fausse du monde la romance d'*Anna Bolena* « *deh, non voler costringere* » que Paul, non moins ému, accompagnait à contre-temps, tandis que le commodore, assoupi par une digestion laborieuse et plus cramoisi encore que de coutume, laissait glisser à terre un colossal exemplaire du *Times* avec supplément.

Puis la scène changeait : Paul, devenu plus intime, avait été prié par le commodore de passer quelques jours à son cottage dans le Lincolnshire......
Un ancien château féodal, à tours crénelées, à fenêtres gothiques, à demi enveloppé par un immense lierre, mais arrangé intérieurement avec tout le confortable moderne, s'élevait au bout d'une pelouse

dont le ray-grass, soigneusement arrosé et foulé, était uni comme du velours ; une allée de sable jaune s'arrondissait autour du gazon et servait de manége à miss Alicia, montée sur un de ces ponies d'Écosse à crinière échevelée qu'aime à peindre sir Edward Landseer, et auxquels il donne un regard presque humain. Paul, sur un cheval bai-cerise que lui avait prêté le commodore, accompagnait miss Ward dans sa promenade circulaire, car le médecin, qui l'avait trouvée un peu faible de poitrine, lui ordonnait l'exercice.

Une autre fois un léger canot glissait sur l'étang, déplaçant les lis d'eau et faisant envoler le martin-pêcheur sous le feuillage argenté des saules. C'était Alicia qui ramait et Paul qui tenait le gouvernail ; qu'elle était jolie dans l'auréole d'or que dessinait autour de sa tête son chapeau de paille traversé par un rayon de soleil ! elle se renversait en arrière pour tirer l'aviron ; le bout verni de sa bottine grise s'appuyait à la planche du banc; miss Ward n'avait pas un de ces pieds andalous tout courts et ronds comme des fers à repasser que l'on admire en Espagne, mais sa cheville était fine, son cou-de-pied bien cambré, et la semelle de son brodequin, un peu longue peut-être, n'avait pas deux doigts de large.

Le commodore restait *attaché* au rivage, non à cause de sa *grandeur*, mais de son poids qui eût fait sombrer la frêle embarcation ; il attendait sa nièce au débarcadère, et lui jetait avec un soin maternel un mantelet sur les épaules, de peur qu'elle ne se refroidit, — puis la barque rattachée à son piquet, on revenait *luncher* au château. C'était plaisir de voir comme Alicia, qui ordinairement mangeait aussi peu qu'un oiseau, coupait à l'emporte-pièce de ses dents perlées une rose tranche de jambon d'York mince comme une feuille de papier, et grignotait un petit pain sans en laisser une miette pour les poissons dorés du bassin.

Les jours heureux passent si vite ! De semaine en semaine Paul retardait son départ, et les belles masses de verdure du parc commençaient à revêtir des teintes safranées ; des fumées blanches s'élevaient le matin de l'étang. Malgré le râteau sans cesse promené du jardinier, les feuilles mortes jonchaient le sable de l'allée ; des millions de petites perles gelées scintillaient sur le gazon vert du boulingrin, et le soir on voyait les pies sautiller en se querellant à travers le sommet des arbres chauves.

Alicia pâlissait sous le regard inquiet de Paul et ne conservait de coloré que deux petites taches roses au sommet des pommettes. Souvent elle avait froid, et le feu le plus vif de charbon de terre ne la réchauffait pas. Le docteur avait paru soucieux, et sa dernière ordonnance prescrivait à miss Ward de passer l'hiver à Pise et le printemps à Naples.

Des affaires de famille avaient rappelé Paul en France ; Alicia et le commodore devaient partir pour l'Italie, et la séparation s'était faite à Folkestone. Aucune parole n'avait été prononcée, mais miss Ward regardait Paul comme son fiancé, et le commodore avait serré la main au jeune homme d'une façon significative : on n'écrase ainsi que les doigts d'un gendre.

Paul, ajourné à six mois, aussi longs que six siècles pour son impatience, avait eu le bonheur de trouver Alicia guérie de sa langueur et rayonnante de santé. Ce qui restait encore de l'enfant dans la jeune fille avait disparu ; et il pensait avec ivresse que le commodore n'aurait aucune objection à faire lorsqu'il lui demanderait sa nièce en mariage.

Bercé par ces riantes images, il s'endormit et ne s'éveilla qu'au jour. Naples commençait déjà son vacarme ; les vendeurs d'eau glacée criaient leur marchandise ; les rôtisseurs tendaient aux passants leurs viandes enfilées dans une perche : penchées à leurs fenêtres les ménagères paresseuses descendaient au bout d'une ficelle les paniers de provisions qu'elles remontaient chargés de tomates, de poissons et de grands quartiers de citrouille. Les écrivains publics, en habit noir râpé et la plume derrière l'oreille, s'asseyaient à leurs échoppes ; les changeurs disposaient en piles, sur leurs petites tables, les grani, les carlins et les ducats ; les cochers faisaient galoper leurs haridelles quêtant les pratiques matinales, et les cloches de tous les campaniles carillonnaient joyeusement l'*Angelus*.

Notre voyageur, enveloppé de sa robe de chambre, s'accouda au balcon ; de la fenêtre on apercevait Santa-Lucia, le fort de l'Œuf, et une immense étendue de mer jusqu'au Vésuve et au promontoire bleu où blanchissaient les vastes casini de Castellamare et où pointaient au loin les villas de Sorrente.

Le ciel était pur, seulement un léger nuage blanc s'avançait sur la ville, poussé par une brise nonchalante. Paul fixa sur lui ce regard étrange que nous avons déjà remarqué; ses sourcils se froncèrent. D'autres vapeurs se joignirent au flocon unique, et bientôt un rideau épais de nuées étendit ses plis noirs au-dessus du château de Saint-Elme. De larges gouttes tombèrent sur le pavé de lave, et en quelques minutes se changèrent en une de ces pluies diluviennes qui font des rues de Naples autant de torrents et entraînent les chiens et même les ânes dans les égoûts. La foule surprise se dispersa, cherchant des abris; les boutiques en plein vent déménagèrent à la hâte, non sans perdre une partie de leurs denrées, et la pluie, maîtresse du champ de bataille, courut en bouffées blanches sur le quai désert de Santa-Lucia.

Le facchino gigantesque à qui Paddy avait appliqué un si beau coup de poing, appuyé contre un mur sous un balcon dont la saillie le protégeait un peu, ne s'était pas laissé emporter par la déroute générale, et il regardait d'un œil profondément méditatif la fenêtre où s'était accoudé M. Paul d'Aspremont.

Son monologue intérieur se résuma dans cette phrase, qu'il grommela d'un air irrité :

« Le capitaine du *Léopold* aurait bien fait de flanquer ce *forestier* à la mer ; » et, passant sa main par l'interstice de sa grosse chemise de toile, il toucha le paquet d'amulettes suspendu à son col par un cordon.

IV

Le beau temps ne tarda pas à se rétablir, un vif rayon de soleil sécha en quelques minutes les dernières larmes de l'ondée, et la foule recommença à fourmiller joyeusement sur le quai. Mais Timberio, le portefaix, n'en parut pas moins garder son idée à l'endroit du jeune étranger français, et prudemment il transporta ses pénates hors de la vue des fenêtres de l'hôtel : quelques lazzaroni de sa connaissance lui témoignèrent leur surprise de ce qu'il abandonnait une station excellente pour en choisir une beaucoup moins favorable.

« Je la donne à qui veut la prendre, répondit-il en hochant la tête d'un air mystérieux ; on sait ce qu'on sait. »

Paul déjeuna dans sa chambre, car soit timidité, soit dédain, il n'aimait pas à se trouver en public ; puis il s'habilla, et pour attendre l'heure convenable de se rendre chez miss Ward, il visita le musée des Studj : il admira d'un œil distrait la précieuse collection de vases campaniens, les bronzes retirés des fouilles de Pompéi, le casque grec d'airain vert-de-grisé contenant encore la tête du soldat qui le portait, le morceau de boue durcie conservant comme un moule l'empreinte d'un charmant torse de jeune femme surprise par l'éruption dans la maison de campagne d'Arrius Diomedès, l'Hercule Farnèse et sa prodigieuse musculature, la Flore, la Minerve archaïque, les deux Balbus, et la magnifique statue d'Aristide, le morceau le plus parfait peut-être que l'antiquité nous ait laissé. Mais un amoureux n'est pas un appréciateur bien enthousiaste des monuments de l'art ; pour lui le moindre profil de la tête adorée vaut tous les marbres grecs ou romains.

Étant parvenu à user tant bien que mal deux ou trois heures aux Studj, il s'élança dans sa calèche et se dirigea vers la maison de campagne où demeurait miss Ward. Le cocher, avec cette intelligence des passions qui caractérise les natures méridionales, poussait à outrance ses haridelles, et bientôt la voiture s'arrêta devant les piliers surmontés de vases de plantes grasses que nous avons déjà décrits. La même servante vint entr'ouvrir la claire-voie ; ses cheveux s'entortillaient toujours en boucles indomptables; elle n'avait comme la première fois, pour tout costume qu'une chemise de grosse toile brodée aux manches et au col d'agréments en fil de couleur et qu'un jupon en étoffe épaisse et bariolée transversalement, comme en portent les femmes de Procida; ses jambes, nous devons l'avouer, étaient dénuées de bas, et elle posait à nu sur la poussière des pieds qu'eût admirés un sculpteur. Seulement un cordon noir soutenait sur sa poitrine un paquet de petites breloques de forme singulière en corne et en corail, sur lequel, à la visible satisfaction de Vicè, se fixa le regard de Paul.

Miss Alicia était sur la terrasse, le lieu de la maison où elle se tenait de préférence. Un hamac indien de coton rouge et blanc, orné de plumes d'oiseau, accroché à deux des colonnes qui supportaient le plafond de pampres, balançait la nonchalance de la jeune fille, enveloppée d'un léger peignoir de soie écrue de la Chine, dont elle fripait impitoyablement les garnitures tuyautées. Ses pieds dont on apercevait la pointe à travers les mailles du hamac, étaient chaussés de pantoufles en fibres d'aloès, et ses beaux bras nus se recroisaient au-dessus de sa tête, dans l'attitude de la Cléopâtre antique, car, bien qu'on ne fût qu'au commencement de mai, il faisait déjà une chaleur extrême, et des milliers de cigales grinçaient en chœur sous les buissons d'alentour.

Le commodore, en costume de planteur et assis sur un fauteuil de jonc, tirait à temps égaux la corde qui mettait le hamac en mouvement.

Un troisième personnage complétait le groupe : c'était le comte d'Altavilla, jeune élégant Napolitain dont la présence amena sur le front de Paul cette contraction qui donnait à sa physionomie une expression de méchanceté diabolique.

Le comte était, en effet, un de ces hommes qu'on ne voit pas volontiers auprès d'une femme qu'on aime. Sa haute taille avait des proportions parfaites ; des cheveux noirs comme le jais, massés par des touffes abondantes, accompagnaient son front uni et bien coupé; une étincelle du soleil de Naples scintillait dans ses yeux, et ses dents larges et fortes, mais pures comme des perles, paraissaient encore avoir plus d'éclat à cause du rouge vif de ses lèvres et de la nuance olivâtre de son teint. La seule critique qu'un goût méticuleux eût pu formuler contre le comte, c'est qu'il était trop beau.

Quant à ses habits, Altavilla les faisait venir de Londres, et le dandy le plus sévère eût approuvé sa tenue. Il n'y avait d'italien dans toute sa toilette que des boutons de chemise d'un trop grand prix. Là le goût bien naturel de l'enfant du Midi pour les joyaux se trahissait. Peut-être aussi que partout ailleurs qu'à Naples on eût remarqué comme d'un goût médiocre le faisceau de branches de corail bifurquées, de mains de lave de Vésuve aux doigts repliés ou brandissant un poignard, de chiens alongés sur leurs pattes, de cornes blanches et noires, et autres menus objets analogues qu'un anneau commun suspendait à la chaîne de sa montre; mais un tour de promenade dans la rue de Tolède où à la Villa Reale eût suffi pour démontrer que le comte n'avait rien d'excentrique en portant à son gilet ces breloques bizarres.

Lorsque Paul d'Aspremont se présenta, le comte, sur l'instante prière de miss Ward, chantait une de ces délicieuses mélodies populaires napolitaines, sans nom d'auteur, et dont une seule, recueillie par un musicien, suffirait à faire la fortune d'un opéra.

— A ceux qui ne les ont pas entendues, sur la rive de Chiaja ou sur le môle, de la bouche d'un lazzaronne, d'un pêcheur ou d'une trovatelle, les charmantes romances de Gordigiani en pourront donner une idée. Cela est fait d'un soupir de brise, d'un rayon de lune, d'un parfum d'oranger et d'un battement de cœur.

Alicia, avec sa jolie voix anglaise un peu fausse, suivait le motif qu'elle voulait retenir, et elle fit, tout en continuant, un petit signe amical à Paul, qui la regardait d'un air assez peu aimable, froissé de la présence de ce beau jeune homme.

Une des cordes du hamac se rompit, et miss Ward glissa à terre, mais sans se faire mal ; six mains se tendirent vers elle simultanément. La jeune fille était déjà debout, toute rose de pudeur, car il est *improper* de tomber devant des hommes. Cependant, pas un des chastes plis de sa robe ne s'était dérangé.

« J'avais pourtant essayé ces cordes moi-même, dit le commodore, et miss Ward ne pèse guère plus qu'un colibri. »

Le comte d'Altavilla hocha la tête d'un air mystérieux : en lui-même évidemment il expliquait la rupture de la corde par une tout autre raison que celle de la pesanteur ; mais, en homme bien élevé, il garda le silence, et se contenta d'agiter la grappe de breloques de son gilet.

Comme tous les hommes qui deviennent maussades et farouches lorsqu'ils se trouvent en présence d'un rival qu'ils jugent redoutable, au lieu de redoubler de grâce et d'amabilité, Paul d'Aspremont, quoiqu'il eût l'usage du monde, ne parvint pas à cacher sa mauvaise humeur; il ne répondait que par monosyllabes, laissait tomber la conversation, et en se dirigeant vers Altavilla, son regard prenait son expression sinistre; les fibrilles jaunes se tortillaient sous la transparence grise de ses prunelles comme des serpents d'eau dans le fond d'une source.

Toutes les fois que Paul le regardait ainsi, le comte, par un geste en apparence machinal, arrachait une fleur d'une jardinière placée près de lui et la jetait de façon à couper l'effluve de l'œillade irritée.

« Qu'avez-vous donc à fourrager ainsi ma jardinière? s'écria miss Alicia Ward, qui s'aperçut de ce manége. Que vous ont fait mes fleurs pour les décapiter?

— Oh! rien, miss; c'est un tic involontaire, répondit Altavilla en coupant de l'ongle une rose superbe qu'il envoya rejoindre les autres.

— Vous m'agacez horriblement, dit Alicia; et sans le savoir vous choquez une de mes manies. Je n'ai jamais cueilli une fleur. Un bouquet m'inspire une sorte d'épouvante : ce sont des fleurs mortes, des cadavres de roses, de verveines ou de pervenches, dont le parfum a pour moi quelque chose de sépulcral.

— Pour expier les meurtres que je viens de commettre, dit le comte Altavilla en s'inclinant, je vous enverrai cent corbeilles de fleurs vivantes. »

Paul s'était levé, et d'un air contraint tortillait le bord de son chapeau comme minutant une sortie.

« Quoi! vous partez déjà? dit miss Ward.

— J'ai des lettres à écrire, des lettres importantes.

— Oh! le vilain mot que vous venez de prononcer là! dit la jeune fille avec une petite moue; est-ce qu'il y a des lettres importantes quand ce n'est pas à moi que vous écrivez?

— Restez donc, Paul, dit le commodore; j'avais arrangé dans ma tête un plan de soirée, sauf l'approbation de ma nièce : nous serions allés d'abord boire un verre d'eau de la fontaine de Santa-Lucia, qui sent les œufs gâtés, mais qui donne l'appétit; nous aurions mangé une ou deux douzaines d'huîtres, blanches et rouges, à la poissonnerie, dîné sous une treille dans quelque osteria bien napolitaine, bu du falerne et du lacryma-christi, et terminé le divertissement par une visite au seigneur Pulcinella. Le comte nous eût expliqué les finesses du dialecte. »

Ce plan parut peu séduire M. d'Aspremont, et il se retira après avoir salué froidement.

Altavilla resta encore quelques instants; et comme miss Ward, fâchée du départ de Paul, n'entra pas dans l'idée du commodore, il prit congé.

Deux heures après, miss Alicia recevait une immense quantité de pots de fleurs, des plus rares, et, ce qui la surprit davantage, une monstrueuse paire de cornes de bœuf de Sicile, transparentes comme le

15.

jaspe, polies comme l'agate, qui mesuraient bien trois pieds de long et se terminaient par de menaçantes pointes noires. Une magnifique monture de bronze doré permettait de poser les cornes, le piton en l'air, sur une cheminée, une console ou une corniche.

Vicè, qui avait aidé les porteurs à déballer fleurs et cornes, parut comprendre la portée de ce cadeau bizarre.

Elle plaça bien en évidence, sur la table de pierre, les superbes croissants, qu'on aurait pu croire arrachés au front du taureau divin qui portait Europe, et dit : « Nous voilà maintenant en bon état de défense.

— Que voulez-vous dire, Vicè? demanda miss Ward.

— Rien... sinon que le signor français a de bien singuliers yeux. »

V

L'heure des repas était passée depuis longtemps, et les feux de charbon qui pendant le jour changeaient en cratère du Vésuve la cuisine de l'hôtel de Rome, s'éteignaient lentement en braise sous les étouffoirs de tôle; les casseroles avaient repris leur place à leurs clous respectifs et brillaient en rang comme les boucliers sur le bordage d'une trirème antique ; — une lampe de cuivre jaune, semblable à celles qu'on retire des fouilles de Pompeï et suspendue par une triple chaînette à la maîtresse poutre du plafond, éclairait de ses trois mèches plongeant naïvement dans l'huile le centre de la vaste cuisine dont les angles restaient baignés d'ombre.

Les rayons lumineux tombant de haut modelaient avec des jeux d'ombre et de clair très-pittoresques un groupe de figures caractéristiques réunies autour de l'épaisse table de bois, toute hachée et sillonnée de coups de tranche-lard, qui occupait le milieu de cette grande salle dont la fumée des préparations culinaires avait glacé les parois de ce bitume si cher aux peintres de l'école de Caravage. Certes, l'Espagnolet ou Salvator Rosa, dans leur robuste amour du vrai, n'eussent pas dédaigné les modèles rassemblés là par le hasard, où, pour parler plus exactement, par une habitude de tous les soirs.

Il y avait d'abord le chef Virgilio Falsacappa, personnage fort important, d'une stature colossale et d'un embonpoint formidable, qui aurait pu passer pour un des convives de Vitellius si, au lieu d'une veste de basin blanc, il eût porté une toge romaine bordée de pourpre : ses traits prodigieusement accentués formaient comme une espèce de caricature sérieuse de certains types des médailles antiques; d'épais sourcils noirs saillants d'un demi-pouce couronnaient ses yeux, coupés comme ceux des masques de théâtre; un énorme nez jetait son ombre sur une large bouche qui semblait garnie de trois rangs de dents comme la gueule du requin. Un fanon puissant comme celui du taureau Farnèse unissait le menton, frappé d'une fossette à y fourrer le poing, à un col d'une vigueur athlétique tout sillonné de veines et de muscles. Deux touffes de favoris, dont chacun eût pu fournir une barbe raisonnable à un sapeur, encadraient cette large face martelée de tons violents : des cheveux noirs frisés, luisants, où se mêlaient quelques fils argentés, se tordaient sur son crâne en petites mèches courtes, et sa nuque plissée de trois boursouflures transversales débordait du collet de sa veste; aux lobes de ses oreilles, relevées par les apophyses de mâchoires capables de broyer un bœuf dans une journée, brillaient des boucles d'argent grandes comme le disque de la lune; tel était maître Virgilio Falsacappa, que son tablier retroussé sur la hanche et son couteau plongé dans une gaîne de bois faisaient ressembler à un victimaire plus qu'à un cuisinier.

Ensuite apparaissait Timberio le portefaix, que la gymnastique de sa profession et la sobriété de son régime, consistant en une poignée de macaroni demi-cru et saupoudré de cacio-cavallo, une tranche de pastèque et un verre d'eau à la neige, maintenait dans un état de maigreur relative, et qui, bien nourri, eût certes atteint l'embonpoint de Falsacappa, tant sa robuste charpente paraissait faite pour supporter un poids énorme de chair. Il n'avait d'autre costume qu'un caleçon, un long gilet d'étoffe brune et un grossier caban jeté sur l'épaule.

Appuyé sur le bord de la table, Scazziga, le cocher de la calèche de louage dont se servait M. Paul d'Aspremont, présentait aussi une physionomie frappante; ses traits irréguliers et spirituels étaient empreints d'une astuce naïve; un sourire de commande errait sur ses lèvres moqueuses, et l'on voyait à l'aménité de ses manières qu'il vivait en relation perpétuelle avec les gens comme il faut; ses habits achetés à la friperie simulaient une espèce de livrée dont il n'était pas médiocrement fier, et qui, dans son idée, mettait une grande distance sociale entre lui et le sauvage Timberio; sa conversation s'émaillait de mots anglais et français qui ne cadraient pas toujours heureusement avec le sens de ce qu'il voulait dire, mais qui n'en excitaient pas moins l'admiration des filles de cuisine et des marmitons, étonnés de tant de science.

Un peu en arrière se tenaient deux jeunes servantes dont les traits rappelaient avec moins de noblesse, sans doute, ce type si connu des monnaies syracusaines : front bas, nez tout d'une pièce avec le front, lèvres un peu épaisses, menton empâté et fort; des bandeaux de cheveux d'un noir bleuâtre allaient se rejoindre derrière leur tête à un pesant chignon traversé d'épingles terminées par des boules de corail; des colliers de même matière cerclaient à triple rang leurs cols de cariatide, dont l'usage de porter les fardeaux sur la tête avait renforcé les muscles. — Des dandies eussent à coup sûr méprisé ces pauvres filles qui conservaient pur de mélange le sang des belles races de la grande Grèce ; mais tout artiste, à leur aspect, eût tiré son carnet de croquis et taillé son crayon.

Avez-vous vu à la galerie du maréchal Soult le tableau de Murillo où des chérubins font la cuisine? Si vous l'avez vu, cela nous dispensera de peindre ici les têtes des trois ou quatre marmitons bouclés et frisés qui complétaient le groupe.

Le conciliabule traitait une question grave. Il s'agissait de M. Paul d'Aspremont, le voyageur français arrivé par le dernier vapeur : la cuisine se mêlait de juger l'appartement.

Timberio le portefaix avait la parole, et il faisait des pauses entre chacune de ses phrases, comme un acteur en vogue, pour laisser à son auditoire le temps d'en bien saisir toute la portée, d'y donner son assentiment ou d'élever des objections.

« Suivez bien mon raisonnement, disait l'orateur; *le Léopold* est un honnête bateau à vapeur toscan, contre lequel il n'y a rien à objecter, sinon qu'il transporte trop d'hérétiques anglais...

— Les hérétiques anglais payent bien, interrompit Scazziga, rendu plus tolérant par les pourboires.

— Sans doute ; c'est bien le moins que lorsqu'un hérétique fait travailler un chrétien, il le récompense généreusement, afin de diminuer l'humiliation.

— Je ne suis pas humilié de conduire un *forestier*

dans ma voiture; je ne fais pas, comme toi, métier de bête de somme, Timberio.

— Est-ce que je ne suis pas baptisé aussi bien que toi? répliqua le portefaix en fronçant le sourcil et en fermant les poings.

— Laissez parler Timberio, s'écria en chœur l'assemblée, qui craignait de voir cette dissertation intéressante tourner en dispute.

— Vous m'accorderez, reprit l'orateur calmé, qu'il faisait un temps superbe lorsque *le Léopold* est entré dans le port?

— On vous l'accorde, Timberio, fit le chef avec une majesté condescendante.

— La mer était unie comme une glace, continua le facchino, et pourtant une vague énorme a secoué si rudement la barque de Gennaro qu'il est tombé à l'eau avec deux ou trois de ses camarades. — Est-ce naturel? Gennaro a le pied marin cependant, et il danserait la tarentelle sans balancier sur une vergue.

— Il avait peut-être bu un fiasque d'Asprino de trop, objecta Scazziga, le rationaliste de l'assemblée.

— Pas même un verre de limonade, poursuivit Timberio; mais il y avait à bord du bateau à vapeur un monsieur qui le regardait d'une certaine manière, — vous m'entendez!

— Oh! parfaitement, répondit le chœur en allongeant avec un ensemble admirable l'index et le petit doigt.

— Et ce monsieur, dit Timberio, n'était autre que M. Paul d'Aspremont.

— Celui qui loge au numéro 3, demanda le chef, et à qui j'envoie son dîner sur un plateau?

— Précisément, répondit la plus jeune et la plus jolie des servantes; je n'ai jamais vu de voyageur plus sauvage, plus désagréable et plus dédaigneux; il ne m'a adressé ni un regard, ni une parole, et pourtant je vaux un compliment, disent tous ces messieurs.

— Vous valez mieux que cela, Gelsomina, ma belle, dit galamment Timberio; mais c'est un bonheur pour vous que cet étranger ne vous ait pas remarquée.

— Tu es aussi par trop superstitieux, objecta le sceptique Scazziga, que ses relations avec les étrangers avaient rendu légèrement voltairien.

— A force de fréquenter les hérétiques tu finiras par ne plus même croire à saint Janvier.

— Si Gennaro s'est laissé tomber à la mer, ce n'est pas une raison, continua Scazziga qui défendait sa pratique, pour que M. Paul d'Aspremont ait l'influence que tu lui attribues.

— Il te faut d'autres preuves : ce matin je l'ai vu à la fenêtre, l'œil fixé sur un nuage pas plus gros que la plume qui s'échappe d'un oreiller décousu, et aussitôt des vapeurs noires se sont assemblées, et il est tombé une pluie si forte que les chiens pouvaient boire debout. »

Scazziga n'était pas convaincu et hochait la tête d'un air de doute.

« Le groom ne vaut d'ailleurs pas mieux que le

maître, continua Timberio, et il faut que ce singe botté ait des intelligences avec le diable pour m'avoir jeté par terre, moi qui le tuerais d'une chiquenaude.

— Je suis de l'avis de Timberio, dit majestueusement le chef de cuisine; l'étranger mange peu; il a renvoyé les zuchettes farcies, la friture de poulet et le macaroni aux tomates que j'avais pourtant apprêtés de ma propre main! Quelque secret étrange se cache sous cette sobriété. Pourquoi un homme riche se priverait-il de mets savoureux et ne prendrait-il qu'un potage aux œufs et une tranche de viande froide?

— Il a les cheveux roux, dit Gelsomina en passant les doigts dans la noire forêt de ses bandeaux.

— Et les yeux un peu saillants, continua Pepina, l'autre servante.

— Très-rapprochés du nez, appuya Timberio.

— Et la ride qui se forme entre ses sourcils se creuse en fer à cheval, dit en terminant l'instruction le formidable Virgilio Falsacappa; donc il est...

— Ne prononcez pas le mot, c'est inutile, cria le chœur moins Scazziga, toujours incrédule; nous nous tiendrons sur nos gardes.

— Quand je pense que la police me tourmenterait, dit Timberio, si par hasard je lui laissais tomber une malle de trois cents livres sur la tête, à ce *forestier* de malheur!

— Scazziga est bien hardi de le conduire, dit Gelsomina.

— Je suis sur mon siége, il ne me voit que le dos, et ses regards ne peuvent faire avec les miens l'angle voulu. D'ailleurs, je m'en moque.

— Vous n'avez pas de religion, Scazziga, dit le colossal Palforio, le cuisinier à formes herculéennes; vous finirez mal. »

Pendant que l'on dissertait de la sorte sur son compte à la cuisine de l'hôtel de Rome, Paul, que la présence du comte d'Altavilla chez miss Ward avait mis de mauvaise humeur, était allé se promener à la villa Reale ; et plus d'une fois la ride de son front se creusa, et ses yeux prirent leur regard fixe. Il crut voir Alicia passer en calèche avec le comte et le commodore, et il se précipita vers la portière en posant son lorgnon sur son nez pour être sûr qu'il ne se trompait pas : ce n'était pas Alicia, mais une femme qui lui ressemblait un peu de loin. Seulement, les chevaux de la calèche, effrayés sans doute du mouvement brusque de Paul, s'emportèrent.

Paul prit une glace au café de l'Europe sur le largo du palais : quelques personnes l'examinèrent avec attention, et changèrent de place en faisant un geste singulier.

Il entra au théâtre de Pulcinella, où l'on donnait un spectacle *tutto da ridere*. L'acteur se troubla au milieu de son improvisation bouffonne et resta court; il se remit pourtant; mais au beau milieu d'un lazzi, son nez de carton noir se détacha, et il ne put venir à bout de le rajuster, et comme pour s'excuser, d'un signe rapide il expliqua la cause de ses mésaventures, car le regard de Paul, arrêté sur lui, lui ôtait tous ses moyens.

Les spectateurs voisins de Paul s'éclipsèrent un à un ; M. d'Aspremont se leva pour sortir, ne se rendant pas compte de l'effet bizarre qu'il produisait, et dans le couloir il entendait prononcer à voix basse ce mot étrange et dénué de sens pour lui : un jettatore ! un jettatore !

VI

Le lendemain de l'envoi des cornes, le comte Altavilla fit une visite à miss Ward. La jeune Anglaise prenait le thé en compagnie de son oncle, exactement comme si elle eût été à Ramsgate dans une maison de briques jaunes, et non à Naples sur une terrasse blanchie à la chaux et entourée de figuiers, de cactus et d'aloès ; car un des signes caractéristiques de la race saxonne est la persistance de ses habitudes, quelque contraires qu'elles soient au climat. Le commodore rayonnait : au moyen de morceaux de glace fabriquée chimiquement avec un appareil, car on n'apporte que de la neige des montagnes qui s'élève derrière Castellamare, il était parvenu à maintenir son beurre à l'état solide, et il en étalait une couche avec une satisfaction visible sur une tranche de pain coupée en sandwich.

Après ces quelques mots vagues qui précèdent

toute conversation et ressemblent aux préludes par lesquels les pianistes tâtent leur clavier avant de commencer leur morceau, Alicia, abandonnant tout à coup les lieux communs d'usage, s'adressa brusquement au jeune comte napolitain :

« Que signifie de bizarre cadeau de cornes dont vous avez accompagné vos fleurs ? Ma servante Vicè m'a dit que c'était un préservatif contre le *fascino*; voilà tout ce que j'ai pu tirer d'elle.

— Vicè a raison, répondit le comte Altavilla en s'inclinant.

— Mais qu'est-ce que le *fascino*? poursuivit la jeune miss ; je ne suis pas au courant de vos superstitions... africaines, car cela doit se rapporter sans doute à quelque croyance populaire.

— Le *fascino* est l'influence pernicieuse qu'exerce la personne douée, ou plutôt affligée du mauvais œil.

— Je fais semblant de vous comprendre, de peur de vous donner une idée défavorable de mon intelligence si j'avoue que le sens de vos paroles m'échappe, dit miss Alicia Ward ; vous m'expliquez l'inconnu par l'inconnu : *mauvais œil* traduit fort mal, pour moi, *fascino*; comme le personnage de la comédie je sais le latin, mais faites comme si je ne le savais pas.

— Je vais m'expliquer avec toute la clarté possible, répondit Altavilla ; seulement, dans votre dédain britannique, n'allez pas me prendre pour un sauvage et vous demander si mes habits ne cachent pas une peau tatouée de rouge et de bleu. Je suis un homme civilisé; j'ai été élevé à Paris, je parle anglais et français; j'ai lu Voltaire; je crois aux machines à vapeur, aux chemins de fer, aux deux chambres comme Stendhal; je mange le macaroni avec une fourchette; — je porte le matin des gants de Suède, l'après-midi des gants de couleur, le soir des gants paille. »

L'attention du commodore, qui beurrait sa deuxième tartine, fut attirée par ce début étrange, et il resta le couteau à la main, fixant sur Altavilla ses prunelles d'un bleu polaire, dont la nuance formait un bizarre contraste avec son teint rouge-brique.

« Voilà des titres rassurants, fit miss Alicia Ward avec un sourire; et après cela je serais bien défiante si je vous soupçonnais de *barbarie.* Mais ce que vous avez à me dire est donc bien terrible ou bien absurde, que vous prenez tant de circonlocutions pour arriver au fait?

— Oui, bien terrible, bien absurde et même bien ridicule, ce qui est pire, continua le comte; si j'étais à Londres ou à Paris, peut-être en rirais-je avec vous, mais ici, à Naples...

— Vous garderez votre sérieux; n'est-ce pas cela que vous voulez dire?

— Précisément.

— Arrivons au *fascino,* dit miss Ward, que la gravité d'Altavilla impressionnait malgré elle.

— Cette croyance remonte à la plus haute antiquité. Il y est fait allusion dans la Bible. Virgile en parle d'un ton convaincu ; les amulettes de bronze trouvées à Pompeïa, à Herculanum, à Stabies, les signes préservatifs dessinés sur les murs des maisons déblayées, montrent combien cette superstition était jadis répandue (Altavilla souligna le mot *superstition* avec une intention maligne). L'Orient tout entier y ajoute foi encore aujourd'hui. Des mains rouges ou vertes sont appliquées de chaque côté de l'une des maisons mauresques pour détourner la mauvaise influence. On voit une main sculptée sur le claveau de la porte du Jugement à l'Alhambra ; ce qui prouve que ce *préjugé* est du moins fort ancien s'il n'est pas fondé. Quand des millions d'hommes ont pendant des milliers d'années partagé une opinion, il est probable que cette opinion si généralement reçue s'appuyait sur des faits positifs, sur une longue suite d'observations justifiées par l'événement... J'ai peine à croire, quelque idée avantageuse que j'aie de moi-même, que tant de personnes, dont plusieurs à coup sûr étaient illustres, éclairées et savantes, se soient trompées grossièrement dans une chose où seul je verrais clair...

— Votre raisonnement est facile à rétorquer, interrompit miss Alicia Ward : le polythéisme n'a-t-il pas été la religion d'Hésiode, d'Homère, d'Aristote, de Platon, de Socrate même, qui a sacrifié un coq à Esculape, et d'une foule d'autres personnages d'un génie incontestable ?

— Sans doute, mais il n'y a plus personne aujourd'hui qui sacrifie des bœufs à Jupiter.

— Il vaut bien mieux en faire des beefsteaks et des rumpsteaks, dit sentencieusement le commodore, que l'usage de brûler les cuisses grasses des victimes sur les charbons avait toujours choqué dans Homère.

— On n'offre plus de colombes à Vénus, ni de paons à Junon, ni de boucs à Bacchus ; le christianisme a remplacé ces rêves de marbre blanc dont la Grèce avait peuplé son Olympe; la vérité a fait évanouir l'erreur, et une infinité de gens redoutent encore les effets du *fascino*, ou, pour lui donner son nom populaire, de la *jettatura*.

— Que le peuple ignorant s'inquiète de pareilles influences, je le conçois, dit miss Ward; mais qu'un homme de votre naissance et de votre éducation partage cette croyance, voilà ce qui m'étonne.

— Plus d'un qui fait l'esprit fort, répondit le comte, suspend à sa fenêtre une corne, cloue un massacre au-dessus de sa porte, et ne marche que couvert d'amulettes; moi, je suis franc, et j'avoue sans honte que lorsque je rencontre un *jettatore*, je prends volontiers l'autre côté de la rue, et que si je ne puis éviter son regard, je le conjure de mon mieux par le geste consacré. Je n'y mets pas plus de façon qu'un lazzarone, et je m'en trouve bien. Des mésaventures nombreuses m'ont appris à ne pas dédaigner ces précautions. »

Miss Alicia Ward était une protestante, élevée avec une grande liberté d'esprit philosophique, qui n'admettait rien qu'après examen, et dont la raison droite répugnait à tout ce qui ne pouvait s'expliquer mathématiquement. Les discours du comte la surprenaient. Elle voulut d'abord n'y voir qu'un simple jeu d'esprit; mais le ton calme et convaincu d'Altavilla lui fit changer d'idée sans la persuader en aucune façon.

« Je vous accorde, dit-elle, que ce préjugé existe, qu'il est fort répandu, que vous êtes sincère dans votre crainte du mauvais œil, et ne cherchez pas à vous jouer de la simplicité d'une pauvre étrangère; mais donnez-moi quelque raison physique de cette idée superstitieuse, car, dussiez-vous me juger comme un être entièrement dénué de poésie, je suis très-incrédule : le fantastique, le mystérieux, l'occulte, l'inexplicable ont fort peu de prise sur moi.

— Vous ne nierez pas, miss Alicia, reprit le comte, la puissance de l'œil humain; la lumière du ciel s'y combine avec le reflet de l'âme; la prunelle est une lentille qui concentre les rayons de la vie, et l'électricité intellectuelle jaillit par cette étroite ouverture : le regard d'une femme ne traverse-t-il pas le cœur le plus dur? Le regard d'un héros n'aimante-t-il pas toute une armée? Le regard du médecin ne dompte-t-il pas le fou comme une douche froide? Le regard d'une mère ne fait-il pas reculer les lions?

— Vous plaidez votre cause avec éloquence, répondit miss Ward, en secouant sa jolie tête; pardonnez-moi s'il me reste des doutes.

— Et l'oiseau qui, palpitant d'horreur et poussant des cris lamentables, descend du haut d'un arbre, d'où il pourrait s'envoler, pour se jeter dans la gueule du serpent qui le fascine, obéit-il à un préjugé? a-t-il entendu dans les nids des commères emplumées raconter des histoires de jettatura? — Beaucoup d'effets n'ont-ils pas eu lieu par des causes inappréciables pour nos organes? Les miasmes de la fièvre paludéenne, de la peste, du choléra, sont-ils visibles? Nul œil n'aperçoit le fluide électrique sur la broche du paratonnerre, et pourtant la foudre est soutirée! Qu'y a-t-il d'absurde à supposer qu'il se dégage de ce disque noir, bleu ou gris, un rayon propice ou fatal? Pourquoi cette effluve ne serait-elle pas heureuse ou malheureuse d'après le mode d'émission et l'angle sous lequel l'objet la reçoit?

— Il me semble, dit le commodore, que la théorie du comte a quelque chose de spécieux; je n'ai jamais pu, moi, regarder les yeux d'or d'un crapaud sans me sentir à l'estomac une chaleur intolérable, comme si j'avais pris de l'émétique; et pourtant le pauvre reptile avait plus de raison de craindre que moi qui pouvais l'écraser d'un coup de talon.

— Ah! mon oncle! si vous vous mettez avec M. d'Altavilla, fit miss Ward, je vais être battue. Je ne suis pas de force à lutter. Quoique j'eusse peut-être bien des choses à objecter contre cette électricité oculaire dont aucun physicien n'a parlé, je veux bien admettre son existence pour un instant, mais quelle efficacité peuvent avoir pour se préserver de leurs funestes effets les immenses cornes dont vous m'avez gratifiée?

— De même que le paratonnerre avec sa pointe soutire la foudre, répondit Altavilla, ainsi les pitons aigus de ces cornes sur lesquelles se fixe le regard du jettatore détournent le fluide malfaisant et le dépouillent de sa dangereuse électricité. Les doigts tendus en avant et les amulettes de corail rendent le même service.

— Tout ce que vous me contez là est bien fou, monsieur le comte, reprit miss Ward; et voici ce que j'y crois comprendre : selon vous, je serais sous le coup du fascino d'un jettatore bien dangereux; et vous m'avez envoyé des cornes comme moyens de défense?

— Je le crains, miss Alicia, répondit le comte avec un ton de conviction profonde.

— Il ferait beau voir, s'écria le commodore, qu'un de ces drôles à l'œil louche essayât de fasciner ma nièce! Quoique j'aie dépassé la soixantaine, je n'ai pas encore oublié mes leçons de boxe. »

Et il fermait son poing en serrant le pouce contre les doigts pliés.

« Deux doigts suffisent, milord, dit Altavilla en faisant prendre à la main du commodore la position voulue. Le plus ordinairement la jettatura est involontaire; elle s'exerce à l'insu de ceux qui possèdent ce don fatal, et souvent même, lorsque les jettatori arrivent à la conscience de leur funeste pouvoir, ils en déplorent les effets plus que personne; il faut donc les éviter et non les maltraiter. D'ailleurs, avec les cornes, les doigts en pointe, les branches de corail bifurquées, on peut neutraliser ou du moins atténuer leur influence.

— En vérité, c'est fort étrange, dit le commodore, que le sang-froid d'Altavilla impressionnait malgré lui.

— Je ne me savais pas si fort obsédée par les jettatori; je ne quitte guère cette terrasse, si ce n'est pour aller faire, le soir, un tour en calèche le long de la villa Reale, avec mon oncle, et je n'ai rien remarqué qui pût donner lieu à votre supposition, dit la jeune fille dont la curiosité s'éveillait, quoique son incrédulité fût toujours la même. Sur qui se portent vos soupçons?

— Ce ne sont pas des soupçons, miss Ward; ma certitude est complète, répondit le jeune comte napolitain.

— De grâce, révélez-nous le nom de cet être fatal? » dit miss Ward avec une légère nuance de moquerie.

Altavilla garda le silence.

« Il est bon de savoir de qui l'on doit se défier, » ajouta le commodore.

Le jeune comte napolitain parut se recueillir; — puis il se leva, s'arrêta devant l'oncle de miss Ward, lui fit un salut respectueux et lui dit :

« Milord Ward, je vous demande la main de votre nièce. »

À cette phrase inattendue, Alicia devint toute rose, et le commodore passa du rouge à l'écarlate.

Certes, le comte Altavilla pouvait prétendre à la main de miss Ward; il appartenait à une des plus anciennes et plus nobles familles de Naples; il était beau, jeune, riche, très-bien en cour, parfaitement élevé, d'une élégance irréprochable; sa demande, en elle-même, n'avait donc rien de choquant; mais elle venait d'une manière si soudaine, si étrange; elle ressortait si peu de la conversation entamée, que la stupéfaction de l'oncle et de la nièce était tout à fait convenable. Aussi Altavilla n'en parut-il ni surpris ni découragé, et attendit-il la réponse de pied ferme.

« Mon cher comte, dit enfin le commodore, un peu remis de son trouble, votre proposition m'étonne — autant qu'elle m'honore. — En vérité, je ne sais que vous répondre; je n'ai pas consulté ma nièce. — On parlait de fascino, de jettatura, de cornes, d'amulettes, de mains ouvertes ou fermées, de toutes sortes de choses qui n'ont aucun rapport au mariage, et puis voilà que vous me demandez la main d'Alicia! — Cela ne se suit pas du tout, et vous ne m'en voudrez pas si je n'ai pas des idées bien nettes à ce sujet. Cette union serait à coup sûr très-convenable, mais je croyais que ma nièce avait d'autres intentions. Il est vrai qu'un vieux loup de mer comme moi ne lit pas bien couramment dans le cœur des jeunes filles... »

Alicia, voyant son oncle s'embrouiller, profita du

temps d'arrêt qu'il prit après sa dernière phrase pour faire cesser une scène qui devenait gênante, et dit au Napolitain :

« Comte, lorsqu'un galant homme demande loyalement la main d'une honnête jeune fille, il n'y a pas lieu pour elle de s'offenser, mais elle a droit d'être étonnée de la forme bizarre donnée à cette demande. Je vous priais de me dire le nom du prétendu jettatore dont l'influence peut, selon vous, m'être nuisible, et vous faites brusquement à mon oncle une proposition dont je ne démêle pas le motif.

— C'est, répondit Altavilla, qu'un gentilhomme ne se fait pas volontiers dénonciateur, et qu'un mari seul peut défendre sa femme. Mais prenez quelques jours pour réfléchir. Jusque-là, les cornes exposées d'une façon bien visible suffiront, je l'espère, à vous garantir de tout événement fâcheux. »

Cela dit, le comte se leva et sortit après avoir salué profondément.

Vicè, la fauve servante aux cheveux crépus, qui venait pour emporter la théière et les tasses, avait, en montant lentement l'escalier de la terrasse, entendu la fin de la conversation ; elle nourrissait contre Paul d'Aspremont toute l'aversion qu'une paysanne des Abruzzes apprivoisée à peine par deux ou trois ans de domesticité, peut avoir à l'endroit d'un *forestiere* soupçonné de jettature ; elle trouvait d'ailleurs le comte Altavilla superbe, et ne concevait pas que miss Ward pût lui préférer un jeune homme chétif et pâle dont elle, Vicè, n'eût pas voulu, quand même il n'aurait pas eu le fascino. Aussi, n'appréciant pas la délicatesse de procédé du comte, et désirant soustraire sa maîtresse, qu'elle aimait, à une nuisible influence, Vicè se pencha vers l'oreille de miss Ward et lui dit :

« Le nom que vous cache le comte Altavilla, je le sais, moi.

— Je vous défends de me le dire, Vicè, si vous tenez à mes bonnes grâces, répondit Alicia. Vraiment toutes ces superstitions sont honteuses, et je les braverai en fille chrétienne qui ne craint que Dieu. »

VII

« Jettatore ! jettatore ! Ces mots s'adressaient bien à moi, se disait Paul d'Aspremont en rentrant à l'hôtel ; j'ignore ce qu'ils signifient, mais ils doivent assurément renfermer un sens injurieux ou moqueur. Qu'ai-je dans ma personne de singulier, d'insolite ou de ridicule pour attirer ainsi l'attention d'une manière défavorable ? Il me semble, quoique l'on soit assez mauvais juge de soi-même, que je ne suis ni beau, ni laid, ni grand, ni petit, ni maigre, ni gros, et que je puis passer inaperçu dans la foule. Ma mise n'a rien d'excentrique ; je ne suis pas coiffé d'un turban illuminé de bougies comme M. Jourdain dans la cérémonie du *Bourgeois gentilhomme*; je ne porte pas une veste brodée d'un soleil d'or dans le dos ; un nègre ne me précède pas jouant des timbales ; mon individualité parfaitement inconnue, du reste, à Naples, se dérobe sous le vêtement uniforme, domino de la civilisation moderne, et je suis dans tout pareil aux élégants qui se promènent rue de Tolède ou au largo du Palais, sauf un peu moins de cravate, un peu moins d'épingle, un peu moins de chemise brodée, un peu moins de gilet, un peu moins de chaînes d'or et beaucoup moins de frisure.

— Peut-être ne suis-je pas assez frisé ! — Demain je me ferai donner un coup de fer par le coiffeur de l'hôtel. Cependant l'on a ici l'habitude de voir des étrangers, et quelques imperceptibles différences de toilette ne suffisent pas à justifier le mot mystérieux et le geste bizarre que ma présence provoque. J'ai remarqué, d'ailleurs, une expression d'antipathie et d'effroi dans les yeux des gens qui s'écartaient de mon chemin. Que puis-je avoir fait à ces gens que je rencontre pour la première fois ? Un voyageur, ombre qui passe pour ne plus revenir, n'excite partout que l'indifférence, à moins qu'il n'arrive de quelque région éloignée et ne soit l'échantillon d'une race inconnue : mais les paquebots jettent toutes les semaines sur le môle des milliers de touristes dont je ne diffère en rien. Qui s'en inquiète, excepté les facchini, les hôteliers et les domestiques de place ? Je n'ai pas tué mon frère, puisque je n'en avais pas, et je ne dois pas être marqué par Dieu du signe de Caïn, et pourtant les hommes se troublent et s'éloignent à mon aspect : à Paris, à Londres, à Vienne, dans toutes les villes que j'ai habitées, je ne me suis jamais aperçu que je produisisse un effet semblable; l'on m'a trouvé quelquefois fier, dédaigneux, sauvage; l'on m'a dit que j'affectais le *sneer* anglais, que j'imitais lord Byron, mais j'ai reçu partout l'accueil dû à un gentleman, et mes avances, quoique rares, n'en étaient que mieux appréciées. Une traversée de trois jours de Marseille à Naples ne peut pas m'avoir changé à ce point d'être devenu odieux ou grotesque, moi que plus d'une femme a distingué et qui ai su toucher le cœur de miss Alicia Ward, une délicieuse jeune fille, une créature céleste, un ange de Thomas Moore!

Ces réflexions, raisonnables assurément, calmèrent un peu Paul d'Aspremont, et il se persuada qu'il avait attaché à la mimique exagérée des Napolitains, le peuple le plus gesticulateur du monde, un sens dont elle était dénuée.

Il était tard. — Tous les voyageurs, à l'exception de Paul, avaient regagné leurs chambres respectives; Gelsomina, l'une des servantes dont nous avons esquissé la physionomie dans le conciliabule tenu à la cuisine sous la présidence de Virgilio Falsacappa, attendait que Paul fût rentré pour mettre les barres de clôture à la porte. Nanella, l'autre fille, dont c'était le tour de veiller, avait prié sa compagne plus hardie de tenir sa place, ne voulant pas se rencontrer avec le *forestiere* soupçonné de jettature; aussi Gelsomina était-elle sous les armes : un énorme paquet d'amulettes se hérissait sur sa poitrine, et cinq petites cornes de corail tremblaient au lieu de pampilles à la perle taillée de ses boucles d'oreilles; sa main, repliée d'avance, tendait l'index et le petit doigt avec une correction que le révérend curé Andréa de Jorio, auteur de la *Mimica degli antichi investigata nel gestire napoletano* eût assurément approuvée.

La brave Gelsomina, dissimulant sa main derrière un pli de sa jupe, présenta le flambeau à M. d'Aspremont, et dirigea sur lui un regard aigu, persistant, presque provocateur, d'une expression si singulière, que le jeune homme en baissa les yeux; circonstance qui parut faire beaucoup de plaisir à cette belle fille.

A la voir immobile et droite, allongeant le flambeau avec un geste de statue, le profil découpé par une ligne lumineuse, l'œil fixe et flamboyant, on eût dit la Némésis antique cherchant à déconcerter un coupable.

Lorsque le voyageur eut monté l'escalier et que le bruit de ses pas se fut éteint dans le silence, Gelsomina releva la tête d'un air de triomphe, et dit: « Je lui ai joliment fait rentrer son regard dans la prunelle, à ce vilain monsieur, que saint Janvier confonde; je suis sûre qu'il ne m'arrivera rien de fâcheux. »

Paul dormit mal et d'un sommeil agité; il fut tourmenté par toutes sortes de rêves bizarres se rapportant aux idées qui avaient préoccupé sa veille: il se voyait entouré de figures grimaçantes et monstrueuses, exprimant la haine, la colère et la peur; puis les figures s'évanouissaient; des doigts longs, maigres, osseux, à phalanges noueuses, sortant de l'ombre et rougis d'une clarté infernale, le menaçaient en faisant des signes cabalistiques; les ongles de ces doigts, se recourbant en griffes de tigre, en serres de vautour, s'approchaient de plus en plus de son visage et semblaient chercher à lui vider l'orbite des yeux. Par un effort suprême, il parvint à écarter ces mains, voltigeant sur des ailes de chauve-souris; mais aux mains crochues succédèrent des massacres de bœufs, de buffles et de cerfs, crânes blanchis animés d'une vie morte, qui l'assaillaient de leurs cornes et de leurs ramures et le forçaient à se jeter à la mer, où il se déchirait le corps sur une forêt de corail aux branches pointues ou bifurquées; — une vague le rapportait à la côte, moulu, brisé, à demi mort; et, comme le don Juan de lord Byron, il entrevoyait à travers son évanouissement une tête charmante qui se penchait vers lui; — ce n'était pas Haydée, mais Alicia, plus belle encore que l'être imaginaire créé par le poëte. La jeune fille faisait de vains efforts pour tirer sur le sable le corps que la mer voulait reprendre, et demandait à Vicè, la fauve servante, une aide que celle-ci lui refusait en riant d'un rire féroce : les bras d'Alicia se fatiguaient, et Paul retombait au gouffre.

Ces fantasmagories confusément effrayantes, vaguement horribles, et d'autres plus insaisissables encore rappelant les fantômes informes ébauchés dans l'ombre opaque des aquatintes de Goya torturèrent le dormeur jusqu'aux premières lueurs du matin; son âme, affranchie par l'anéantissement du corps, semblait deviner ce que sa pensée éveillée ne pouvait comprendre, et tâchait de traduire ses pressentiments en image dans la chambre noire du rêve.

Paul se leva brisé, inquiet, comme mis sur la trace d'un malheur caché par ces cauchemars dont il craignait de sonder le mystère; il tournait autour du fatal secret, fermant les yeux pour ne pas voir et les oreilles pour ne pas entendre; jamais il n'avait été plus triste; il doutait même d'Alicia; l'air de fatuité heureuse du comte napolitain, la complaisance avec laquelle la jeune fille l'écoutait, la mine approbative du commodore, tout cela lui revenait en mémoire enjolivé de mille détails cruels, lui noyait le cœur d'amertume et ajoutait encore à sa mélancolie.

La lumière a ce privilége de dissiper le malaise causé par les visions nocturnes. Smarra, offusqué, s'enfuit en agitant ses ailes membraneuses, lorsque le jour tire ses flèches d'or dans la chambre par l'interstice des rideaux. — Le soleil brillait d'un éclat joyeux, le ciel était pur, et sur le bleu de la mer scintillaient des millions de paillettes : peu à peu Paul se rasséréna; il oublia ses rêves fâcheux et les impressions bizarres de la veille, ou, s'il y pensait, c'était pour s'accuser d'extravagance.

Il alla faire un tour à Chiaja pour s'amuser du spectacle de la pétulance napolitaine; les marchands criaient leurs denrées sur des mélopées bizarres en dialecte populaire, inintelligible pour lui qui ne savait que l'italien, avec des gestes désordonnés et une furie d'action inconnue dans le Nord; mais toutes les fois qu'il s'arrêtait près d'une boutique, le marchand prenait un air alarmé, murmurait quelque imprécation à mi-voix, et faisait le geste d'allonger les doigts comme s'il eût voulu le poignarder de l'auriculaire et de l'index; les commères, plus hardies, l'accablaient d'injures et lui montraient le poing.

VIII

M. d'Aspremont crut, en s'entendant injurier par la populace de Chiaja, qu'il était l'objet de ces litanies grossièrement burlesques dont les marchands de poisson régalent les gens bien mis qui traversent le marché; mais une répulsion si vive, un effroi si vrai se peignaient dans tous les yeux, qu'il fut bien forcé de renoncer à cette interprétation; le mot *jettatore*, qui avait déjà frappé ses oreilles au théâtre de San Carlino, fut encore prononcé, et avec une expression menaçante cette fois; il s'éloigna donc à pas lents, ne fixant plus sur rien ce regard, cause de tant de trouble. En longeant les maisons pour se soustraire à l'attention publique, Paul arriva à un étalage de bouquiniste; il s'y arrêta, remua et ouvrit quelques livres, en manière de contenance : il tournait ainsi le dos aux passants, et sa figure à demi cachée par les feuillets évitait toute occasion d'insulte. Il avait bien pensé un instant à charger cette canaille à coups de canne; la vague terreur superstitieuse qui commençait à s'emparer de lui l'en avait empêché. Il se souvint qu'ayant une fois frappé un cocher insolent d'une légère badine, il l'avait attrapé à la tempe et tué sur le coup, meurtre involontaire dont il ne s'était pas consolé. Après avoir pris et reposé plusieurs volumes dans leur case, il tomba sur le traité de la *jettatura* du signor Niccolo Valetta; ce titre rayonna à ses yeux en caractères de flamme, et le livre lui parut placé là par la main de la fatalité; il jeta au bouquiniste, qui le regardait d'un air narquois, en faisant brimbaler deux ou trois cornes noires mêlées aux breloques de sa montre, les six ou huit carlins, prix du volume, et courut à l'hôtel s'enfermer dans sa chambre pour commencer cette lecture qui devait éclaircir et fixer les doutes dont il était obsédé depuis son séjour à Naples.

Le bouquin du signor Valetta est aussi répandu à Naples que les *Secrets du grand Albert*, l'*Etteila* ou la *Clef des songes* peuvent l'être à Paris. Valetta définit la jettature, enseigne à quelles marques on peut la reconnaître, par quels moyens on s'en préserve; il divise les jettatori en plusieurs classes, d'après leur degré de malfaisance, et agite toutes les questions qui se rattachent à cette grave matière.

S'il eût trouvé ce livre à Paris, d'Aspremont l'eût

feuilleté distraitement comme un vieil almanach farci d'histoires ridicules, et eût ri du sérieux avec lequel l'auteur traite ces billevesées ; dans la disposition d'esprit où il était, hors de son milieu naturel, préparé à la crédulité par une foule de petits incidents, il le lut avec un secrète horreur, comme un profane épelant sur un grimoire des évocations d'esprits et des formules de cabale. Quoiqu'il n'eût pas cherché à les pénétrer, les secrets de l'enfer se révélaient à lui ; il ne pouvait plus s'empêcher de les savoir, et il avait maintenant la conscience de son pouvoir fatal : il était jettatore ! Il fallait bien en convenir vis-à-vis de lui-même : tous les signes distinctifs décrits par Valetta, il les possédait.

Quelquefois il arrive qu'un homme qui jusque-là s'était cru doué d'une santé parfaite, ouvre par hasard ou par distraction un livre de médecine, et, en lisant la description pathologique d'une maladie, s'en reconnaisse atteint ; éclairé par une lueur fatale, il sent à chaque symptôme rapporté tressaillir douloureusement en lui quelque organe obscur, quelque fibre cachée dont le jeu lui échappait, et il pâlit en comprenant si prochaine une mort qu'il croyait bien éloignée. — Paul éprouva un effet analogue.

Il se mit devant une glace et se regarda avec une intensité effrayante : cette perfection disparate, composée de beautés qui ne se trouvent pas ordinairement ensemble, le faisait plus que jamais ressembler à l'archange déchu, et rayonnait sinistrement dans le fond noir du miroir ; les fibrilles de ses prunelles se tordaient comme des vipères convulsives; ses sourcils vibraient pareils à l'arc d'où vient de s'échapper la flèche mortelle; la ride blanche de son front faisait penser à la cicatrice d'un coup de foudre, et dans ses cheveux rutilants paraissaient flamber des flammes infernales; la pâleur marmoréenne de la peau donnait encore plus de relief à chaque trait de cette physionomie vraiment terrible.

Paul se fit peur à lui-même : il lui semblait que les effluves de ses yeux, renvoyées par le miroir, lui revenaient en dards empoisonnés : figurez-vous Méduse regardant sa tête horrible et charmante dans le fauve reflet d'un bouclier d'airain.

L'on nous objectera peut-être qu'il est difficile de croire qu'un jeune homme du monde, imbu de la science moderne, ayant vécu au milieu du scepticisme de la civilisation, ait pu prendre au sérieux un préjugé populaire, et s'imaginer être doué fatalement d'une malfaisance mystérieuse. Mais nous répondrons qu'il y a un magnétisme irrésistible dans la pensée générale, qui vous pénètre malgré vous, et contre lequel une volonté unique ne lutte pas toujours efficacement : tel arrive à Naples se moquant de la jettature, qui finit par se hérisser de précautions cornues et fuir avec terreur tout individu à l'œil suspect. Paul d'Aspremont se trouvait dans une position encore plus grave : — il avait lui-même le fascino, — et chacun l'évitait, ou faisait en sa présence les signes préservatifs recommandés par le signor Valetta. Quoique sa raison se révoltât contre une pareille appréciation, il ne pouvait s'empêcher de reconnaître qu'il présentait tous les indices dénonciateurs de la jettature. — L'esprit humain, même le plus éclairé, garde toujours un coin sombre, où s'accroupissent les hideuses chimères de la crédulité, où s'accrochent les chauves-souris de la superstition. La vie ordinaire elle-même est si pleine de problèmes insolubles, que l'impossible y devient probable. On peut croire ou nier tout : à un certain point de vue, le rêve existe autant que la réalité.

Paul se sentit pénétré d'une immense tristesse. — Il était un monstre ! — Bien que doué des instincts les plus affectueux et de la nature la plus bienveillante, il portait le malheur avec lui ; — son regard, involontairement chargé de venin, nuisait à ceux sur qui il s'arrêtait, quoique dans une intention sympathique. Il avait l'affreux privilège de réunir, de concentrer, de distiller les miasmes morbides, les électricités dangereuses, les influences fatales de l'atmosphère, pour les darder autour de lui. Plusieurs circonstances de sa vie, qui jusque-là lui avaient semblé obscures et dont il avait vaguement accusé le hasard, s'éclairaient maintenant d'un jour livide : il se rappelait toutes sortes de mésaventures énigmatiques, de malheurs inexpliqués, de catastrophes sans motifs dont il tenait à présent le mot ; des concordances bizarres s'établissaient dans son esprit et le confirmaient dans la triste opinion qu'il avait prise de lui-même.

Il remonta sa vie année par année ; il se rappela sa

mère morte en lui donnant le jour, la fin malheureuse de ses petits amis de collége, dont le plus cher s'était tué en tombant d'un arbre, sur lequel lui, Paul, le regardait grimper; cette partie de canot si joyeusement commencée avec deux camarades, et d'où il était revenu seul, après des efforts inouïs pour arracher des herbes les corps des pauvres enfants noyés par le chavirement de la barque; l'assaut d'armes où son fleuret, brisé près du bouton et transformé ainsi en épée, avait blessé si dangereusement son adversaire, — un jeune homme qu'il aimait beaucoup : — à coup sûr, tout cela pouvait s'expliquer rationnellement, et Paul l'avait fait ainsi jusqu'alors; pourtant, ce qu'il y avait d'accidentel et de fortuit dans ces événements lui paraissait dépendre d'une autre cause depuis qu'il connaissait le livre de Valetta : — l'influence fatale, le fascino, la jettatura — devaient réclamer leur part de ces catastrophes. Une telle continuité de malheurs autour du même personnage n'était pas *naturelle*.

Une autre circonstance plus récente lui revint en mémoire, avec tous ses détails horribles, et ne contribua pas peu à l'affermir dans sa désolante croyance.

À Londres, il allait souvent au théâtre de la Reine, où la grâce d'une jeune danseuse anglaise l'avait particulièrement frappé. Sans en être plus épris qu'on ne l'est d'une gracieuse figure de tableau ou de gravure, il la suivait du regard parmi ses compagnes du corps de ballet, à travers le tourbillon des manœuvres chorégraphiques; il aimait ce visage doux et mélancolique, cette pâleur délicate que ne rougissait jamais l'animation de la danse, ces beaux cheveux d'un blond soyeux et lustré, couronnés, suivant le rôle, d'étoiles ou de fleurs, ce long regard perdu dans l'espace, ces épaules d'une chasteté virginale frissonnant sous la lorgnette, ces jambes qui soulevaient à regret leurs nuages de gaze et luisaient sous la soie comme le marbre d'une statue antique; chaque fois qu'elle passait devant la rampe, il la saluait de quelque petit signe d'admiration furtif, ou s'armait de son lorgnon pour la mieux voir.

Un soir, la danseuse, emportée par le vol circulaire d'une valse, rasa de plus près cette étincelante ligne de feu qui sépare au théâtre le monde idéal du monde réel; ses légères draperies de sylphide palpitaient comme des ailes de colombe prêtes à prendre l'essor. Un bec de gaz tira sa langue bleue et blanche, et atteignit l'étoffe aérienne. En un moment la flamme environna la jeune fille, qui dansa quelques secondes comme un feu follet au milieu d'une lueur rouge, et se jeta vers la coulisse, éperdue, folle de terreur, dévorée vive par ses vêtements incendiés.
— Paul avait été très-douloureusement ému de ce malheur, dont parlèrent tous les journaux du temps, où l'on pourrait retrouver le nom de la victime, si l'on était curieux de le savoir. Mais son chagrin n'était pas mélangé de remords. Il ne s'attribuait aucune part dans l'accident qu'il déplorait plus que personne.

Maintenant il était persuadé que son obstination à la poursuivre du regard n'avait pas été étrangère à la mort de cette charmante créature. Il se considérait comme son assassin ; il avait horreur de lui-même et aurait voulu n'être jamais né.

A cette prostration succéda une réaction violente ; il se mit à rire d'un rire nerveux, jeta au diable le livre de Valetta et s'écria : « Vraiment je deviens imbécile ou fou ! Il faut que le soleil de Naples m'ait tapé sur la tête. Que diraient mes amis du club s'ils apprenaient que j'ai sérieusement agité dans ma conscience cette belle question — à savoir, si je suis ou non — jettatore !

Paddy frappa discrètement à la porte. — Paul ouvrit, et le groom, formaliste dans son service, lui présenta sur le cuir verni de sa casquette, en s'excusant de ne pas avoir de plateau d'argent, une lettre de la part de miss Alicia.

M. d'Aspremont rompit le cachet et lut ce qui suit :

« Est-ce que vous me boudez, Paul ? — Vous n'êtes pas venu hier soir, et votre sorbet au citron s'est fondu mélancoliquement sur la table. Jusqu'à neuf heures j'ai eu l'oreille aux aguets, cherchant à distinguer le bruit des roues de votre voiture à travers le chant obstiné des grillons et les ronflements des tambours de basque ; alors il a fallu perdre tout espoir, et j'ai querellé le commodore. Admirez comme les femmes sont justes ! — Pulcinella avec son nez noir, don Limon et donna Pangrazia ont donc bien du charme pour vous ? car je sais par ma police que vous avez passé votre soirée à San-Carlino. De ces prétendues lettres importantes, vous n'en avez pas écrit une seule. Pourquoi ne pas avouer tout bonnement et tout bêtement que vous êtes jaloux du comte Altavilla ? Je vous croyais plus orgueilleux, et cette modestie de votre part me touche. — N'ayez aucune crainte, M. d'Altavilla est trop beau, et je n'ai pas le goût des Apollons à breloques. Je devrais afficher à votre endroit un mépris superbe et vous dire que je ne me suis pas aperçue de votre absence ; mais la vérité est que j'ai trouvé le temps fort long, que j'étais de très-mauvaise humeur, très-nerveuse, et que j'ai manqué de battre Vicè qui riait comme une folle — je ne sais pourquoi, par exemple. A. W. »

Cette lettre enjouée et moqueuse ramena tout à fait les idées de Paul aux sentiments de la vie réelle. Il s'habilla, ordonna de faire avancer la voiture, et bientôt le voltairien Scazziga fit claquer son fouet incrédule aux oreilles de ses bêtes qui se lancèrent au galop sur le pavé de lave, à travers la foule toujours compacte sur le quai de Santa-Lucia.

« Scazziga, quelle mouche vous pique ? vous allez causer quelque malheur ! » s'écria M. d'Aspremont. Le cocher se retourna vivement pour répondre, et le regard irrité de Paul l'atteignit en plein visage. — Une pierre qu'il n'avait pas vue souleva une des roues de devant, et il tomba de son siége par la violence du heurt, mais sans lâcher ses rênes. — Agile comme un singe, il remonta d'un saut à sa place, ayant au front une bosse grosse comme un œuf de poule.

« Du diable si je me retourne maintenant quand tu me parleras! — grommela-t-il entre ses dents. Timberio, Falsacappa et Gelsomina avaient raison, — c'est un jettatore! Demain, j'achèterai une paire de cornes. Si ça ne peut pas faire de bien, ça ne peut pas faire de mal. »

Ce petit incident fut désagréable à Paul; il le ramenait dans le cercle magique dont il voulait sortir : une pierre se trouve tous les jours sous la roue d'une voiture, un cocher maladroit se laisse choir de son siége — rien n'est plus simple et plus vulgaire. Cependant l'*effet* avait suivi la *cause* de si près, la chute de Scazziga coïncidait si justement avec le *regard* qu'il lui avait lancé, que ses appréhensions lui revinrent :

« J'ai bien envie, se dit-il, de quitter dès demain ce pays extravagant, où je sens ma cervelle ballotter dans mon crâne comme une noisette sèche dans sa coquille. Mais si je confiais mes craintes à miss Ward, elle en rirait, et le climat de Naples est favorable à sa santé. — Sa santé! mais elle se portait bien avant de me connaître! Jamais ce nid de cygnes balancé sur les eaux, qu'on nomme l'Angleterre, n'avait produit une enfant plus blanche et plus rose! La vie éclatait dans ses yeux pleins de lumière, s'épanouissait sur ses joues fraîches et satinées; un sang riche et pur courait en veines bleues sous sa peau transparente; on sentait à travers sa beauté une force gracieuse! Comme sous mon regard elle a pâli, maigri, changé! comme ses mains délicates devenaient fluettes! Comme ses yeux si vifs s'entouraient de pénombres attendries! On eût dit que la consomption lui posait ses doigts osseux sur l'épaule.

— En mon absence, elle a bien vite repris ses vives couleurs; le souffle joue librement dans sa poitrine que le médecin interrogeait avec crainte; délivrée de mon influence funeste, elle vivrait de longs jours.

— N'est-ce pas moi qui la tue? — L'autre soir, n'a-t-elle pas éprouvé, pendant que j'étais là, une souffrance si aiguë, que ses joues se sont décolorées comme au souffle froid de la mort? — Ne lui fais-je pas la jettatura sans le vouloir? — Mais peut-être aussi n'y a-t-il là rien que de naturel. — Beaucoup de jeunes Anglaises ont des prédispositions aux maladies de poitrine. »

Ces pensées occupèrent Paul d'Aspremont pendant la route. Lorsqu'il se présenta sur la terrasse, séjour habituel de miss Ward et du commodore, les immenses cornes des bœufs de Sicile, présent du comte d'Altavilla, recourbaient leurs croissants jaspés à l'endroit le plus en vue. Voyant que Paul les remarquait, le commodore devint bleu : ce qui était sa manière de rougir, car, moins délicat que sa nièce, il avait reçu les confidences de Vicè...

Alicia, avec un geste de parfait dédain, fit signe à la servante d'emporter les cornes et fixa sur Paul son bel œil plein d'amour de courage et de foi.

« Laissez-les à leur place, dit Paul à Vicè; elles sont fort belles. »

IX

L'observation de Paul sur les cornes données par le comte Altavilla parut faire plaisir au commodore; Vicè sourit, montrant sa denture dont les canines séparées et pointues brillaient d'une blancheur féroce; Alicia, d'un coup de paupière rapide, sembla poser à son ami une question qui resta sans réponse.

Un silence gênant s'établit.

Les premières minutes d'une visite même cordiale, familière, attendue et renouvelée tous les jours, sont ordinairement embarrassées. Pendant l'absence, n'eût-elle duré que quelques heures, il s'est reformé autour de chacun une atmosphère invisible contre laquelle se brise l'effusion. C'est comme une glace parfaitement transparente qui laisse apercevoir le paysage et que ne traverserait pas le vol d'une mouche. Il n'y a rien en apparence, et pourtant on sent l'obstacle.

Une arrière-pensée dissimulée par un grand usage du monde préoccupait en même temps les trois personnages de ce groupe habituellement plus à son aise. Le commodore tournait ses pouces avec un mouvement machinal; d'Aspremont regardait obstinément les pointes noires et polies des cornes qu'il avait défendu à Vicè d'emporter, comme un naturaliste cherchant à classer, d'après un fragment, une espèce inconnue; Alicia passait son doigt dans la rosette du large ruban qui ceignait son peignoir de mousseline, faisant mine d'en resserrer le nœud.

Ce fut miss Ward qui rompit la glace la première, avec cette liberté enjouée des jeunes filles anglaises, si modestes et si réservées, cependant, après le mariage.

« Vraiment, Paul, vous n'êtes guère aimable depuis quelque temps. Votre galanterie est-elle une plante de serre froide qui ne peut s'épanouir qu'en Angleterre, et dont la haute température de ce climat gêne le développement? Comme vous étiez attentif, empressé, toujours aux petits soins, dans notre cottage du Lincolnshire! Vous m'abordiez la bouche en cœur, la main sur la poitrine, irréprochablement frisé, prêt à mettre un genou en terre devant l'idole de votre âme; — tel, enfin, qu'on représente les amoureux sur les vignettes de roman.

— Je vous aime toujours, Alicia, répondit d'Aspremont d'une voix profonde, mais sans quitter des yeux les cornes suspendues à l'une des colonnes antiques qui soutenaient le plafond de pampres.

— Vous dites cela d'un ton si lugubre, qu'il faudrait être bien coquette pour le croire, continua miss Ward; — j'imagine que ce qui vous plaisait en moi, c'était mon teint pâle, ma diaphanéité, ma grâce ossianesque et vaporeuse; mon état de souffrance me donnait un certain charme romantique que j'ai perdu.

— Alicia! jamais vous ne fûtes plus belle.

— Des mots, des mots, des mots, comme dit Shakspeare. Je suis si belle que vous ne daignez pas me regarder. »

En effet, les yeux de M. d'Aspremont ne s'étaient pas dirigés une seule fois vers la jeune fille.

« Allons, fit-elle avec un grand soupir comiquement exagéré, je vois que je suis devenue une grosse et forte paysanne, bien fraîche, bien colorée, bien rougeaude, sans la moindre distinction, incapable de figurer au bal d'Almacks, ou dans un livre de beautés, séparée d'un sonnet admiratif par une feuille de papier de soie.

— Miss Ward, vous prenez plaisir à vous calomnier, dit Paul les paupières baissées.

— Vous feriez mieux de m'avouer franchement que je suis affreuse. — C'est votre faute aussi, commodore ; avec vos ailes de poulet, vos noix de côtelettes, vos filets de bœuf, vos petits verres de vin des Canaries, vos promenades à cheval, vos bains de mer, vos exercices gymnastiques, vous m'avez fabriqué cette fatale santé bourgeoise qui dissipe les illusions poétiques de M. d'Aspremont.

— Vous tourmentez M. d'Aspremont et vous vous moquez de moi, dit le commodore interpellé ; mais, certainement, le filet de bœuf est substantiel et le vin des Canaries n'a jamais nui à personne.

— Quel désappointement, mon pauvre Paul ! quitter une nixe, un elfe, une willis, et retrouver ce que les médecins et les parents appellent une jeune personne bien constituée ! — Mais écoutez-moi, puisque vous n'avez plus le courage de m'envisager, et frémissez d'horreur. —Je pèse sept onces de plus qu'à mon départ d'Angleterre.

— Huit onces! interrompit avec orgueil le commodore, qui soignait Alicia comme eût pu le faire la mère la plus tendre.

— Est-ce huit onces précisément? Oncle terrible, vous voulez donc désenchanter à tout jamais M. d'Aspremont? » fit Alicia en affectant un découragement moqueur.

Pendant que la jeune fille le provoquait par ces coquetteries, qu'elle ne se fût pas permises, même envers son fiancé, sans de graves motifs, M. d'Aspremont, en proie à son idée fixe et ne voulant pas nuire à miss Ward par son regard fatal, attachait ses yeux aux cornes talismaniques ou les laissait errer vaguement sur l'immense étendue bleue qu'on découvre du haut de la terrasse.

Il se demandait s'il n'était pas de son devoir de fuir Alicia, dût-il passer pour un homme sans foi et sans honneur, et d'aller finir sa vie dans quelque île déserte où, du moins, sa jettature s'éteindrait faute d'un regard humain pour l'absorber.

« Je vois, dit Alicia continuant sa plaisanterie, ce qui vous rend si sombre et si sérieux; l'époque de notre mariage est fixée à un mois; et vous reculez à l'idée de devenir le mari d'une pauvre campagnarde qui n'a plus la moindre élégance. Je vous rends votre parole : vous pourrez épouser mon amie miss Sarah Templeton, qui mange des pickles et boit du vinaigre pour être mince! »

Cette imagination la fit rire de ce rire argentin et clair de la jeunesse. Le commodore et Paul s'associèrent franchement à son hilarité.

Quand la dernière fusée de sa gaieté nerveuse se fut éteinte, elle vint à d'Aspremont, le prit par la main, le conduisit au piano placé à l'angle de la terrasse, et lui dit en ouvrant un cahier de musique sur le pupitre :

« Mon ami, vous n'êtes pas en train de causer aujourd'hui et, « ce qui ne vaut pas la peine d'être dit, on le chante ; » vous allez donc faire votre partie dans ce duettino, dont l'accompagnement n'est pas difficile ; ce ne sont presque que des accords plaqués. »

Paul s'assit sur le tabouret, miss Alicia se mit debout près de lui, de manière à pouvoir suivre le chant sur la partition. Le commodore renversa sa tête, allongea ses jambes et prit une pose de béatitude anticipée, car il avait des prétentions au dilettantisme et affirmait adorer la musique ; mais dès la sixième mesure il s'endormait du sommeil des justes ; sommeil qu'il s'obstinait, malgré les railleries de sa nièce, à appeler une extase, — quoiqu'il lui arrivât quelquefois de ronfler, symptôme médiocrement extatique.

Le duettino était une vive et légère mélodie, dans le goût de Cimarosa, sur des paroles de Métastase, et que nous ne saurions mieux définir qu'en la comparant à un papillon traversant à plusieurs reprises un rayon de soleil.

La musique a le pouvoir de chasser les mauvais

esprits : au bout de quelques phrases, Paul ne pensait plus aux doigts conjurateurs, aux cornes magiques, aux amulettes de corail ; il avait oublié le terrible bouquin du signor Valetta et toutes les rêveries de la jettatura. Son âme montait gaiement, avec la voix d'Alicia, dans un air pur et lumineux.

Les cigales faisaient silence comme pour écouter, et la brise de mer qui venait de se lever emportait les notes avec les pétales des fleurs tombées des vases sur le rebord de la terrasse.

« Mon oncle dort comme les sept dormants dans leur grotte. S'il n'était pas coutumier du fait, il y aurait de quoi froisser notre amour-propre de virtuoses, dit Alicia en refermant le cahier. Pendant qu'il repose, voulez-vous faire un tour de jardin avec moi, Paul ? je ne vous ai pas encore montré mon paradis. »

Et elle prit à un clou planté dans l'une des colonnes, où il était suspendu par des brides, un large chapeau de paille de Florence.

Alicia professait en fait d'horticulture les principes les plus bizarres ; elle ne voulait pas qu'on cueillît les fleurs ni qu'on taillât les branches ; et ce qui l'avait charmée dans la villa, c'était, comme nous l'avons dit, l'état sauvagement inculte du jardin.

Les deux jeunes gens se frayaient une route au milieu des massifs qui se rejoignaient aussitôt après leur passage. Alicia marchait devant et riait de voir Paul cinglé derrière elle par les branches de lauriers-roses qu'elle déplaçait. A peine avait-elle fait une vingtaine de pas, que la main verte d'un rameau,

comme pour faire une espièglerie végétale, saisit et
retint son chapeau de paille en l'élevant si haut, que
Paul ne put le reprendre.

Heureusement, le feuillage était touffu, et le soleil
jetait à peine quelques sequins d'or sur le sable à
travers les interstices des ramures.

« Voici ma retraite favorite, » dit Alicia, en dési-
gnant à Paul un fragment de roche aux cassures pittoresques, que protégeait un fouillis d'orangers, de
cédrats, de lentisques et de myrtes.

Elle s'assit dans une anfractuosité taillée en forme
de siége, et fit signe à Paul de s'agenouiller devant
elle sur l'épaisse mousse sèche qui tapissait le pied
de la roche.

« Mettez vos deux mains dans les miennes et regardez-moi bien en face. Dans un mois, je serai
votre femme. Pourquoi vos yeux évitent-ils les
miens ? »

En effet, Paul, revenu à ses rêveries de jettature,
détournait la vue.

« Craignez-vous d'y lire une pensée contraire ou
coupable ? Vous savez que mon âme est à vous depuis
le jour où vous avez apporté à mon oncle la lettre de
recommandation dans le parloir de Richmond. Je
suis de la race de ces Anglaises tendres, romanesques
et fières, qui prennent en une minute un amour qui
dure toute la vie — plus que la vie peut-être, — et
qui sait aimer sait mourir. Plongez vos regards dans
les miens, je le veux ; n'essayez pas de baisser la paupière, ne vous détournez pas, ou je penserai qu'un

gentleman qui ne doit craindre que Dieu se laisse effrayer par de viles superstitions. Fixez sur moi cet œil que vous croyez si terrible et qui m'est si doux, car j'y vois votre amour, et jugez si vous me trouvez assez jolie encore pour me mener, quand nous serons mariés, promener à Hyde-Park en calèche découverte.

Paul, éperdu, fixait sur Alicia un long regard plein de passion et d'enthousiasme. — Tout à coup la jeune fille pâlit; une douleur lancinante lui traversa le cœur comme un fer de flèche : il sembla que quelque fibre se rompait dans sa poitrine, et elle porta vivement son mouchoir à ses lèvres. Une goutte rouge tacha la fine batiste, qu'Alicia replia d'un geste rapide.

« Oh! merci, Paul; vous m'avez rendue bien heureuse, car je croyais que vous ne m'aimiez plus! »

X

Le mouvement d'Alicia pour cacher son mouchoir n'avait pu être si prompt que M. d'Aspremont ne l'aperçût; une pâleur affreuse couvrit les traits de Paul, car une preuve irrécusable de son fatal pouvoir venait de lui être donnée, et les idées les plus sinistres lui traversaient la cervelle; la pensée du suicide se présenta même à lui; n'était-il pas de son devoir de supprimer comme un être malfaisant et d'anéantir ainsi la cause involontaire de tant de malheurs? Il eût accepté pour son compte les épreuves les plus dures et porté courageusement le poids de la vie ; mais donner la mort à ce qu'il aimait le mieux au monde, n'était-ce pas aussi par trop horrible?

L'héroïque jeune fille avait dominé la sensation de douleur, suite du regard de Paul, et qui coïncidait si étrangement avec les avis du comte Altavilla. — Un esprit moins ferme eût pu se frapper de ce résultat, sinon surnaturel, du moins difficilement explicable; mais, nous l'avons dit, l'âme d'Alicia était religieuse et non superstitieuse. Sa foi inébranlable en ce qu'il faut croire rejetait comme des contes de nourrice toutes ces histoires d'influences mystérieuses, et se riait des préjugés populaires les plus profondément enracinés. — D'ailleurs, eût-elle admis la jettature comme réelle, en eût-elle reconnu chez Paul les signes évidents, son cœur tendre et fier n'aurait pas hésité une seconde. — Paul n'avait commis aucune action où la susceptibilité la plus délicate pût trouver à reprendre, et miss Ward eût préféré tomber morte sous ce regard, prétendu si funeste, à reculer devant un amour accepté par elle avec le consentement de son oncle et que devait couronner bientôt le mariage. Miss Alicia Ward ressemblait un peu à ces héroïnes de Shakspeare chastement hardies, virginalement résolues, dont l'amour subit n'en est pas moins pur et fidèle, et qu'une seule minute lie pour toujours ; sa main avait pressé celle de Paul, et nul homme au monde ne devait plus l'enfermer dans ses doigts. Elle regardait sa vie comme enchaînée, et sa pudeur se fût révoltée à l'idée seule d'un autre hymen.

Elle montra donc une gaieté réelle ou si bien jouée, qu'elle eût trompé l'observateur le plus fin, et, relevant Paul, toujours à genoux à ses pieds, elle le promena à travers les allées obstruées de fleurs et de plantes de son jardin inculte, jusqu'à une place où la végétation, en s'écartant, laissait apercevoir la mer comme un rêve bleu d'infini. — Cette sérénité lumineuse dispersa les pensées sombres de Paul : Alicia s'appuyait sur le bras du jeune homme avec un abandon confiant, comme si déjà elle eût été sa femme. Par cette pure et muette caresse, insignifiante de la part de toute autre, décisive de la sienne, elle se donnait à lui plus formellement encore, le rassurant contre ses terreurs, et lui faisant comprendre combien peu la touchaient les dangers dont on la menaçait. Quoiqu'elle eût imposé silence d'abord à Vicè, ensuite à son oncle, et que le comte Altavilla n'eût nommé personne, tout en recommandant de se préserver d'une influence mauvaise, elle avait vite compris qu'il s'agissait de Paul d'Aspremont; les obscurs discours du beau Napolitain ne pouvaient faire allusion qu'au jeune Français. Elle avait vu aussi que Paul, cédant au préjugé si répandu à Naples, qui fait un jettatore de tout homme d'une physionomie un peu singulière, se croyait, par une inconcevable faiblesse d'esprit, atteint du fascino, et détournait d'elle ses yeux pleins d'amour, de peur de lui nuire par un regard; pour combattre ce commencement d'idée fixe, elle avait provoqué la scène que nous venons de décrire, et dont le résultat contrariait l'intention, car il ancra Paul plus que jamais dans sa fatale monomanie.

Les deux amants regagnèrent la terrasse, où le commodore, continuant à subir l'effet de la musique, dormait encore mélodieusement sur son fauteuil de bambou. — Paul prit congé, et miss Ward, parodiant le geste d'adieu napolitain, lui envoya du bout des doigts un imperceptible baiser en disant : « A demain, Paul, n'est-ce pas? » d'une voix toute chargée de suaves caresses.

Alicia était en ce moment d'une beauté radieuse, alarmante, presque surnaturelle, qui frappa son oncle réveillé en sursaut par la sortie de Paul. — Le blanc de ses yeux prenait des tons d'argent bruni et faisait étinceler les prunelles comme des étoiles d'un noir lumineux; ses joues se nuançaient aux pommettes d'un rose idéal, d'une pureté et d'une ardeur célestes, qu'aucun peintre ne posséda jamais sur sa palette; ses tempes, d'une transparence d'agate, se veinaient d'un réseau de petits filets bleus, et toute sa chair semblait pénétrée de rayons; on eût dit que l'âme lui venait à la peau.

« Comme vous êtes belle aujourd'hui, Alicia! dit le commodore.

— Vous me gâtez, mon oncle; et si je ne suis pas la plus orgueilleuse petite fille des trois royaumes, ce n'est pas votre faute. Heureusement, je ne crois pas aux flatteries, même désintéressées.

— Belle, dangereusement belle, continua en lui-même le commodore ; elle me rappelle, trait pour trait, sa mère, la pauvre Nancy, qui mourut à dix-neuf ans. De tels anges ne peuvent rester sur terre : il semble qu'un souffle les soulève et que des ailes invisibles palpitent à leurs épaules ; c'est trop blanc, trop rose, trop pur, trop parfait ; il manque à ces corps éthérés le sang rouge et grossier de la vie. Dieu, qui les prête au monde pour quelques jours, se hâte de les reprendre. Cet éclat suprême m'attriste comme un adieu.

— Eh bien, mon oncle, puisque je suis si jolie, reprit miss Ward, qui voyait le front du commodore s'assombrir, c'est le moment de me marier : le voile et la couronne m'iront bien.

— Vous marier ! êtes-vous donc si pressée de quitter votre vieux peau-rouge d'oncle, Alicia ?

— Je ne vous quitterai pas pour cela ; n'est-il pas convenu avec M. d'Aspremont que nous demeurerons ensemble ? Vous savez bien que je ne puis vivre sans vous.

— M. d'Aspremont ! M. d'Aspremont !... La noce n'est pas encore faite.

— N'a-t-il pas votre parole... et la mienne ? — Sir Joshua Ward n'y a jamais manqué.

— Il a ma parole, c'est incontestable, répondit le commodore évidemment embarrassé.

— Le terme de six mois que vous avez fixé n'est-il pas écoulé... depuis quelques jours ? dit Alicia, dont les joues pudiques rosirent encore davantage, car cet entretien, nécessaire au point où en étaient les choses, effarouchait sa délicatesse de sensitive.

— Ah! tu as compté les mois, petite fille; fiez-vous donc à ces mines discrètes!

— J'aime M. d'Aspremont, répondit gravement la jeune fille.

— Voilà l'éclouure, fit sir Joshua Ward, qui, tout imbu des idées de Vicè et d'Altavilla, se souciait médiocrement d'avoir pour gendre un jettatore. — Que n'en aimes-tu un autre!

— Je n'ai pas deux cœurs, dit Alicia; je n'aurai qu'un amour, dussé-je, comme ma mère, mourir à dix-neuf ans.

— Mourir! ne dites pas de ces vilains mots, je vous en supplie, s'écria le commodore.

— Avez-vous quelque reproche à faire à M. d'Aspremont?

— Aucun, assurément.

— A-t-il forfait à l'honneur de quelque manière que ce soit? S'est-il montré une fois lâche, vil, menteur ou perfide? Jamais a-t-il insulté une femme ou reculé devant un homme? Son blason est-il terni de quelque souillure secrète? Une jeune fille, en prenant son bras pour paraître dans le monde, a-t-elle à rougir ou à baisser les yeux?

— M. Paul d'Aspremont est un parfait gentleman, il n'y a rien à dire sur sa respectabilité.

— Croyez, mon oncle, que si un tel motif existait, je renoncerais à M. d'Aspremont sur l'heure, et m'ensevelirais dans quelque retraite inaccessible; mais nulle autre raison, entendez-vous, nulle autre ne me fera manquer à une promesse sacrée, » dit miss Alicia Ward d'un ton ferme et doux.

Le commodore tournait ses pouces, mouvement habituel chez lui lorsqu'il ne savait que répondre, et qui lui servait de contenance.

« Pourquoi montrez-vous maintenant tant de froideur à Paul? continua miss Ward. Autrefois vous aviez tant d'affection pour lui ; vous ne pouviez vous en passer dans notre cottage du Lincolnshire, et vous disiez, en lui serrant la main à lui couper les doigts, que c'était un digne garçon, à qui vous confieriez volontiers le bonheur d'une jeune fille.

— Oui, certes, je l'aimais, ce bon Paul, dit le commodore qu'émouvaient ces souvenirs rappelés à propos ; mais ce qui est obscur dans les brouillards de l'Angleterre devient clair au soleil de Naples...

— Que voulez-vous dire? fit d'une voix tremblante Alicia abandonnée subitement pas ses vives couleurs, et devenue blanche comme une statue d'albâtre sur un tombeau.

— Que ton Paul est un jettatore.

— Comment! vous! mon oncle; vous, sir Joshua Ward, un gentilhomme, un chrétien, un sujet de Sa Majesté Britannique, un ancien officier de la marine anglaise, un être éclairé et civilisé, que l'on consulterait sur toutes choses, vous qui avez l'instruction et la sagesse, qui lisez chaque soir la Bible et l'Évangile, vous ne craignez pas d'accuser Paul de jettature! Oh! je n'attendais pas cela de vous!

— Ma chère Alicia, répondit le commodore, je suis peut-être tout ce que vous dites là lorsqu'il ne s'agit pas de vous, mais lorsqu'un danger, même imaginaire, vous menace, je deviens plus superstitieux qu'un paysan des Abruzzes, qu'un lazzarone du Môle, qu'un ostricajo de Chiaja, qu'une servante de la Terre de Labour ou même qu'un comte napolitain. Paul peut bien me dévisager tant qu'il voudra avec ses yeux dont le rayon visuel se croise, je resterai aussi calme que devant la pointe d'une épée ou le canon d'un pistolet. Le fascino ne mordra pas sur ma peau tannée, hâlée et rougie par tous les soleils de l'univers. Je ne suis crédule que pour vous, chère nièce, et j'avoue que je sens une sueur froide me baigner les tempes quand le regard de ce malheureux garçon se pose sur vous. Il n'a pas d'intentions mauvaises, je le sais, et il vous aime plus que sa vie ; mais il me semble que, sous cette influence, vos traits s'altèrent, vos couleurs disparaissent, et que vous tâchez de dissimuler une souffrance aiguë ; et alors il me prend de furieuses envies de lui crever les yeux, à votre M. Paul d'Aspremont, avec la pointe des cornes données par Altavilla.

— Pauvre cher oncle, dit Alicia attendrie par la chaleureuse explosion du commandeur ; nos existences sont dans les mains de Dieu : il ne meurt pas un prince sur son lit de parade, ni un passereau des toits sous sa tuile, que son heure ne soit marquée là-haut ; le fascino n'y fait rien, et c'est une impiété de croire qu'un regard plus ou moins oblique puisse avoir une influence. Voyons, n'oncle, continua-t-elle en prenant le terme d'affection familière du fou dans *le Roi Lear*, vous ne parliez pas sérieusement tout à l'heure; votre affection pour moi troublait votre jugement toujours si droit. N'est-ce pas, vous n'oseriez lui dire, à M. Paul d'Aspremont, que vous lui retirez la main de votre nièce, mise par vous dans la sienne, et que vous n'en voulez plus pour gendre, sous le beau prétexte qu'il est — jettatore!

— Par Joshua! mon patron, qui arrêta le soleil, s'écria le commodore, je ne le lui mâcherai pas, à ce joli M. Paul. Cela m'est bien égal d'être ridicule, absurde, déloyal même, quand il y va de votre santé, de votre vie peut-être! J'étais engagé avec un homme, et non avec un fascinateur. J'ai promis; eh bien, je fausse ma promesse, voilà tout; s'il n'est pas content, je lui rendrai raison. »

Et le commodore, exaspéré, fit le geste de se fendre, sans faire la moindre attention à la goutte qui lui mordait les doigts du pied.

« Sir Joshua Ward, vous ne ferez pas cela, » dit Alicia avec une dignité calme.

Le commodore se laissa tomber tout essoufflé dans son fauteuil de bambou et garda le silence.

« Eh bien, mon oncle, quand même cette accusation odieuse et stupide serait vraie, faudra-t-il pour cela repousser M. d'Aspremont et lui faire un crime d'un malheur? N'avez-vous pas reconnu que le mal qu'il pouvait produire ne dépendait pas de sa volonté, et que jamais âme ne fut plus aimante, plus généreuse et plus noble?

— On n'épouse pas les vampires, quelque bonnes que soient leurs intentions, répondit le commodore.

— Mais tout cela est chimère, extravagance, superstition; ce qu'il y a de vrai, malheureusement, c'est que Paul s'est frappé de ces folies, qu'il a prises au sérieux; il est effrayé, halluciné; il croit à son pouvoir fatal, il a peur de lui-même, et chaque petit accident qu'il ne remarquait pas autrefois, et dont aujourd'hui il s'imagine être la cause, confirme en lui cette conviction. N'est-ce pas à moi, qui suis sa femme devant Dieu, et qui le serai bientôt devant les hommes, — bénie par vous, mon cher oncle, — de calmer cette imagination surexcitée, de chasser ces vains fantômes, de rassurer, par ma sécurité apparente et réelle, cette anxiété hagarde, sœur de la monomanie, et de sauver, au moyen du bonheur, cette belle âme troublée, cet esprit charmant en péril?

— Vous avez toujours raison, miss Ward, dit le commodore; et moi, que vous appelez sage, je ne suis qu'un vieux fou. Je crois que cette Vicè est sorcière; elle m'avait tourné la tête avec toutes ses histoires. Quant au comte Altavilla, ses cornes et sa bimbeloterie cabalistique me semblent à présent assez ridicules. Sans doute, c'était un stratagème imaginé pour faire éconduire Paul et t'épouser lui-même.

— Il se peut que le comte Altavilla soit de bonne

foi, dit miss Ward en souriant; — tout à l'heure vous étiez encore de son avis sur la jettature.

— N'abusez pas de vos avantages, miss Alicia; d'ailleurs je ne suis pas encore si bien revenu de mon erreur que je n'y puisse retomber. Le meilleur serait de quitter Naples par le premier départ de bateau à vapeur, et de retourner tout tranquillement en Angleterre. Quand Paul ne verra plus les cornes de bœuf, les massacres de cerf, les doigts allongés en pointe, les amulettes de corail et tous ces engins diaboliques, son imagination se tranquillisera, et moi-même j'oublierai ces sornettes qui ont failli me faire fausser ma parole et commettre une action indigne d'un galant homme. — Vous épouserez Paul, puisque c'est convenu. Vous me garderez le parloir et la chambre du rez-de-chaussée dans la maison de Richmond, la tourelle octogone au castel de Lincolnshire, et nous vivrons heureux ensemble. Si votre santé exige un air plus chaud, nous louerons une maison de campagne aux environs de Tours, ou bien encore à Cannes, où lord Brougham possède une belle propriété, et où ces damnables superstitions de jettature sont inconnues, Dieu merci. — Que dites-vous de mon projet, Alicia?

— Vous n'avez pas besoin de mon approbation, ne suis-je pas la plus obéissante des nièces?

— Oui, lorsque je fais ce que vous voulez, petite masque, » dit en souriant le commodore qui se leva pour regagner sa chambre.

Alicia resta quelques minutes encore sur la terrasse ; mais, soit que cette scène eût déterminé chez elle quelque excitation fébrile, soit que Paul exerçât réellement sur la jeune fille l'influence que redoutait le commodore, la brise tiède, en passant sur ses épaules protégées d'une simple gaze, lui causa une impression glaciale, et le soir, se sentant mal à l'aise, elle pria Vicè d'étendre sur ses pieds froids et blancs comme le marbre une de ces couvertures arlequinées qu'on fabrique à Venise.

Cependant les lucioles scintillaient dans le gazon, les grillons chantaient, et la lune large et jaune montait au ciel dans une brume de chaleur.

XI

Le lendemain de cette scène, Alicia, dont la nuit n'avait pas été bonne, effleura à peine des lèvres le breuvage que lui offrait Vicè tous les matins, et le reposa languissamment sur le guéridon près de son lit. Elle n'éprouvait précisément aucune douleur, mais elle se sentait brisée ; c'était plutôt une difficulté de vivre qu'une maladie, et elle eût été embarrassée d'en accuser les symptômes à un médecin. Elle demanda un miroir à Vicè, car une jeune fille s'inquiète plutôt de l'altération que la souffrance peut apporter à sa beauté que de la souffrance elle-même. Elle était d'une blancheur extrême ; seulement deux petites taches semblables à deux feuilles de rose du Bengale tombées sur une coupe de lait nageaient sur sa pâleur. Ses yeux brillaient d'un éclat insolite, allumés par les dernières flammes de la fièvre; mais le cerise de ses lèvres était beaucoup moins vif, et pour y faire revenir la couleur, elle les mordit de ses petites dents de nacre.

Elle se leva, s'enveloppa d'une robe de chambre en cachemire blanc, tourna une écharpe de gaze autour de sa tête, — car, malgré la chaleur qui faisait crier les cigales, elle était encore un peu frileuse, — et se rendit sur la terrasse à l'heure accoutumée, pour ne pas éveiller la sollicitude toujours aux aguets du commodore. Elle toucha du bout des lèvres au déjeuner, bien qu'elle n'eût pas faim, mais le moindre indice de malaise n'eût pas manqué d'être attribué à l'influence de Paul par sir Joshua Ward, et c'est ce qu'Alicia voulait éviter avant toute chose.

Puis, sous prétexte que l'éclatante lumière du jour la fatiguait, elle se retira dans sa chambre, non sans avoir reitéré plusieurs fois au commodore, soupçonneux en pareille matière, l'assurance qu'elle se portait à ravir.

« A ravir... j'en doute, se dit le commodore à lui-même lorsque sa nièce s'en fut allée. — Elle avait des tons nacrés près de l'œil, de petites couleurs vives au haut des joues, — juste comme sa pauvre mère, qui, elle aussi, prétendait ne s'être jamais mieux portée. — Que faire? Lui ôter Paul, ce serait la tuer d'une autre manière; laissons agir la nature. Alicia est si jeune! Oui, mais c'est aux plus jeunes et aux plus belles que la vieille Mob en veut; elle est jalouse comme une femme. Si je faisais venir un docteur? mais que peut la médecine sur un ange! Pourtant tous les symptômes fâcheux avaient disparu... Ah! si c'était toi, damné Paul, dont le souffle fit pencher cette fleur divine, je t'étranglerais de mes propres mains. Nancy ne subissait le regard d'aucun jettatore, et elle est morte. — Si Alicia mourait! Non, cela n'est pas possible. Je n'ai rien fait à Dieu pour qu'il me réserve cette affreuse douleur. Quand cela arrivera, il y aura longtemps que je dormirai sous ma pierre avec le *Sacred to the memory of sir Joshua Ward*, à l'ombre de mon clocher natal. C'est elle qui viendra pleurer et prier sur la pierre grise pour le vieux commodore... Je ne sais ce que j'ai, mais je suis mélancolique et funèbre en diable ce matin ! »

Pour dissiper ces idées noires, le commodore ajouta un peu de rhum de la Jamaïque au thé refroidi dans sa tasse, et se fit apporter son hooka, distraction innocente qu'il ne se permettait qu'en l'absence d'Alicia, dont la délicatesse eût pu être offusquée même par cette fumée légère mêlée de parfums.

Il avait déjà fait bouillonner l'eau aromatisée du récipient et chassé devant lui quelques nuages bleuâtres, lorsque Vicè parut annonçant le comte Altavilla.

« Sir Joshua, dit le comte après les premières civilités, avez-vous réfléchi à la demande que je vous ai faite l'autre jour?

— J'y ai réfléchi, reprit le commodore; mais, vous le savez, M. Paul d'Aspremont a ma parole.

— Sans doute; pourtant il y a des cas où une parole se retire; par exemple, lorsque l'homme à qui on l'a donnée, pour une raison ou pour une autre, n'est pas tel qu'on le croyait d'abord.

— Comte, parlez plus clairement.

— Il me répugne de charger un rival; mais, d'après la conversation que nous avons eue ensemble, vous devez me comprendre. Si vous rejetiez M. Paul d'Aspremont, m'accepteriez-vous pour gendre?

— Moi, certainement; mais il n'est pas aussi sûr que miss Ward s'arrangeât de cette substitution. — Elle est entêtée de ce Paul, et c'est un peu ma faute, car moi-même je favorisais ce garçon avant toutes ces sottes histoires. — Pardon, comte, de l'épithète, mais j'ai vraiment la cervelle à l'envers.

— Voulez-vous que votre nièce meure? dit Altavilla d'un ton ému et grave.

— Tête et sang! ma nièce mourir! » s'écria le commodore en bondissant de son fauteuil et en rejetant le tuyau de maroquin de son hooka.

Quand on attaquait cette corde chez sir Joshua Ward, elle vibrait toujours.

« Ma nièce est-elle donc dangereusement malade?

— Ne vous alarmez pas si vite, milord; miss Alicia peut vivre, et même très-longtemps.

— A la bonne heure! vous m'aviez bouleversé.

— Mais à une condition, continua le comte Altavilla : c'est qu'elle ne voie plus M. Paul d'Aspremont.

— Ah! voila la jettature qui revient sur l'eau! Par malheur, miss Ward n'y croit pas.

— Écoutez-moi, dit posément le comte Altavilla.
— Lorsque j'ai rencontré pour la première fois miss Alicia au bal chez le prince de Syracuse, et que j'ai conçu pour elle une passion aussi respectueuse qu'ardente, c'est de la santé étincelante, de la joie d'existence, de la fleur de vie qui éclataient dans toute sa personne que je fus d'abord frappé. Sa beauté en devenait lumineuse et nageait comme dans une atmosphère de bien-être. — Cette phosphorescence la faisait briller comme une étoile; elle éteignait Anglaises, Russes, Italiennes, et je ne vis plus qu'elle.
— A la distinction britannique elle joignait la grâce pure et forte des anciennes déesses; excusez cette mythologie chez le descendant d'une colonie grecque.

— C'est vrai qu'elle était superbe! Miss Edwina O'Herty, lady Eleonor Lilly, mistress Jane Strangford, la princesse Véra Fédorowna Bariatinski faillirent en avoir la jaunisse de dépit, dit le commodore enchanté.

— Et maintenant ne remarquez-vous pas que sa beauté a pris quelque chose de languissant, que ses traits s'atténuent en délicatesses morbides, que les veines de ses mains se dessinent plus bleues qu'il ne faudrait, que sa voix a des sons d'harmonica d'une vibration inquiétante et d'un charme douloureux? L'élément terrestre s'efface et laisse dominer l'élément angélique. Miss Alicia devient d'une perfection éthérée que, dussiez-vous me trouver matériel, je n'aime pas voir aux filles de ce globe. »

Ce que disait le comte répondait si bien aux préoccupations secrètes de sir Joshua Ward, qu'il resta quelques minutes silencieux et comme perdu dans une rêverie profonde.

« Tout cela est vrai ; bien que parfois je cherche à me faire illusion, je ne puis en disconvenir.

— Je n'ai pas fini, dit le comte ; la santé de miss Alicia avant l'arrivée de M. d'Aspremont en Angleterre avait-elle fait naître des inquiétudes ?

— Jamais : c'était la plus fraîche et la plus rieuse enfant des trois royaumes.

— La présence de M. d'Aspremont coïncide, comme vous le voyez, avec les périodes maladives qui altèrent la précieuse santé de miss Ward. Je ne vous demande pas, à vous, homme du Nord, d'ajouter une foi implicite à une croyance, à un préjugé, à une superstition, si vous voulez, de nos contrées méridionales, mais convenez cependant que ces faits sont étranges et méritent toute votre attention...

— Alicia ne peut-elle être malade..... naturellement ? dit le commodore, ébranlé par les raisonnements captieux d'Altavilla, mais que retenait une sorte de honte anglaise d'adopter la croyance populaire napolitaine.

— Miss Ward n'est pas malade ; elle subit une sorte d'empoisonnement par le regard, et si M. d'Aspremont n'est pas jettatore, au moins il est funeste.

— Qu'y puis-je faire? elle aime Paul, se rit de la jettature et prétend qu'on ne peut donner une pareille raison à un homme d'honneur pour le refuser.

— Je n'ai pas le droit de m'occuper de votre nièce, je ne suis ni son frère, ni son parent, ni son fiancé; mais si j'obtenais votre aveu, peut-être tenterais-je un effort pour l'arracher à cette influence fatale. Oh! ne craignez rien; je ne commettrai pas d'extravagance; — quoique jeune, je sais qu'il ne faut pas faire de bruit autour de la réputation d'une jeune fille; — seulement permettez-moi de me taire sur mon plan. Ayez assez de confiance en ma loyauté pour croire qu'il ne renferme rien que l'honneur le plus délicat ne puisse avouer.

— Vous aimez donc bien ma nièce? dit le commodore.

— Oui, puisque je l'aime sans espoir; mais m'accordez-vous la licence d'agir?

— Vous êtes un terrible homme, comte Altavilla; eh bien! tâchez de sauver Alicia à votre manière, je ne le trouverai pas mauvais, et même je le trouverai fort bon. »

Le comte se leva, salua, regagna sa voiture et dit au cocher de le conduire à l'hôtel de Rome.

Paul, les coudes sur la table, la tête dans ses mains, était plongé dans les plus douloureuses réflexions; il avait vu les deux ou trois gouttelettes rouges sur le mouchoir d'Alicia, et, toujours infatué de son idée fixe, il se reprochait son amour meurtrier; il se blâmait d'accepter le dévouement de cette belle jeune fille décidée à mourir pour lui, et se demandait par quel sacrifice surhumain il pourrait payer cette sublime abnégation.

Paddy, le jockey-gnôme, interrompit cette méditation en apportant la carte du comte Altavilla.

« Le comte Altavilla ! que peut-il me vouloir ? fit Paul excessivement surpris. Faites-le entrer. »

Lorsque le Napolitain parut sur le seuil de la porte, M. d'Aspremont avait déjà posé sur son étonnement ce masque d'indifférence glaciale qui sert aux gens du monde à cacher leurs impressions.

Avec une politesse froide il désigna un fauteuil au comte, s'assit lui-même, et attendit en silence, les yeux fixés sur le visiteur.

« Monsieur, commença le comte en jouant avec les breloques de sa montre, ce que j'ai à vous dire est si étrange, si déplacé, si inconvenant, que vous auriez le droit de me jeter par la fenêtre. — Épargnez-moi cette brutalité, car je suis prêt à vous rendre raison en galant homme.

— J'écoute, monsieur, sauf à profiter plus tard de l'offre que vous me faites, si vos discours ne me conviennent pas, répondit Paul, sans qu'un muscle de sa figure bougeât.

— Vous êtes jettatore ! »

A ces mots, une pâleur verte envahit subitement la face de M. d'Aspremont, une auréole rouge cercla ses yeux ; ses sourcils se rapprochèrent, la ride de son front se creusa, et de ses prunelles jaillirent comme des lueurs sulfureuses ; il se souleva à demi, déchirant de ses mains crispées les bras d'acajou du fauteuil. Ce fut si terrible, qu'Altavilla, tout brave qu'il était, saisit une des petites branches de corail bifurquées suspendues à la chaîne de sa montre, et en dirigea instinctivement les pointes vers son interlocuteur.

Par un effort suprême de volonté, M. d'Aspremont se rassit et dit : « Vous aviez raison, monsieur ; telle est, en effet, la récompense que mériterait une pareille insulte ; mais j'aurai la patience d'attendre une autre réparation.

— Croyez, continua le comte, que je n'ai pas fait à un gentleman cet affront, qui ne peut se laver qu'avec du sang, sans les plus graves motifs. J'aime miss Alicia Ward.

— Que m'importe ?

— Cela vous importe, en effet, fort peu, car vous êtes aimé ; mais moi, don Felipe Altavilla, je vous défends de voir miss Alicia Ward.

— Je n'ai pas d'ordre à recevoir de vous.

— Je le sais, répondit le comte napolitain ; aussi je n'espère pas que vous m'obéissiez.

— Alors quel est le motif qui vous fait agir ? dit Paul.

— J'ai la conviction que le fascino dont malheureusement vous êtes doué influe d'une manière fatale sur miss Alicia Ward. C'est là une idée absurde, un préjugé digne du moyen âge, qui doit vous paraître profondément ridicule ; je ne discuterai pas là-dessus avec vous. Vos yeux se portent vers miss Ward et lui lancent malgré vous ce regard funeste qui la fera mourir. Je n'ai aucun autre moyen d'empêcher ce triste résultat que de vous chercher une querelle d'Allemand. Au seizième siècle, je vous aurais fait tuer par quelqu'un de mes paysans de la montagne; mais aujourd'hui ces mœurs ne sont plus de mise. J'ai bien pensé à vous prier de retourner en France; c'était trop naïf : vous auriez ri de ce rival qui vous eût dit de vous en aller et de le laisser seul auprès de votre fiancée sous prétexte de jettature. »

Pendant que le comte Altavilla parlait, Paul d'Aspremont se sentait pénétré d'une secrète horreur ; il était donc, lui chrétien, en proie aux puissances de l'enfer, et le mauvais ange regardait par ses prunelles ! il semait les catastrophes, son amour donnait la mort ! Un instant sa raison tourbillonna dans son cerveau, et la folie battit de ses ailes les parois intérieures de son crâne.

« Comte, sur l'honneur, pensez-vous ce que vous dites? s'écria d'Aspremont après quelques minutes d'une rêverie que le Napolitain respecta.

— Sur l'honneur, je le pense.

— Oh ! alors ce serait donc vrai ! dit Paul à demi-voix : je suis donc un assassin, un démon, un vampire ! je tue cet être céleste, je désespère ce vieillard ! » Et il fut sur le point de promettre au comte de ne pas revoir Alicia ; mais le respect humain et la jalousie qui s'éveillaient dans son cœur retinrent ses paroles sur ses lèvres.

« Comte, je ne vous cache point que je vais de ce pas chez miss Ward.

— Je ne vous prendrai pas au collet pour vous en empêcher ; vous m'avez tout à l'heure épargné les voies de fait, j'en suis reconnaissant ; mais je serai charmé de vous voir demain, à six heures dans les ruines de Pompéï, à la salle des thermes, par exemple ; on y est fort bien. Quelle arme préférez-vous ? Vous êtes l'offensé : épée, sabre ou pistolet?

— Nous nous battrons au couteau et les yeux bandés, séparés par un mouchoir dont nous tiendrons chacun un bout. Il faut égaliser les chances : je suis jettatore ; je n'aurais qu'à vous tuer en vous regardant, monsieur le comte ! »

Paul d'Aspremont partit d'un éclat de rire strident, poussa une porte et disparut.

XII

Alicia s'était établie dans une salle basse de la maison, dont les murs étaient ornés de ces paysages à fresques qui, en Italie, remplacent les papiers. Des nattes de paille de Manille couvraient le plancher. Une table sur laquelle était jeté un bout de tapis turc et que jonchaient les poésies de Coleridge, de Shelley, de Tennyson et de Longfellow, un miroir à cadre antique et quelques chaises de canne composaient tout l'ameublement ; des stores de jonc de la Chine historiés de pagodes, de rochers, de saules, de grues et de dragons, ajustés aux ouvertures et relevés à demi, tamisaient une lumière douce ; une branche d'oranger, toute chargée de fleurs que les fruits, en se nouant faisaient tomber, pénétrait familièrement dans la chambre et s'étendait comme une guirlande au-dessus de la tête d'Alicia, en secouant sur elle sa neige parfumée.

La jeune fille, toujours un peu souffrante, était couchée sur un étroit canapé près de la fenêtre ; deux ou trois coussins du Maroc la soulevaient à demi ; la couverture vénitienne enveloppait chastement ses pieds ; arrangée ainsi, elle pouvait recevoir Paul sans enfreindre les lois de la pudeur anglaise.

Le livre commencé avait glissé à terre de la main distraite d'Alicia; ses prunelles nageaient vaguement sous leurs longs cils et semblaient regarder au delà du monde ; elle éprouvait cette lassitude presque voluptueuse qui suit les accès de fièvre, et toute son occupation était de mâcher les fleurs de l'oranger qu'elle ramassait sur sa couverture et dont le parfum amer lui plaisait. N'y a-t-il pas une Vénus mâchant des roses, du Schiavone? Quel gracieux pendant un artiste moderne eût pu faire au tableau du vieux Vénitien en représentant Alicia mordillant des fleurs d'oranger !

Elle pensait à M. d'Aspremont et se demandait si vraiment elle vivrait assez pour être sa femme ; non quelle ajoutât foi à l'influence de la jettature, mais elle se sentait envahie malgré elle de pressentiments funèbres : la nuit même, elle avait fait un rêve dont l'impression ne s'était pas dissipée au réveil.

Dans son rêve, elle était couchée, mais éveillée, et dirigeait ses yeux vers la porte de sa chambre, pressentant que *quelqu'un* allait apparaître. — Après deux ou trois minutes d'attente anxieuse, elle avait vu se dessiner sur le fond sombre qu'encadrait le chambranle de la porte une forme svelte et blanche, qui, d'abord transparente et laissant, comme un léger brouillard, apercevoir les objets à travers elle, avait pris plus de consistance en avançant vers le lit.

L'ombre était vêtue d'une robe de mousseline dont les plis traînaient à terre ; de longues spirales de cheveux noirs, à moitié détordues, pleuraient le long de son visage pâle, marqué de deux petites taches roses aux pommettes ; la chair du col et de la poitrine était si blanche qu'elle se confondait avec la robe, et qu'on n'eût pu dire où finissait la peau et où commençait l'étoffe ; un imperceptible jaseron de Venise cerclait le col mince d'une étroite ligne d'or ; la main fluette et veinée de bleu tenait une fleur — une rose-thé — dont les pétales se détachaient et tombaient à terre comme des larmes.

Alicia ne connaissait pas sa mère, morte un an après lui avoir donné le jour ; mais bien souvent elle s'était tenue en contemplation devant une miniature dont les couleurs presque évanouies, montrant le ton jaune d'ivoire et pâles comme le souvenir des morts, faisaient songer au portrait d'une ombre plutôt qu'à celui d'une vivante, et elle comprit que cette femme qui entrait ainsi dans la chambre était Nancy Ward, — sa mère. — La robe blanche, le jaseron, la fleur à la main, les cheveux noirs, les joues marbrées de rose, rien n'y manquait, — c'était bien la miniature agrandie, développée, se mouvant avec toute la réalité du rêve.

Une tendresse mêlée de terreur faisait palpiter le sein d'Alicia. Elle voulait tendre ses bras à l'ombre, mais ses bras, lourds comme du marbre, ne pouvaient se détacher de la couche sur laquelle ils reposaient. Elle essayait de parler, mais sa langue ne bégayait que des syllabes confuses.

Nancy, après avoir posé la rose-thé sur le guéridon, s'agenouilla près du lit et mit sa tête contre la poitrine d'Alicia, écoutant le souffle des poumons, comptant les battements du cœur; la joue froide de l'ombre causait à la jeune fille, épouvantée de cette auscultation silencieuse, la sensation d'un morceau de glace.

L'apparition se releva, jeta un regard douloureux sur la jeune fille, et, comptant les feuilles de la rose dont quelques pétales encore s'étaient séparés, elle dit : « Il n'y en a plus qu'une. »

Puis le sommeil avait interposé sa gaze noire entre l'ombre et la dormeuse, et tout s'était confondu dans la nuit.

L'âme de sa mère venait-elle l'avertir et la chercher? Que signifiait cette phrase mystérieuse tombée de la bouche de l'ombre : — « Il n'y en a plus qu'une? » — Cette pâle rose effeuillée était-elle le symbole de sa vie? Ce rêve étrange avec ses terreurs gracieuses et son charme effrayant, ce spectre charmant drapé de mousseline et comptant des pétales de fleurs préoccupaient l'imagination de la jeune fille, un nuage de mélancolie flottait sur son beau front, et d'indéfinissables pressentiments l'effleuraient de leurs ailes noires.

Cette branche d'oranger qui secouait sur elle ses fleurs n'avait-elle pas aussi un sens funèbre? les petites étoiles virginales ne devaient donc pas s'épanouir sous son voile de mariée? Attristée et pensive, Alicia retira de ses lèvres la fleur qu'elle mordait; la fleur était jaune et flétrie déjà...

L'heure de la visite de M. d'Aspremont approchait. Miss Ward fit un effort sur elle-même, rasséréna son visage, tourna du doigt les boucles de ses cheveux, rajusta les plis froissés de son écharpe de gaze, et reprit en main son livre pour se donner une contenance.

Paul entra, et miss Ward le reçut d'un air enjoué, ne voulant pas qu'il s'alarmât de la trouver couchée, car il n'eût pas manqué de se croire la cause de sa maladie. La scène qu'il venait d'avoir avec le comte Altavilla donnait à Paul une physionomie irritée et farouche qui fit faire à Vicè le signe conjurateur, mais le sourire affectueux d'Alicia eut bientôt dissipé le nuage.

« Vous n'êtes pas malade sérieusement, je l'espère, dit-il à miss Ward en s'asseyant près d'elle.

— Oh! ce n'est rien, un peu de fatigue seulement :

il a fait siroco hier, et ce vent d'Afrique m'accable ; mais vous verrez comme je me porterai bien dans notre cottage du Lincolnshire ! Maintenant que je suis forte, nous ramerons chacun notre tour sur l'étang ! »

En disant ces mots, elle ne put comprimer tout à fait une petite toux convulsive.

M. d'Aspremont pâlit et détourna les yeux.

Le silence régna quelques minutes dans la chambre.

« Paul, je ne vous ai jamais rien donné, reprit Alicia en ôtant de son doigt déjà maigri une bague d'or toute simple ; prenez cet anneau, et portez-le en souvenir de moi ; vous pourrez peut-être le mettre, car vous avez une main de femme ; — adieu ! je me sens lasse et je voudrais essayer de dormir ; venez me voir demain. »

Paul se retira navré ; les efforts d'Alicia pour cacher sa souffrance avaient été inutiles ; il aimait éperdument miss Ward, et il la tuait ! cette bague qu'elle venait de lui donner, n'était-ce pas un anneau de fiançailles pour l'autre vie ?

Il errait sur le rivage à demi fou, rêvant de fuir, de s'aller jeter dans un couvent de trappistes et d'y attendre la mort assis sur son cercueil, sans jamais relever le capuchon de son froc. Il se trouvait ingrat et lâche de ne pas sacrifier son amour et d'abuser ainsi de l'héroïsme d'Alicia : car elle n'ignorait rien, elle savait qu'il n'était qu'un jettatore, comme l'affirmait le comte Altavilla, et, prise d'une angélique pitié, elle ne le repoussait pas !

« Oui, se disait-il, ce Napolitain, ce beau comte qu'elle dédaigne, est véritablement amoureux. Sa passion fait honte à la mienne : pour sauver Alicia, il n'a pas craint de m'attaquer, de me provoquer, moi, un jettatore, c'est-à-dire, dans ses idées, un être aussi redoutable qu'un démon. Tout en me parlant, il jouait avec ses amulettes, et le regard de ce duelliste célèbre qui a couché trois hommes sur le carreau, se baissait devant le mien! »

Rentré à l'hôtel de Rome, Paul écrivit quelques lettres, fit un testament par lequel il laissait à miss Alicia Ward tout ce qu'il possédait, sauf un legs pour Paddy, et prit les dispositions indispensables à un galant homme qui doit avoir un duel à mort le lendemain.

Il ouvrit les boîtes de palissandre où ses armes étaient renfermées dans les compartiments garnis de serge verte, remua épées, pistolets, couteaux de chasse, et trouva enfin deux stylets corses parfaitement pareils qu'il avait achetés pour en faire don à des amis.

C'étaient deux lames de pur acier, épaisses près du manche, tranchantes des deux côtés vers la pointe, damasquinées, curieusement terribles et montées avec soin. Paul choisit aussi trois foulards et fit du tout un paquet.

Puis il prévint Scazziga de se tenir prêt de grand matin pour une excursion dans la campagne.

« Oh! dit-il, en se jetant tout habillé sur son lit,

Dieu fasse que ce combat me soit fatal! Si j'avais le bonheur d'être tué, — Alicia vivrait! »

XIII

Pompeï, la ville morte, ne s'éveille pas le matin comme les cités vivantes, et quoiqu'elle ait rejeté à demi le drap de cendre qui la couvrait depuis tant de siècles, même quand la nuit s'efface, elle reste endormie sur sa couche funèbre.

Les touristes de toutes nations qui la visitent pendant le jour sont à cette heure encore étendus dans leur lit, tout moulus des fatigues de leurs excursions, et l'aurore, en se levant sur les décombres de la ville-momie, n'y éclaire pas un seul visage humain. Les lézards seuls, en frétillant de la queue, rampent le long des murs, filent sur les mosaïques disjointes, sans s'inquiéter du *cave canem* inscrit au seuil des maisons désertes, et saluent joyeusement les premiers rayons du soleil. Ce sont les habitants qui ont succédé aux citoyens antiques, et il semble que Pompeï n'ait été exhumée que pour eux.

C'est un spectacle étrange de voir à la lueur azurée et rose du matin ce cadavre de ville saisie au milieu de ses plaisirs, de ses travaux et de sa civilisation, et qui n'a pas subi la dissolution lente des ruines ordinaires; on croit involontairement que les propriétaires de ces maisons conservéees dans leurs moindres détails vont sortir de leurs demeures avec leurs habits grecs ou romains; les chars, dont on aperçoit les ornières sur les dalles, se remettre à rouler; les buveurs entrer dans ces thermopoles où la marque des tasses est encore empreinte sur le marbre du comptoir. — On marche comme dans un rêve au milieu du passé; on lit en lettres rouges, à l'angle des rues, l'affiche du spectacle du jour ! — seulement le jour est passé depuis plus de dix-sept siècles. — Aux clartés naissantes de l'aube, les danseuses peintes sur les murs semblent agiter leurs crotales, et du bout de leur pied blanc soulever comme une écume rose le bord de leur draperie, croyant sans doute que les lampadaires se rallument pour les orgies du triclinium; les Vénus, les Satyres, les figures héroïques ou grotesques, animées d'un rayon, essayent de remplacer les habitants disparus, et de faire à la cité morte une population peinte. Les ombres colorées tremblent le long des parois, et l'esprit peut quelques minutes se prêter à l'illusion d'une fantasmagorie antique. Mais ce jour-là, au grand effroi des lézards, la sérénité matinale de Pompéï fut troublée par un visiteur étrange : une voiture s'arrêta à l'entrée de la voie des Tombeaux; Paul en descendit et se dirigea à pied vers le lieu du rendez-vous.

Il était en avance, et, bien qu'il dût être préoccupé d'autre chose que d'archéologie, il ne pouvait s'empêcher, tout en marchant, de remarquer mille petits détails qu'il n'eût peut-être pas aperçus dans une situation habituelle. Les sens que ne surveille plus l'âme, et qui s'exercent alors pour leur compte, ont quelquefois une lucidité singulière. Des condamnés à mort, en allant au supplice, distinguent une petite fleur entre les fentes du pavé, un numéro au bouton d'un uniforme, une faute d'orthographe sur une enseigne, ou toute autre circonstance puérile qui prend pour eux une importance énorme. — M. d'Aspremont passa devant la villa de Diomède, le sépulcre de Mammia, les hémicycles funéraires, la porte antique de la cité, les maisons et les boutiques qui bordent la voie Consulaire, presque sans y jeter les yeux, et pourtant des images colorées et vives de ces monuments arrivaient à son cerveau avec une netteté parfaite; il voyait tout, et les colonnes cannelées enduites à mi-hauteur de stuc rouge ou jaune, et les peintures à fresque, et les inscriptions tracées sur les murailles; une annonce de location à la rubrique s'était même écrite si profondément dans sa mémoire, que ses lèvres en répétaient machinalement les mots latins sans y attacher aucune espèce de sens.

Était-ce donc la pensée du combat qui absorbait Paul à ce point? Nullement, il n'y songeait même pas; son esprit était ailleurs : — Dans le parloir de Richmond. Il tendait au commodore sa lettre de recommandation, et miss Ward le regardait à la dérobée; elle avait une robe blanche, et des fleurs de jasmin étoilaient ses cheveux. Qu'elle était jeune, belle et vivace... alors!

Les bains antiques sont au bout de la voie Consulaire, près de la rue de la Fortune; M. d'Aspremont n'eut pas de peine à les trouver. Il entra dans la salle voûtée qu'entoure une rangée de niches formées par des atlas de terre cuite, supportant une architrave ornée d'enfants et de feuillages. Les revêtements de marbre, les mosaïques, les trépieds de bronze ont disparu. Il ne reste plus de l'ancienne splendeur que les atlas d'argile et des murailles nues comme celles d'un tombeau; un jour vague provenant d'une petite fenêtre ronde qui découpe en disque le bleu du ciel, glisse en tremblant sur les dalles rompues du pavé.

C'était là que les femmes de Pompeï venaient, après le bain, sécher leurs beaux corps humides, rajuster leurs coiffures, reprendre leurs tuniques et se sourire dans le cuivre bruni des miroirs. Une scène d'un genre bien différent allait s'y passer, et le sang devait couler sur le sol où ruisselaient jadis les parfums.

Quelques instants après, le comte Altavilla parut: il tenait à la main une boîte à pistolets, et sous le bras deux épées, car il ne pouvait croire que les conditions proposées par M. Paul d'Aspremont fussent sérieuses; il n'y avait vu qu'une raillerie méphistophélique, un sarcasme infernal.

« Pourquoi faire ces pistolets et ces épées, comte? dit Paul en voyant cette panoplie; n'étions-nous pas convenus d'un autre mode de combat?

— Sans doute; mais je pensais que vous changeriez

peut-être d'avis; on ne s'est jamais battu de cette façon.

— Notre adresse fût-elle égale, ma position me donne sur vous trop d'avantages, répondit Paul avec un sourire amer; je n'en veux pas abuser. Voilà des stylets que j'ai apportés; examinez-les; ils sont parfaitement pareils; voici des foulards pour nous bander les yeux. — Voyez, ils sont épais, et *mon regard n'en pourra percer le tissu.* »

Le comte Altavilla fit un signe d'acquiescement.

« Nous n'avons pas de témoins, dit Paul, et l'un de nous ne doit pas sortir vivant de cette cave. Écrivons chacun un billet attestant la loyauté du combat; le vainqueur le placera sur la poitrine du mort.

— Bonne précaution! » répondit avec un sourire le Napolitain en traçant quelques lignes sur une feuille du carnet de Paul qui remplit à son tour la même formalité.

Cela fait, les adversaires mirent bas leurs habits, se bandèrent les yeux, s'armèrent de leurs stylets, et saisirent chacun par une extrémité le mouchoir, trait d'union terrible entre leurs haines.

— Êtes-vous prêt? dit M. d'Aspremont au comte Altavilla.

— Oui, » répondit le Napolitain d'une voix parfaitement calme.

Don Felipe Altavilla était d'une bravoure éprouvée, il ne redoutait au monde que la jettature, et ce combat aveugle, qui eût fait frissonner tout autre d'épouvante, ne lui causait pas le moindre trouble; il ne faisait ainsi que jouer sa vie à pile ou face, et n'avait pas le désagrément de voir l'œil fauve de son adversaire darder sur lui son regard jaune.

Les deux combattants brandirent leurs couteaux, et le mouchoir qui les reliait l'un à l'autre dans ces épaisses ténèbres se tendit fortement. Par un mouvement instinctif, Paul et le comte avaient rejeté leur torse en arrière, seule parade possible dans cet étrange duel ; leurs bras retombèrent sans avoir atteint autre chose que le vide.

Cette lutte obscure, où chacun pressentait la mort sans la voir venir, avait un caractère horrible. Farouches et silencieux, les deux adversaires reculaient, tournaient, sautaient, se heurtaient quelquefois, manquant ou dépassant le but ; on n'entendait que le trépignement de leurs pieds et le souffle haletant de leurs poitrines.

Une fois Altavilla sentit la pointe de son stylet rencontrer quelque chose ; il s'arrêta croyant avoir tué son rival, et attendit la chute du corps : — il n'avait frappé que la muraille!

« Pardieu! je croyais bien vous avoir percé de part en part, dit-il en se remettant en garde.

— Ne parlez pas, dit Paul, votre voix me guide. »
Et le combat recommença.

Tout à coup les deux adversaires se sentirent détachés. — Un coup du stylet de Paul avait tranché le foulard.

« Trêve! cria le Napolitain ; nous ne nous tenons plus, le mouchoir est coupé.

— Qu'importe! continuons, » dit Paul.

Un silence morne s'établit. En loyaux ennemis, ni M. d'Aspremont ni le comte ne voulaient profiter des indications données par leur échange de paroles. — Ils firent quelques pas pour se dérouter, et se remirent à se chercher dans l'ombre.

Le pied de M. d'Aspremont déplaça une petite pierre; ce léger choc révéla au Napolitain, agitant son couteau au hasard, dans quel sens il devait marcher. Se ramassant sur ses jarrets pour avoir plus d'élan, Altavilla s'élança d'un bond de tigre et rencontra le stylet de M. d'Aspremont.

Paul toucha la pointe de son arme et la sentit mouillée... des pas incertains résonnèrent lourdement sur les dalles; un soupir oppressé se fit entendre et un corps tomba tout d'une pièce à terre.

Pénétré d'horreur, Paul abattit le bandeau qui lui couvrait les yeux, et il vit le comte Altavilla pâle, immobile, étendu sur le dos et la chemise tachée à l'endroit du cœur d'une large plaque rouge.

Le beau Napolitain était mort!

M. d'Aspremont mit sur la poitrine d'Altavilla le billet qui attestait la loyauté du duel, et sortit des bains antiques plus pâle au grand jour qu'au clair de lune le criminel que Prud'hon fait poursuivre par les Erynnis vengeresses.

XIV

Vers deux heures de l'après-midi, une bande de touristes anglais, guidée par un cicerone, visitait les ruines de Pompeï; la tribu insulaire, composée du père, de la mère, de trois grandes filles, de deux petits garçons et d'un cousin, avait déjà parcouru d'un œil glauque et froid, où se lisait ce profond ennui qui caractérise la race britannique, l'amphithéâtre, le théâtre de tragédie et de chant, si curieusement juxtaposés; le quartier militaire, crayonné de caricatures par l'oisiveté du corps de garde; le Forum, surpris au milieu d'une réparation, la basilique, les temples de Vénus et de Jupiter, le Panthéon et les boutiques qui les bordent. Tous suivaient en silence dans leur *Murray* les explications bavardes du cicerone et jetaient à peine un regard sur les colonnes, les fragments de statues, les mosaïques, les fresques et les inscriptions.

Ils arrivèrent enfin aux bains antiques, découverts en 1824, comme le guide le leur faisait remarquer. « Ici étaient les étuves, là le four à chauffer l'eau, plus loin la salle à température modérée; » ces détails donnés en patois napolitain mélangé de quelques désinences anglaises paraissaient intéresser médiocrement les visiteurs, qui déjà opéraient une volte-face pour se retirer, lorsque miss Ethelwina, l'aînée des demoiselles, jeune personne aux cheveux blonds filasse, et à la peau truitée de taches de rousseur, fit deux pas en arrière, d'un air moitié choqué, moitié effrayé, et s'écria : « Un homme !

— Ce sera sans doute quelque ouvrier des fouilles à qui l'endroit aura paru propice pour faire la sieste; il y a sous cette voûte de la fraîcheur et de l'ombre :

n'ayez aucune crainte, mademoiselle, dit le guide en poussant du pied le corps étendu à terre. Holà! réveille-toi, fainéant, et laisse passer Leurs Seigneuries. »

Le prétendu dormeur ne bougea pas.

« Ce n'est pas un homme endormi, c'est un mort, » dit un des jeunes garçons, qui, vu sa petite taille, démêlait mieux dans l'ombre l'aspect du cadavre.

Le cicerone se baissa sur le corps et se releva brusquement, les traits bouleversés.

« Un homme assassiné! s'écria-t-il.

— Oh! c'est vraiment désagréable de se trouver en présence de tels objets; écartez-vous, Ethelwina, Kitty, Bess, dit mistress Bracebridge, il ne convient pas à de jeunes personnes bien élevées de regarder un spectacle si impropre. Il n'y a donc pas de police dans ce pays-ci! Le coroner aurait dû relever le corps.

« Un papier! fit laconiquement le cousin, roide, long et embarrassé de sa personne comme le laird de Dumbidike de *la Prison d'Édimbourg.*

— En effet, dit le guide en prenant le billet placé sur la poitrine d'Altavilla, un papier avec quelques lignes d'écriture.

— Lisez, dirent en chœur les insulaires, dont la curiosité était surexcitée.

« Qu'on ne recherche ni n'inquiète personne pour ma mort. Si l'on trouve ce billet sur ma blessure, j'aurai succombé dans un duel loyal.

« *Signé* Felipé, comte d'Altavilla. »

— C'était un homme comme il faut ; quel dommage! soupira mistress Bracebridge, que la qualité de comte du mort impressionnait.

— Et un joli garçon, murmura tout bas Ethelwina, la demoiselle aux taches de rousseur.

— Tu ne te plaindras plus, dit Bess à Kitty, du manque d'imprévu dans les voyages : nous n'avons pas, il est vrai, été arrêtés par des brigands sur la route de Terracine à Fondi; mais un jeune seigneur percé d'un coup de stylet dans les ruines de Pompeï, voilà une aventure. Il y a sans doute là-dessous une rivalité d'amour; — au moins nous aurons quelque chose d'italien, de pittoresque et de romantique à raconter à nos amies. Je ferai de la scène un dessin sur mon album, et tu joindras au croquis des stances mystérieuses dans le goût de Byron.

— C'est égal, fit le guide, le coup est bien donné, de bas en haut, dans toutes les règles; il n'y a rien à dire. »

Telle fut l'oraison funèbre du comte Altavilla.

Quelques ouvriers, prévenus par le cicerone, allèrent chercher la justice, et le corps du pauvre Altavilla fut reporté à son château, près de Salerne.

Quant à M. d'Aspremont, il avait regagné sa voiture, les yeux ouverts comme un somnambule et ne voyant rien. On eût dit une statue qui marchait. Quoiqu'il eût éprouvé à la vue du cadavre cette horreur religieuse qu'inspire la mort, il ne se sentait pas coupable, et le remords n'entrait pour rien dans son désespoir. Provoqué de manière à ne pouvoir refuser, il n'avait accepté ce duel qu'avec l'espérance d'y laisser une vie désormais odieuse. Doué d'un regard funeste, il avait voulu un combat aveugle pour que la fatalité seule fût responsable. Sa main même n'avait pas frappé; son ennemi s'était enferré! Il plaignait le comte Altavilla comme s'il eût été étranger à sa mort. « C'est mon stylet qui l'a tué, se disait-il, mais si je l'avais regardé dans un bal, un lustre se fût détaché du plafond et lui eût fendu la tête. Je suis innocent comme la foudre, comme l'avalanche, comme le mancenillier, comme toutes les forces destructives et inconscientes. Jamais ma volonté ne fut malfaisante, mon cœur n'est qu'amour et bienveillance, mais je sais que je suis nuisible. Le tonnerre ne sait pas qu'il tue; moi, homme, créature intelligente, n'ai-je pas un devoir sévère à remplir vis-à-vis de moi-même? je dois me citer à mon propre tribunal et m'interroger. Puis-je rester sur cette terre où je ne cause que des malheurs? Dieu me damnerait-il si je me tuais par amour pour mes semblables? Question terrible et profonde que je n'ose résoudre; il me semble que, dans la position où je suis, la mort volontaire est excusable. Mais si je me trompais? pendant l'éternité, je serais privé de la vue d'Alicia, qu'alors je pourrais regarder sans lui nuire, car les yeux de l'âme n'ont pas le fascino. — C'est une chance que je ne veux pas courir. »

Une idée subite traversa le cerveau du malheureux jettatore et interrompit son monologue intérieur. Ses traits se détendirent; la sérénité immuable qui suit les grandes résolutions dérida son front pâle : il avait pris un parti suprême.

« Soyez condamnés, mes yeux, puisque vous êtes meurtriers; mais, avant de vous fermer pour toujours, saturez-vous de lumière, contemplez le soleil, le ciel bleu, la mer immense, les chaînes azurées de montagnes, les arbres verdoyants, les horizons indéfinis, les colonnades des palais, la cabane du pêcheur, les îles lointaines du golfe, la voile blanche rasant l'abîme, le Vésuve, avec son aigrette de fumée; regardez, pour vous en souvenir, tous ces aspects charmants que vous ne verrez plus; étudiez chaque forme et chaque couleur, donnez-vous une dernière fête. Pour aujourd'hui, funestes ou non, vous pouvez vous arrêter sur tout; enivrez-vous du splendide spectacle de la création! Allez, voyez, promenez-vous. Le rideau va tomber entre vous et le décor de l'univers! »

La voiture, en ce moment, longeait le rivage; la baie radieuse étincelait, le ciel semblait taillé dans un seul saphir; une splendeur de beauté revêtait toutes choses.

Paul dit à Scazziga d'arrêter; il descendit, s'assit sur une roche et regarda longtemps, longtemps, longtemps, comme s'il eût voulu accaparer l'infini. Ses yeux se noyaient dans l'espace et la lumière, se renversaient comme en extase, s'imprégnaient de lueurs, s'imbibaient de soleil! La nuit qui allait suivre ne devait pas avoir d'aurore pour lui.

S'arrachant à cette contemplation silencieuse,

M. d'Aspremont remonta en voiture et se rendit chez miss Alicia Ward.

Elle était, comme la veille, allongée sur son étroit canapé, dans la salle basse que nous avons déjà décrite. Paul se plaça en face d'elle, et cette fois ne tint pas ses yeux baissés vers la terre, ainsi qu'il le faisait depuis qu'il avait acquis la conscience de sa jettature.

La beauté si parfaite d'Alicia se spiritualisait par la souffrance : la femme avait presque disparu pour faire place à l'ange : ses chairs étaient transparentes, éthérées, lumineuses; on apercevait l'âme à travers comme une lueur dans une lampe d'albâtre. Ses yeux avaient l'infini du ciel et la scintillation de l'étoile; à peine si la vie mettait sa signature rouge dans l'incarnat de ses lèvres.

Un sourire divin illumina sa bouche, comme un rayon de soleil éclairant une rose, lorsqu'elle vit les regards de son fiancé l'envelopper d'une longue caresse. Elle crut que Paul avait enfin chassé ses funestes idées de jettature et lui revenait heureux et confiant comme aux premiers jours, et elle tendit à M. d'Aspremont, qui la garda, sa petite main pâle et fluette.

« Je ne vous fais donc plus peur ? dit-elle avec une douce moquerie à Paul qui tenait toujours les yeux fixés sur elle.

— Oh! laissez-moi vous regarder, répondit M. d'Aspremont d'un ton de voix singulier en s'agenouillant près du canapé; laissez-moi m'enivrer de cette beauté ineffable! » et il contemplait avidement les cheveux lustrés et noirs d'Alicia, son beau front pur comme un marbre grec, ses yeux d'un bleu noir comme l'azur d'une belle nuit, son nez d'une coupe si fine, sa bouche dont un sourire languissant montrait à demi les perles, son col de cygne onduleux et flexible, et semblait noter chaque trait, chaque détail, chaque perfection comme un peintre qui voudrait faire un portrait de mémoire ; il se rassasiait de l'aspect adoré, il se faisait une provision de souvenirs, arrêtant les profils, repassant les contours.

Sous ce regard ardent, Alicia, fascinée et charmée, éprouvait une sensation voluptueusement douloureuse, agréablement mortelle ; sa vie s'exaltait et s'évanouissait ; elle rougissait et pâlissait, devenait froide, puis brûlante. — Une minute de plus, et l'âme l'eût quittée.

Elle mit sa main sur les yeux de Paul, mais les regards du jeune homme traversaient comme une flamme les doigts transparents et frêles d'Alicia.

« Maintenant mes yeux peuvent s'éteindre, je la verrai toujours dans mon cœur, » dit Paul en se relevant.

Le soir, après avoir assisté au coucher du soleil, — le dernier qu'il dût contempler, — M. d'Aspremont, en rentrant à l'hôtel de Rome, se fit apporter apporter un réchaud et du charbon.

« Veut-il s'asphyxier? dit en lui-même Vergilio Falsacappa en remettant à Paddy ce qu'il lui demandait de la part de son maître ; c'est ce qu'il pourrait faire de mieux, ce maudit jettatore ! »

Le fiancé d'Alicia ouvrit la fenêtre, contrairement à la conjecture de Falsacappa, alluma les charbons, y plongea la lame d'un poignard et attendit que le fer devînt rouge.

La mince lame, parmi les braises incandescentes, arriva bientôt au rouge blanc; Paul, comme pour prendre congé de lui-même, s'accouda sur la cheminée en face d'un grand miroir où se projetait la clarté d'un flambeau à plusieurs bougies ; il regarda cette espèce de spectre qui était lui, cette enveloppe de sa pensée qu'il ne devait plus apercevoir, avec une curiosité mélancolique : « Adieu, fantôme pâle que je promène depuis tant d'années à travers la vie, forme manquée et sinistre où la beauté se mêle à l'horreur, argile scellée au front d'un cachet fatal, masque convulsé d'une âme douce et tendre ! tu vas disparaître à jamais pour moi : vivant, je te plonge dans les ténèbres éternelles, et bientôt je t'aurai oublié comme le rêve d'une nuit d'orage. Tu auras beau dire, misérable corps, à ma volonté inflexible : « Hubert, Hubert, mes pauvres yeux ! » tu ne l'attendriras point. Allons, à l'œuvre, victime et bourreau ! » Et il s'éloigna de la cheminée pour s'asseoir sur le bord de son lit.

Il aviva de son souffle les charbons du réchaud posé sur un guéridon voisin, et saisit par le manche la lame d'où s'échappaient en pétillant de blanches étincelles.

A ce moment suprême, quelle que fût sa résolution, M. d'Aspremont sentit comme une défaillance : une sueur froide baigna ses tempes ; mais il domina bien vite cette hésitation purement physique et approcha de ses yeux le fer brûlant.

Une douleur aiguë, lancinante, intolérable, faillit lui arracher un cri ; il lui sembla que deux jets de plomb fondu lui pénétraient par les prunelles jusqu'au fond du crâne ; il laissa échapper le poignard, qui roula par terre et fit une marque brune sur le parquet.

Une ombre épaisse, opaque, auprès de laquelle la nuit la plus sombre est un jour splendide, l'encapuchonnait de son voile noir ; il tourna la tête vers la cheminée sur laquelle devaient brûler encore les bougies ; il ne vit que des ténèbres denses, impénétrables, où ne tremblaient même pas ces vagues lueurs que les voyants perçoivent encore, les paupières fermées, lorsqu'ils sont en face d'une lumière. — Le sacrifice était consommé !

« Maintenant, dit Paul, noble et charmante créature, je pourrai devenir ton mari sans être un assassin. Tu ne dépériras plus héroïquement sous mon regard funeste : tu reprendras ta belle santé ; hélas ! je ne t'apercevrai plus, mais ton image céleste rayonnera d'un éclat immortel dans mon souvenir ; je te verrai avec l'œil de l'âme, j'entendrai ta voix plus harmonieuse que la plus suave musique, je sentirai l'air déplacé par tes mouvements, je saisirai le frisson soyeux de ta robe, l'imperceptible craquement de ton brodequin, j'aspirerai le parfum léger qui émane de toi et te fait comme une atmosphère. Quelquefois tu laisseras ta main entre les miennes pour me convaincre de ta présence, tu daigneras guider ton pauvre aveugle lorsque son pied hésitera sur son chemin obscur ; tu lui liras les poëtes, tu lui raconteras les tableaux et les statues. Par ta parole, tu lui rendras l'univers évanoui ; tu seras sa seule pensée, son seul rêve ; privé de la distraction des choses et de l'éblouissement de la lumière, son âme volera vers toi d'une aile infatigable !

« Je ne regrette rien, puisque tu es sauvée : qu'ai-je perdu, en effet ? le spectacle monotone des saisons et des jours, la vue des décorations plus ou moins pittoresques où se déroulent les cent actes divers de la triste comédie humaine. — La terre, le ciel, les eaux, les montagnes, les arbres, les fleurs : vaines apparences, redites fastidieuses, formes toujours les mêmes ! Quand on a l'amour, on possède le vrai soleil, la clarté qui ne s'éteint pas ! »

Ainsi parlait, dans son monologue intérieur, le malheureux Paul d'Aspremont, tout enfiévré d'une exaltation lyrique où se mêlait parfois le délire de la souffrance.

Peu à peu ses douleurs s'apaisèrent ; il tomba dans ce sommeil noir, frère de la mort et consolateur comme elle.

Le jour, en pénétrant dans la chambre, ne le réveilla pas. — Midi et minuit devaient désormais, pour lui, avoir la même couleur ; mais les cloches tintant l'*Angelus* à joyeuses volées bourdonnaient vaguement à travers son sommeil, et, peu à peu devenant plus distinctes, le tirèrent de son assoupissement.

Il souleva ses paupières, et, avant que son âme endormie encore se fût souvenue, il eut une sensation horrible. Ses yeux s'ouvraient sur le vide, sur le noir, sur le néant, comme si, enterré vivant, il se fût réveillé de léthargie dans un cercueil; mais il se remit bien vite. N'en serait-il pas toujours ainsi? ne devait-il point passer, chaque matin, des ténèbres du sommeil aux ténèbres de la veille?

Il chercha à tâtons le cordon de la sonnette.

Paddy accourut.

Comme il manifestait son étonnement de voir son maître se lever avec les mouvements incertains d'un aveugle :

« J'ai commis l'imprudence de dormir la fenêtre ouverte, lui dit Paul, pour couper court à toute explication, et je crois que j'ai attrapé une goutte sereine, mais cela se passera ; conduis-moi à mon fauteuil et mets près de moi un verre d'eau fraîche. »

Paddy, qui avait une discrétion tout anglaise, ne fit aucune remarque, exécuta les ordres de son maître et se retira.

Resté seul, Paul trempa son mouchoir dans l'eau froide, et le tint sur ses yeux pour amortir l'ardeur causée par la brûlure.

Laissons M. d'Aspremont dans son immobilité douloureuse et occupons-nous un peu des autres personnages de notre histoire.

La nouvelle de la mort étrange du comte Altavilla s'était promptement répandue dans Naples et servait de thème à mille conjectures plus extravagantes les unes que les autres. L'habileté du comte à l'escrime était célèbre ; Altavilla passait pour un des meilleurs tireurs de cette école napolitaine si redoutable sur le terrain ; il avait tué trois hommes et en avait blessé grièvement cinq ou six. Sa renommée était si bien établie en ce genre, qu'il ne se battait plus. Les duellistes les plus sur la hanche le saluaient poliment et, les eût-il regardés de travers, évitaient de lui marcher sur le pied. Si quelqu'un de ces rodomonts eût tué Altavilla, il n'eût pas manqué de se faire honneur d'une telle victoire. Restait la supposition d'un assassinat, qu'écartait le billet trouvé sur la poitrine du mort. On contesta d'abord l'authenticité de l'écriture; mais la main du comte fut reconnue par des personnes qui avaient reçu de lui plus de cent lettres. La circonstance des yeux bandés, car le cadavre portait encore un foulard noué autour de la tête, semblait toujours inexplicable. On retrouva, outre le stylet planté dans la poitrine du comte, un second stylet échappé sans doute de sa main défaillante; mais si le combat avait eu lieu au couteau, pourquoi ces épées et ces pistolets qu'on reconnut pour avoir appartenu au comte, dont le cocher déclara qu'il avait amené son maître à Pompeï, avec ordre de s'en retourner si au bout d'une heure il ne reparaissait pas?

C'était à s'y perdre.

Le bruit de cette mort arriva bientôt aux oreilles de Vicè, qui en instruisit sir Joshua Ward. Le commodore, à qui revint tout de suite en mémoire l'entretien mystérieux qu'Altavilla avait eu avec lui au sujet d'Alicia, entrevit confusément quelque tentative ténébreuse, quelque lutte horrible et désespérée où M. d'Aspremont devait se trouver mêlé volontairement ou involontairement. Quant à Vicè, elle n'hésitait pas à attribuer la mort du beau comte au vilain jettatore, et en cela sa haine la servait comme une seconde vue. Cependant M. d'Aspremont avait fait sa visite à miss Ward à l'heure accoutumée, et rien dans sa contenance ne trahissait l'émotion d'un drame terrible, il paraissait même plus calme qu'à l'ordinaire.

Cette mort fut cachée à miss Ward, dont l'état devenait inquiétant, sans que le médecin anglais appelé par sir Joshua pût constater de maladie bien caractérisée : c'était comme une sorte d'évanouissement de la vie, de palpitation de l'âme battant des ailes pour prendre son vol, de suffocation d'oiseau sous la machine pneumatique, plutôt qu'un mal réel, possible à traiter par les moyens ordinaires. On eût dit un ange retenu sur terre et ayant la nostalgie du ciel; la beauté d'Alicia était si suave, si délicate, si diaphane, si immatérielle, que la grossière atmosphère humaine ne devait plus être respirable pour elle; on se la figurait planant dans la lumière d'or du Paradis, et le petit oreiller de dentelles qui soutenait sa tête rayonnait comme une auréole. Elle ressemblait, sur son lit, à cette mignonne Vierge de Schoorel, le plus fin joyau de la couronne de l'art gothique.

M. d'Aspremont ne vint pas ce jour-là : pour cacher son sacrifice, il ne voulait pas paraître les paupières rougies, se réservant d'attribuer sa brusque cécité à une tout autre cause.

Le lendemain, ne sentant plus de douleur, il monta dans sa calèche, guidé par son groom Paddy.

La voiture s'arrêta comme d'habitude à la porte en claire-voie. L'aveugle volontaire la poussa, et, sondant le terrain du pied, s'engagea dans l'allée connue. Vicè n'était pas accourue selon sa coutume au bruit de la sonnette mise en mouvement par le ressort de la porte; aucun de ces mille petits bruits joyeux qui sont comme la respiration d'une maison vivante ne parvenait à l'oreille attentive de Paul; un silence morne, profond, effrayant, régnait dans l'habitation, que l'on eût pu croire abandonnée. Ce silence qui eût été sinistre, même pour un homme clairvoyant, devenait plus lugubre encore dans les ténèbres qui enveloppaient le nouvel aveugle.

Les branches qu'il ne distinguait plus semblaient vouloir le retenir comme des bras suppliants et l'empêcher d'aller plus loin. Les lauriers lui barraient le passage; les rosiers s'accrochaient à ses habits, les lianes le prenaient aux jambes, le jardin lui disait dans sa langue muette : « Malheureux! que viens-tu faire ici, ne force pas les obstacles que je t'oppose, va-t'en! » Mais Paul n'écoutait pas, et tourmenté de pressentiments terribles, se roulait dans le feuillage, repoussait les masses de verdure, brisait les rameaux et avançait toujours du côté de la maison.

Déchiré et meurtri par les branches irritées, il arriva enfin au bout de l'allée. Une bouffée d'air libre le frappa au visage, et il continua sa route les mains tendues en avant.

Il rencontra le mur et trouva la porte en tâtonnant.

Il entra ; nulle voix amicale ne lui donna la bienvenue. N'entendant aucun son qui pût le guider, il resta quelques minutes hésitant sur le seuil. Une senteur d'éther, une exhalaison d'aromates, une odeur de cire en combustion, tous les vagues parfums des chambres mortuaires saisirent l'odorat de l'aveugle pantelant d'épouvante; une idée affreuse se présenta à son esprit, et il pénétra dans la chambre.

Après quelques pas, il heurta quelque chose qui tomba avec grand bruit ; il se baissa et reconnut au toucher que c'était un chandelier de métal pareil aux flambeaux d'église et portant un long cierge.

Éperdu, il poursuivit sa route à travers l'obscurité. Il lui sembla entendre une voix qui murmurait tout bas des prières; il fit un pas encore, et ses mains rencontrèrent le bord d'un lit; il se pencha, et ses doigts tremblants effleurèrent d'abord un corps immobile et droit sous une fine tunique ; puis une couronne de roses et un visage pur et froid comme le marbre.

C'était Alicia allongée sur sa couche funèbre.

« Morte! s'écria Paul avec un râle étranglé! morte! et c'est moi qui l'ai tuée! »

Le commodore, glacé d'horreur, avait vu ce fantôme aux yeux éteints entrer en chancelant, errer au hasard et se heurter au lit de mort de sa nièce : il avait tout compris. La grandeur de ce sacrifice inutile fit jaillir deux larmes des yeux rougis du vieillard, qui croyait bien ne plus pouvoir pleurer.

Paul se précipita à genoux près du lit et couvrit de baisers la main glacée d'Alicia; les sanglots secouaient son corps par saccades convulsives. Sa douleur attendrit même la féroce Vicè, qui se tenait silencieuse et sombre contre la muraille, veillant le dernier sommeil de sa maîtresse.

Quand ces adieux muets furent terminés, M. d'Aspremont se releva et se dirigea vers la porte, roide, tout d'une pièce, comme un automate mû par des ressorts; ses yeux ouverts et fixes, aux prunelles atones, avaient une expression surnaturelle; quoique aveugles, on aurait dit qu'ils voyaient. Il traversa le jardin d'un pas lourd comme celui des apparitions de marbre, sortit dans la campagne et marcha devant lui, dérangeant les pierres du pied, trébuchant quelquefois, prêtant l'oreille comme pour saisir un bruit dans le lointain, mais avançant toujours.

La grande voix de la mer résonnait de plus en plus distincte; les vagues, soulevées par un vent d'orage, se brisaient sur la rive avec des sanglots immenses, expression de douleurs inconnues, et gonflaient, sous les plis de l'écume, leurs poitrines désespérées; des millions de larmes amères ruisselaient sur les roches, et les goëlands inquiets poussaient des cris plaintifs.

Paul arriva bientôt au bord d'une roche qui surplombait. Le fracas des flots, la pluie salée que la rafale arrachait aux vagues et lui jetait au visage auraient dû l'avertir du danger; il n'en tint aucun compte; un sourire étrange crispa ses lèvres pâles, et il continua sa marche sinistre, quoique sentant le vide sous son pied suspendu.

Il tomba; une vague monstrueuse le saisit, le tordit quelques instants dans sa volute et l'engloutit.

La tempête éclata alors avec furie : les lames assaillirent la plage en files pressées, comme des guerriers montant à l'assaut, et lançant à cinquante pieds en l'air des fumées d'écume; les nuages noirs se lézardèrent comme des murailles d'enfer, laissant apercevoir par leurs fissures l'ardente fournaise des éclairs; des lueurs sulfureuses, aveuglantes, illuminèrent l'étendue; le sommet du Vésuve rougit, et un panache de vapeur sombre, que le vent rabattait, ondula au front du volcan. Les barques amarrées se choquèrent avec des bruits lugubres, et les cordages trop tendus se plaignirent douloureusement. Bientôt la pluie tomba en faisant siffler ses hachures comme des flèches, — on eût dit que le chaos voulait reprendre la nature et en confondre de nouveau les éléments.

Le corps de M. Paul d'Aspremont ne fut jamais

retrouvé, quelques recherches que fît faire le commodore.

Un cercueil de bois d'ébène à fermoirs et à poignées d'argent, doublé de satin capitonné, et tel enfin que celui dont miss Clarisse Harlowe recommande les détails avec une grâce si touchante « à monsieur le menuisier, » fut embarqué à bord d'un yacht par les soins du commodore, et placé dans la sépulture de famille du cottage du Lincolnshire. Il contenait la dépouille terrestre d'Alicia Ward, belle jusque dans la mort.

Quant au commodore, un changement remarquable s'est opéré dans sa personne. Son glorieux embonpoint a disparu. Il ne met plus de rhum dans son thé, mange du bout des dents, dit à peine deux paroles en un jour, le contraste de ses favoris blancs et de sa face cramoisie n'existe plus, — le commodore est devenu pâle !

ARRIA MARCELLA

SOUVENIR DE POMPEÏ

Trois jeunes gens, trois amis qui avaient fait ensemble le voyage d'Italie, visitaient l'année dernière le musée des Studj, à Naples, où l'on a réuni les différents objets antiques exhumés des fouilles de Pompeï et d'Herculanum.

Ils s'étaient répandus à travers les salles et regardaient les mosaïques, les bronzes, les fresques détachés des murs de la ville morte, selon que leur caprice les éparpillait, et quand l'un d'eux avait fait une rencontre curieuse, il appelait ses compagnons avec des cris de joie, au grand scandale des Anglais taciturnes et des bourgeois posés occupés à feuilleter leur livret.

Mais le plus jeune des trois, arrêté devant une vitrine, paraissait ne pas entendre les exclamations de ses camarades, absorbé qu'il était dans une contemplation profonde. Ce qu'il examinait avec tant d'attention, c'était un morceau de cendre noire coagulée portant une empreinte creuse : on eût dit un fragment de moule de statue, brisé par la fonte ; l'œil exercé d'un artiste y eût aisément reconnu la coupe d'un sein admirable et d'un flanc aussi pur de style que celui d'une statue grecque. L'on sait, et le moindre guide du voyageur vous l'indique, que cette lave, refroidie autour du corps d'une femme, en a gardé le contour charmant. Grâce au caprice de l'éruption qui a détruit quatre villes, cette noble forme, tombée en poussière depuis deux mille ans bientôt, est parvenue jusqu'à nous ; la rondeur d'une gorge a traversé les siècles lorsque tant d'empires disparus n'ont pas laissé de trace ! Ce cachet de beauté, posé par le hasard sur la scorie d'un volcan, ne s'est pas effacé.

Voyant qu'il s'obstinait dans sa contemplation, les deux amis d'Octavien revinrent vers lui, et Max, en le touchant à l'épaule, le fit tressaillir comme un homme surpris dans son secret. Évidemment Octavien n'avait entendu venir ni Max ni Fabio.

« Allons, Octavien, dit Max, ne t'arrête pas ainsi des heures entières à chaque armoire, ou nous allons manquer l'heure du chemin de fer, et nous ne verrons pas Pompeï aujourd'hui.

— Que regarde donc le camarade ? » ajouta Fabio, qui s'était rapproché. Ah ! l'empreinte trouvée dans la maison d'Arrius Diomèdes. Et il jeta sur Octavien un coup d'œil rapide et singulier.

Octavien rougit faiblement, prit le bras de Max, et la visite s'acheva sans autre incident. En sortant des Studj, les trois amis montèrent dans un corricolo et se firent mener à la station du chemin de fer. Le corricolo, avec ses grandes roues rouges, son strapontin constellé de clous de cuivre, son cheval maigre et plein de feu, harnaché comme une mule d'Espagne, courant au galop sur les larges dalles de lave, est trop connu pour qu'il soit besoin d'en faire la description ici, et d'ailleurs nous n'écrivons pas des impressions de voyage sur Naples, mais le simple récit d'une aventure bizarre et peu croyable, quoique vraie.

Le chemin de fer par lequel on va à Pompeï longe presque toujours la mer, dont les longues volutes d'écume viennent se dérouler sur un sable noirâtre qui ressemble à du charbon tamisé. Ce rivage, en effet, est formé de coulées de lave et de cendres volcaniques, et produit, par son ton foncé, un contraste avec le bleu du ciel et le bleu de l'eau ; parmi tout cet éclat, la terre seule semble retenir l'ombre.

Les villages que l'on traverse ou que l'on côtoie, Portici, rendu célèbre par l'opéra de M. Auber, Resina, Torre del Greco, Torre dell' Annunziata, dont on aperçoit en passant les maisons à arcades et les toits en terrasses, ont, malgré l'intensité du soleil et le lait de chaux méridional, quelque chose de plutonien et de ferrugineux comme Manchester et Birmingham ; la poussière y est noire, une suie impalpable s'y accroche à tout ; on sent que la grande forge du Vésuve halète et fume à deux pas de là.

Les trois amis descendirent à la station de Pompeï,

en riant entre eux du mélange d'antique et de moderne que présentent naturellement à l'esprit ces mots : *Station de Pompeï*. Une ville gréco-romaine et un débarcadère de railway !

Ils traversèrent le champ planté de cotonniers, sur lequel voltigeaient quelques bourres blanches, qui sépare le chemin de fer de l'emplacement de la ville déterrée, et prirent un guide à l'osteria bâtie en dehors des anciens remparts, ou, pour parler plus correctement, un guide les prit. Calamité qu'il est difficile de conjurer en Italie.

Il faisait une de ces heureuses journées si communes à Naples, où par l'éclat du soleil et la transparence de l'air les objets prennent des couleurs qui semblent fabuleuses dans le Nord, et paraissent appartenir plutôt au monde du rêve qu'à celui de la réalité. Quiconque a vu une fois cette lumière d'or et d'azur en emporte au fond de sa brume une incurable nostalgie.

La ville ressuscitée ayant secoué un coin de son linceul de cendre, ressortait avec ses mille détails sous un jour aveuglant. Le Vésuve découpait dans le fond son cône sillonné de stries de laves bleues, roses, violettes, mordorées par le soleil. Un léger brouillard presque imperceptible dans la lumière, encapuchonnait la crête écimée de la montagne; au premier abord, on eût pu le prendre pour un de ces nuages qui, même par les temps les plus sereins, estompent le front des pics élevés. En y regardant de plus près, on voyait de minces filets de vapeur blanche sortir du haut du mont comme des trous d'une cassolette, et se réunir ensuite en vapeur légère. Le volcan, d'humeur débonnaire ce jour-là, fumait tout tranquillement sa pipe, et sans l'exemple de Pompeï ensevelie à ses pieds, on ne l'aurait pas cru d'un caractère plus féroce que Montmartre ; de l'autre côté, de belles collines aux lignes ondulées et voluptueuses comme des hanches de femme, arrêtaient l'horizon ; et plus loin la mer, qui autrefois apportait les birèmes et les trirèmes sous les remparts de la ville, tirait sa placide barre d'azur.

L'aspect de Pompeï est des plus surprenants ; ce brusque saut de dix-neuf siècles en arrière étonne même les natures les plus prosaïques et les moins compréhensives ; deux pas vous mènent de la vie antique à la vie moderne, et du christianisme au paganisme ; aussi, lorsque les trois amis virent ces rues où les formes d'une existence évanouie sont conservées intactes, éprouvèrent-ils, quelque préparés qu'ils y fussent par les livres et les dessins, une impression aussi étrange que profonde. Octavien surtout semblait frappé de stupeur et suivait machinalement le guide d'un pas de somnambule, sans écouter la nomenclature monotone et apprise par cœur que ce faquin débitait comme une leçon.

Il regardait d'un œil effaré ces ornières de char creusées dans le pavage cyclopéen des rues et qui paraissent dater d'hier tant l'empreinte en est fraîche ; ces inscriptions tracées en lettres rouges, d'un pinceau cursif, sur les parois des murailles : affiches de spectacle, demandes de location, formules votives, enseignes, annonces de toutes sortes, curieuses comme le serait dans deux mille ans, pour les peuples inconnus de l'avenir, un pan de mur de Paris retrouvé avec ses affiches et ses placards; ces maisons aux toits effondrés laissant pénétrer d'un coup d'œil tous ces mystères d'intérieur, tous ces détails domestiques que négligent les historiens et dont les civilisations emportent le secret avec elles; ces fontaines à peine taries, ce forum surpris au milieu d'une réparation par la catastrophe, et dont les colonnes, les architraves toutes taillées, toutes sculptées, attendent dans leur pureté d'arête qu'on les mette en place; ces temples voués à des dieux passés à l'état mythologique et qui alors n'avaient pas un athée; ces boutiques où ne manque que le marchand; ces cabarets où se voit encore sur le marbre la tache circulaire laissée par la tasse des buveurs; cette caserne aux colonnes peintes d'ocre et de minium que les soldats ont égratignée de caricatures de combattants, et ces doubles théâtres de drame et de chant juxtaposés, qui pourraient reprendre leurs représentations, si la troupe qui les desservait, réduite à l'état d'argile, n'était pas occupée, peut-être, à luter le bondon d'un tonneau de bière ou à boucher une fente de mur, comme la poussière d'Alexandre et de César, selon la mélancolique réflexion d'Hamlet.

Fabio monta sur le thymélé du théâtre tragique tandis que Octavien et Max grimpaient jusqu'en haut des gradins, et là il se mit à débiter avec force gestes les morceaux de poésie qui lui venaient à la tête, au grand effroi des lézards, qui se dispersaient en frétillant de la queue et en se tapissant dans les fentes des assises ruinées; et quoique les vases d'airain ou de terre, destinés à répercuter les sons, n'existassent plus, sa voix n'en résonnait pas moins pleine et vibrante.

Le guide les conduisit ensuite à travers les cultures qui recouvrent les portions de Pompeï encore ensevelies, à l'amphithéâtre, situé à l'autre extrémité de la ville. Ils marchèrent sous ces arbres dont les racines plongent dans les toits des édifices enterrés, en disjoignent les tuiles, en fendent les plafonds, en disloquent les colonnes, et passèrent par ces champs où de vulgaires légumes fructifient sur des merveilles d'art, matérielles images de l'oubli que le temps déploie sur les plus belles choses.

L'amphithéâtre ne les surprit pas. Ils avaient vu celui de Vérone, plus vaste et aussi bien conservé, et ils connaissaient la disposition de ces arènes antiques aussi familièrement que celle des places de taureaux en Espagne, qui leur ressemblent beaucoup, moins la solidité de la construction et la beauté des matériaux.

Ils revinrent donc sur leurs pas, gagnèrent par un chemin de traverse de la rue de la Fortune, écoutant d'une oreille distraite le cicerone, qui en passant devant chaque maison la nommait du nom qui lui a été donné lors de sa découverte, d'après quelque particularité caractéristique : — la maison du Taureau de bronze, la maison du Faune, la maison du Vaisseau, le temple de la Fortune, la maison de Méléagre, la taverne de la Fortune à l'angle de la rue Consulaire, l'académie de Musique, le Four banal, la Pharmacie, la boutique du Chirurgien, la Douane, l'habitation des Vestales, l'auberge d'Albinus, les Thermopoles, et ainsi de suite jusqu'à la porte qui conduit à la voie des Tombeaux.

Cette porte en briques, recouverte de statues, et dont les ornements ont disparu, offre dans son arcade intérieure deux profondes rainures destinées à laisser glisser une herse, comme un donjon du moyen âge à qui l'on aurait cru ce genre de défense particulier.

« Qui aurait soupçonné, dit Max à ses amis, Pompeï, la ville gréco-latine, d'une fermeture aussi romantiquement gothique? Vous figurez-vous un chevalier romain attardé, sonnant du cor devant cette porte pour se faire lever la herse, comme un page du quinzième siècle?

— Rien n'est nouveau sous le soleil, répondit Fabio, et cet aphorisme lui-même n'est pas neuf, puisqu'il a été formulé par Salomon.

— Peut-être y a-t-il du nouveau sous la lune! continua Octavien en souriant avec une ironie mélancolique.

— Mon cher Octavien, dit Max, qui pendant cette petite conversation s'était arrêté devant une inscription tracée à la rubrique sur la muraille extérieure, veux-tu voir des combats de gladiateurs? — Voici les affiches : — Combat et chasse pour le 5 des nones d'avril, — les mâts seront dressés, — vingt paires de gladiateurs lutteront aux nones, — et si tu crains pour la fraîcheur de ton teint, rassure-toi, on tendra les voiles ; — à moins que tu ne préfères te rendre à l'amphithéâtre de bonne heure, ceux-ci se couperont la gorge le matin — *matutini erunt ;* on n'est pas plus complaisant. »

En devisant de la sorte, les trois amis suivaient cette voie bordée de sépulcres qui, dans nos sentiments modernes, serait une lugubre avenue pour une ville, mais qui n'offrait pas les mêmes significations tristes pour les anciens, dont les tombeaux, au lieu d'un cadavre horrible, ne contenaient qu'une pincée de cendres, idée abstraite de la mort. L'art embellissait ces dernières demeures, et, comme dit Gœthe, le païen décorait des images de la vie les sarcophages et les urnes.

C'est ce qui faisait sans doute que Max et Fabio visitaient, avec une curiosité allègre et une joyeuse plénitude d'existence qu'ils n'auraient pas eues dans un cimetière chrétien, ces monuments funèbres si gaiement dorés par le soleil et qui, placés sur le bord du chemin, semblent se rattacher encore à la vie et n'inspirent aucune de ces froides répulsions, aucune de ces terreurs fantastiques que font éprouver nos sépultures lugubres. Ils s'arrêtèrent devant le tombeau de Mammia, la prêtresse publique, près duquel est poussé un arbre, un cyprès ou un peuplier ; ils s'assirent dans l'hémicycle du tricliniun des repas funéraires, riant comme des héritiers ; ils lurent avec force lazzi les épitaphes de Névoleja, de Labeon et de la famille Arria, suivis d'Octavien, qui semblait plus touché que ses insouciants compagnons du sort de ces trépassés de deux mille ans.

Ils arrivèrent ainsi à la villa d'Arrius Diomèdes, une des habitations les plus considérables de Pompeï. On y monte par des degrés de briques, et lorsqu'on a dépassé la porte flanquée de deux petites colonnes latérales, on se trouve dans une cour semblable au *patio* qui fait le centre des maisons espagnoles et moresques et que les anciens appelaient *impluvium* ou *cavædium*; quatorze colonnes de briques recouvertes de stuc forment, des quatre côtés, un portique ou péristyle couvert, semblable au cloître des couvents, et sous lequel on pouvait circuler sans craindre la pluie. Le pavé de cette cour est une mosaïque de briques et de marbre blanc, d'un effet doux et tendre à l'œil. Dans le milieu, un bassin de marbre quadrilatère, qui existe encore, recevait les eaux pluviales qui dégouttaient du toit du portique. — Cela produit un singulier effet d'entrer ainsi dans la vie antique et de fouler avec des bottes vernies des marbres usés par les sandales et les cothurnes des contemporains d'Auguste et de Tibère.

Le cicerone les promena dans l'exèdre ou salon d'été, ouvert du côté de la mer pour en aspirer les fraîches brises. C'était là qu'on recevait et qu'on faisait la sieste pendant les heures brûlantes, quand soufflait ce grand zéphyr africain chargé de langueurs et d'orages. Il les fit entrer dans la basilique, longue galerie à jour qui donne de la lumière aux appartements et où les visiteurs et les clients attendaient que le nomenclateur les appelât ; il les conduisit ensuite sur la terrasse de marbre blanc d'où la vue s'étend sur les jardins verts et sur la mer bleue ; puis il leur fit voir le nymphæum ou salle de bains, avec ses murailles peintes en jaune, ses colonnes de stuc, son pavé de mosaïque et sa cuve de marbre qui reçut tant de corps charmants évanouis comme des ombres ; — le cubiculum, où flottèrent tant de rêves venus de la porte d'ivoire, et dont les alcôves pratiquées dans le mur étaient fermées par un conopeum ou rideau dont les anneaux de bronze gisent encore à terre, le tétrastyle ou salle de récréation, la chapelle des dieux lares, le cabinet des archives, la bibliothèque, le musée des tableaux, le gynécée ou appartement des femmes, composé de petites chambres en partie ruinées, dont les parois conservent des traces de peintures et d'arabesques comme des joues dont on a mal essuyé le fard.

Cette inspection terminée, ils descendirent à l'étage inférieur, car le sol est beaucoup plus bas du côté du jardin que du côté de la voie des Tombeaux ; ils traversèrent huit salles peintes en rouge antique, dont l'une est creusée de niches architecturales, comme on en voit au vestibule de la salle des Ambassadeurs à l'Alhambra, et ils arrivèrent enfin à une espèce de cave ou de cellier dont la destination était clairement indiquée par huit amphores d'argile dressées contre le mur et qui avaient dû être parfumées de vin de Crète, de Falerne et de Massique comme des odes d'Horace.

Un vif rayon de jour passait par un étroit soupirail obstrué d'orties, dont il changeait les feuilles traversées de lumières en émeraudes et en topazes, et ce gai détail naturel souriait à propos à travers la tristesse du lieu.

« C'est ici, dit le cicerone de sa voix nonchalante, dont le ton s'accordait à peine avec le sens des paroles, que l'on trouva, parmi dix-sept squelettes, celui de la dame dont l'empreinte se voit au musée de Naples. Elle avait des anneaux d'or, et les lambeaux de sa fine tunique adhéraient encore aux cendres tassées qui ont gardé sa forme. »

Les phrases banales du guide causèrent une vive émotion à Octavien. Il se fit montrer l'endroit exact où ces restes précieux avaient été découverts, et s'il n'eût été contenu par la présence de ses amis, il se serait livré à quelque lyrisme extravagant ; sa poitrine se gonflait, ses yeux se trempaient de furtives moiteurs : cette catastrophe, effacée par vingt siècles d'oubli, le touchait comme un malheur tout récent ; la mort d'une maîtresse ou d'un ami ne l'eût pas affligé davantage, et une larme en retard de deux mille ans tomba, pendant que Max et Fabio avaient le dos tourné, sur la place où cette femme, pour laquelle il se sentait pris d'un amour rétrospectif, avait péri étouffée par la cendre chaude du volcan.

« Assez d'archéologie comme cela! s'écria Fabio;

nous ne voulons pas écrire une dissertation sur une cruche ou une tuile du temps de Jules César pour devenir membre d'une académie de province, ces souvenirs classiques me creusent l'estomac. Allons dîner, si toutefois la chose est possible, dans cette osteria pittoresque, où j'ai peur qu'on ne nous serve que des beefsteaks fossiles et des œufs frais pondus avant la mort de Pline.

— Je ne dirai pas comme Boileau :

Un sot, quelquefois, ouvre un avis important.,

fit Max en riant, ce serait malhonnête ; mais cette idée a du bon. Il eût été pourtant plus joli de festiner ici, dans un triclinium quelconque, couchés à l'antique, servis par des esclaves, en manière de Lucullus ou de Trimalcion. Il est vrai que je ne vois pas beaucoup d'huîtres du lac Lucrin; les turbots et les rougets de l'Adriatique sont absents ; le sanglier d'Apulie manque sur le marché ; les pains et les gâteaux au miel figurent au musée de Naples aussi durs que des pierres à côté de leurs moules vert-de-grisés ; le macaroni cru, saupoudré de caccia-cavallo, et quoiqu'il soit détestable, vaut encore mieux que le néant. Qu'en pense le cher Octavien ? »

Octavien, qui regrettait fort de ne pas s'être trouvé à Pompeï le jour de l'éruption du Vésuve pour sauver la dame aux anneaux d'or et mériter ainsi son amour, n'avait pas entendu une phrase de cette conversation gastronomique. Les deux derniers mots prononcés par Max le frappèrent seuls, et comme il n'avait pas envie d'entamer une discussion, il fit, à tout hasard, un signe d'assentiment, et le groupe amical reprit, en côtoyant les remparts, le chemin de l'hôtellerie.

L'on dressa la table sous l'espèce de porche ouvert qui sert de vestibule à l'osteria, et dont les murailles, crépies à la chaux, étaient décorées de quelques croûtes qualifiées par l'hôte : Salvator Rosa, Espagnolet, cavalier Massimo et autres noms célèbres de l'école napolitaine, qu'il se crut obligé d'exalter.

« Hôte vénérable, dit Fabio, ne déployez pas votre éloquence en pure perte. Nous ne sommes pas des Anglais, et nous préférons les jeunes filles aux vieilles toiles. Envoyez-nous plutôt la liste de vos vins par cette belle brune, aux yeux de velours, que j'ai aperçue dans l'escalier. »

Le palforio, comprenant que ses hôtes n'appartenaient pas au genre mystifiable des philistins et des bourgeois, cessa de vanter sa galerie pour glorifier sa cave. D'abord, il avait tous les vins des meilleurs crus : Château-Margaux, grand-Laffite retour des Indes, Sillery de Moët, Hochmeyer, Scarlat-wine, Porto et porter, ale et gingerbeer, Lacryma-Christi blanc et rouge, Capri et Falerne.

« Quoi ! tu as du vin de Falerne, animal, et tu le mets à la fin de ta nomenclature ; tu nous fais subir une litanie œnologique insupportable, dit Max en sautant à la gorge de l'hôtelier avec un mouvement de fureur comique ; mais tu n'as donc pas le sentiment de la couleur locale ? tu es donc indigne de vivre dans ce voisinage antique ? Est-il bon au moins ton Falerne? a-t-il été mis en amphore sous le consul Plancus? — *consule Planco*.

— Je ne connais pas le consul Plancus, et mon vin n'est pas mis en amphore, mais il est vieux et coûte 10 carlins la bouteille, » répondit l'hôte.

Le jour était tombé et la nuit était venue, nuit sereine et transparente, plus claire, à coup sûr, que le plein midi de Londres; la terre avait des tons d'azur et le ciel des reflets d'argent d'une douceur inimaginable; l'air était si tranquille que la flamme des bougies posées sur la table n'oscillait même pas.

Un jeune garçon jouant de la flûte s'approcha de la table et se tint debout, fixant ses yeux sur les trois convives, dans une attitude de bas-relief, et soufflant dans son instrument aux sons doux et mélodieux, quelqu'une de ces cantilènes populaires en mode mineur dont le charme est pénétrant.

Peut-être ce garçon descendait en droite ligne du flûteur qui précédait Duilius.

« Notre repas s'arrange d'une façon assez antique; il ne nous manque que des danseuses gaditanes et des couronnes de lierre, dit Fabio en se versant une large rasade de vin de Falerne.

— Je me sens en veine de faire des citations latines comme un feuilleton des *Débats*; il me revient des strophes d'ode, ajouta Max.

— Garde-les pour toi, s'écrièrent Octavien et Fabio, justement alarmés; rien n'est indigeste comme le latin à table. »

La conversation entre jeunes gens qui, le cigare à

la bouche, le coude sur la table, regardent un certain nombre de flacons vidés, surtout lorsque le vin est capiteux, ne tarde pas à tourner sur les femmes. Chacun exposa son système, dont voici à peu près le résumé.

Fabio ne faisait cas que de la beauté et de la jeunesse. Voluptueux et positif, il ne se payait pas d'illusions et n'avait en amour aucun préjugé. Une paysanne lui plaisait autant qu'une duchesse, pourvu qu'elle fût belle; le corps le touchait plus que la robe; il riait beaucoup de certains de ses amis amoureux de quelques mètres de soie et de dentelles, et disait qu'il serait plus logique d'être épris d'un étalage de marchand de nouveautés. Ces opinions, fort raisonnables au fond, et qu'il ne cachait pas, le faisaient passer pour un homme excentrique.

Max, moins artiste que Fabio, n'aimait, lui, que les entreprises difficiles, que les intrigues compliquées; il cherchait des résistances à vaincre, des vertus à séduire, et conduisait l'amour comme une partie d'échecs, avec des coups médités longtemps, des effets suspendus, des surprises et des stratagèmes dignes de Polybe. Dans un salon, la femme qui paraissait avoir le moins de sympathie à son endroit, était celle qu'il choisissait pour but de ses attaques; la faire passer de l'aversion à l'amour par des transitions habiles, était pour lui un plaisir délicieux; s'imposer aux âmes qui le repoussaient, mater les volontés rebelles à son ascendant, lui semblait le plus doux des triomphes. Comme certains chasseurs qui courent les champs, les bois et les plaines par la pluie, le soleil et la neige, avec des fatigues excessives et une ardeur que rien ne rebute, pour un maigre gibier que les trois quarts du temps ils dédaignent de manger, Max, la proie atteinte, ne s'en souciait plus, et se remettait en quête presque aussitôt.

Pour Octavien, il avouait que la réalité ne le séduisait guère, non qu'il fît des rêves de collégien tout pétris de lis et de roses comme un madrigal de Demoustier, mais il y avait autour de toute beauté trop de détails prosaïques et rebutants ; trop de pères radoteurs et décorés ; de mères coquettes, portant des fleurs naturelles dans de faux cheveux ; de cousins rougeauds et méditant des déclarations ; de tantes ridicules, amoureuses de petits chiens. Une gravure à l'aqua-tinte, d'après Horace Vernet ou Delaroche, accrochée dans la chambre d'une femme, suffisait pour arrêter chez lui une passion naissante. Plus poétique encore qu'amoureux, il demandait une terrasse de l'Isola-Bella, sur le lac Majeur, par un beau clair de lune, pour encadrer un rendez-vous. Il eût voulu enlever son amour du milieu de la vie commune et en transporter la scène dans les étoiles. Aussi s'était-il épris tour à tour d'une passion impossible et folle pour tous les grands types féminins conservés par l'art ou l'histoire. Comme Faust, il avait aimé Hélène, et il aurait voulu que les ondulations des siècles apportassent jusqu'à lui une de ces sublimes personnifications des désirs et des rêves humains, dont la forme, invisible pour les yeux vulgaires, subsiste toujours dans l'espace et le temps. Il s'était composé un sérail idéal avec Sémiramis, Aspasie, Cléopâtre, Diane de Poitiers, Jeanne d'Aragon. Quelquefois aussi il aimait des statues, et un jour, en passant au Musée devant la Vénus de Milo, il s'était écrié : « Oh ! qui te rendra les bras pour m'écraser contre ton sein de marbre ! » A Rome, la vue d'une épaisse chevelure nattée exhumée d'un tombeau antique l'avait jeté dans un bizarre délire ; il avait essayé, au moyen de deux ou trois de ces cheveux obtenus d'un gardien séduit à prix d'or, et remis à une somnambule d'une grande puissance, d'évoquer l'ombre et la forme de cette morte ; mais le fluide conducteur s'était évaporé après tant d'années, et l'apparition n'avait pu sortir de la nuit éternelle.

Comme Fabio l'avait deviné devant la vitrine des Studj, l'empreinte recueillie dans la cave de la villa d'Arrius Diomèdes excitait chez Octavien des élans insensés vers un idéal rétrospectif ; il tentait de sortir du temps et de la vie, et de transposer son âme au siècle de Titus.

Max et Fabio se retirèrent dans leur chambre, et, la tête un peu alourdie par les classiques fumées du Falerne, ne tardèrent pas à s'endormir. Octavien, qui avait souvent laissé son verre plein devant lui, ne voulant pas troubler par une ivresse grossière l'ivresse poétique qui bouillonnait dans son cerveau, sentit à l'agitation de ses nerfs que le sommeil ne lui viendrait pas, et sortit de l'osteria à pas lents pour rafraîchir son front et calmer sa pensée à l'air de la nuit.

Ses pieds, sans qu'il en eût conscience, le portèrent à l'entrée par laquelle on pénètre dans la ville morte, il déplaça la barre de bois qui la ferme et s'engagea au hasard dans les décombres.

La lune illuminait de sa lueur blanche les maisons pâles, divisant les rues en deux tranches de lumière argentée et d'ombre bleuâtre. Ce jour nocturne, avec ses teintes ménagées, dissimulait la dégradation des édifices. L'on ne remarquait pas, comme à la clarté crue du soleil, les colonnes tronquées, les façades sillonnées de lézardes, les toits effondrés par l'éruption; les parties absentes se complétaient par la demi-teinte, et un rayon brusque, comme une touche de sentiment dans l'esquisse d'un tableau, indiquait tout un ensemble écroulé. Les génies taciturnes de la nuit semblaient avoir réparé la cité fossile pour quelque représentation d'une vie fantastique.

Quelquefois même Octavien crut voir se glisser de vagues formes humaines dans l'ombre; mais elles s'évanouissaient dès qu'elles atteignaient la portion éclairée. De sourds chuchotements, une rumeur indéfinie, voltigeaient dans le silence. Notre promeneur les attribua d'abord à quelque papillonnement de ses yeux, à quelque bourdonnement de ses oreilles, — ce pouvait être aussi un jeu d'optique, un soupir de la brise marine, ou la fuite à travers les orties d'un lézard ou d'une couleuvre, car tout vit dans la nature, même la mort, tout bruit, même le silence. Cependant il éprouvait une espèce d'angoisse involontaire, un léger frisson, qui pouvait être causé par l'air froid de la nuit, et faisait frémir sa peau. Il retourna deux ou trois fois la tête; il ne se sentait plus seul comme tout à l'heure dans la ville déserte. Ses camarades avaient-ils eu la même idée que lui, et le cherchaient-ils à travers ces ruines? Ces formes entrevues, ces bruits indistincts de pas, était-ce Max et Fabio marchant et causant, et disparus à l'angle d'un carrefour? Cette explication toute naturelle, Octavien comprenait à son trouble qu'elle n'était pas vraie, et les raisonnements qu'il faisait là-dessus à part lui ne le convainquaient pas. La solitude et l'ombre s'étaient peuplées d'êtres invisibles qu'il dérangeait; il tombait au milieu d'un mystère, et l'on semblait attendre qu'il fût parti pour commencer. Telles étaient les idées extravagantes qui lui traversaient la cervelle et qui prenaient beaucoup de vraisemblance de l'heure, du lieu et de mille détails alarmants que comprendront ceux qui se sont trouvés de nuit dans quelque vaste ruine.

En passant devant une maison qu'il avait remarquée pendant le jour et sur laquelle la lune donnait en plein, il vit, dans un état d'intégrité parfaite, un portique dont il avait cherché à rétablir l'ordonnance : quatre colonnes d'ordre dorique cannelées jusqu'à mi-hauteur, et le fût enveloppé comme d'une draperie pourpre d'une teinte de minium, soutenaient une cimaise coloriée d'ornements polychromes, que le décorateur semblait avoir achevée hier; sur la paroi latérale de la porte un molosse de Laconie, exécuté à l'encaustique et accompagné de l'inscription sacramentelle : *Cave canem*, aboyait à la lune et aux visiteurs avec une fureur peinte. Sur le seuil de mosaïque le mot *Have*, en lettres osques et latines, saluait les hôtes de ses syllabes amicales. Les murs extérieurs, teints d'ocre et de rubrique, n'avaient pas une crevasse. La maison s'était exhaussée d'un étage, et le toit de tuiles dentelé d'un acrotère de bronze, projetait son profil intact sur le bleu léger du ciel où pâlissaient quelques étoiles.

Cette restauration étrange, faite de l'après-midi au soir par un architecte inconnu, tourmentait beaucoup Octavien, sûr d'avoir vu cette maison le jour même dans un fâcheux état de ruine. Le mystérieux reconstructeur avait travaillé bien vite, car les habitations voisines avaient le même aspect récent et neuf; tous les piliers étaient coiffés de leurs chapiteaux; pas une pierre, pas une brique, pas une pellicule de stuc, pas une écaille de peinture ne manquaient aux parois luisantes des façades, et par l'interstice des péristyles on entrevoyait, autour du bassin de marbre du cavædium, des lauriers roses et blancs, des myrtes et des grenadiers. Tous les historiens s'étaient trompés; l'éruption n'avait pas eu lieu, ou bien l'aiguille du temps avait reculé de vingt heures séculaires sur le cadran de l'éternité.

Octavien, surpris au dernier point, se demanda s'il dormait tout debout et marchait dans un rêve. Il s'interrogea sérieusement pour savoir si la folie ne faisait pas danser devant lui ses hallucinations; mais il fut obligé de reconnaître qu'il n'était ni endormi ni fou.

Un changement singulier avait eu lieu dans l'atmosphère; de vagues teintes roses se mêlaient, par dégradations violettes, aux lueurs azurées de la lune; le ciel s'éclaircissait sur les bords; on eût dit que le jour allait paraître. Octavien tira sa montre; elle marquait minuit. Craignant qu'elle ne fût arrêtée, il poussa le ressort de la répétition; la sonnerie tinta douze fois; il était bien minuit, et cependant la clarté allait toujours augmentant, la lune se fondait dans l'azur de plus en plus lumineux; le soleil se levait.

Alors Octavien, en qui toutes les idées de temps se brouillaient, put se convaincre qu'il se promenait non dans une Pompeï morte, froid cadavre de ville qu'on a tiré à demi de son linceul, mais dans une Pompeï vivante, jeune, intacte, sur laquelle n'avaient pas coulé les torrents de boue brûlante du Vésuve.

Un prodige inconcevable le reportait, lui, Français du dix-neuvième siècle, au temps de Titus, non en esprit, mais en réalité, ou faisait revenir à lui, du fond du passé, une ville détruite avec ses habitants disparus; car un homme vêtu à l'antique venait de sortir d'une maison voisine.

Cet homme portait les cheveux courts et la barbe rasée, une tunique de couleur brune et un manteau grisâtre, dont les bouts étaient retroussés de manière à ne pas gêner sa marche; il allait d'un pas rapide, presque cursif, et passa à côté d'Octavien sans le voir. Un panier de sparterie pendait à son bras, et il se dirigeait vers le Forum Nundinarium; — c'était un esclave, un Davus quelconque allant au marché; il n'y avait pas à s'y tromper.

Des bruits de roues se firent entendre, et un char antique, traîné par des bœufs blancs et chargé de légumes, s'engagea dans la rue. A côté de l'attelage marchait un bouvier aux jambes nues et brûlées par le soleil, aux pieds chaussés de sandales, et vêtu d'une espèce de chemise de toile bouffant à la ceinture; un chapeau de paille conique, rejeté derrière le dos et retenu au col par la mentonnière, laissait voir sa tête d'un type inconnu aujourd'hui, son front bas traversé de dures nodosités, ses cheveux crépus et noirs, son nez droit, ses yeux tranquilles comme ceux de ses bœufs, et son cou d'Hercule campagnard. Il touchait gravement ses bêtes de l'aiguillon, avec une pose de statue à faire tomber Ingres en extase.

Le bouvier aperçut Octavien et parut surpris, mais il continua sa route; une fois il retourna la tête, ne trouvant pas sans doute d'explication à l'aspect de ce personnage étrange pour lui, mais laissant, dans sa placide stupidité rustique, le mot de l'énigme à de plus habiles.

Des paysans campaniens parurent aussi, poussant devant eux des ânes chargés d'outres de vin, et faisant tinter des sonnettes d'airain; leur physionomie différait de celle des paysans d'aujourd'hui comme une médaille diffère d'un sou.

La ville se peuplait graduellement comme un de ces tableaux de diorama, d'abord déserts, et qu'un changement d'éclairage anime de personnages invisibles jusque-là.

Les sentiments qu'éprouvait Octavien avaient changé de nature. Tout à l'heure, dans l'ombre trompeuse de la nuit, il était en proie à ce malaise dont les plus braves ne se défendent pas, au milieu de circonstances inquiétantes et fantastiques que la raison ne peut expliquer. Sa vague terreur s'était changée en stupéfaction profonde; il ne pouvait douter, à la netteté de leurs perceptions, du témoignage de ses sens, et cependant ce qu'il voyait était parfaitement incroyable. — Mal convaincu encore, il cherchait par la constatation de petits détails réels à se prouver qu'il n'était pas le jouet d'une hallucination. — Ce n'étaient pas des fantômes qui défilaient sous ses yeux, car la vive lumière du soleil les illuminait avec une réalité irrécusable, et leurs ombres allongées par le matin se projetaient sur les trottoirs et les murailles. — Ne comprenant rien à ce qui lui arrivait, Octavien, ravi au fond de voir un de ses rêves les plus chers accompli, ne résista plus à son aventure, il se laissa faire à toutes ces merveilles, sans prétendre s'en rendre compte; il se dit que puisque en vertu d'un pouvoir mystérieux il lui était donné de vivre quelques heures dans un siècle disparu, il ne perdrait pas son temps à chercher la solution d'un problème incompréhensible, et il continua bravement sa route, en regardant à droite et à gauche ce spectacle si vieux et si nouveau pour lui. Mais à quelle époque de la vie de Pompeï était-il transporté? Une inscription d'édilité, gravée sur une muraille, lui apprit, par le nom des personnages publics, qu'on était au commencement du règne de Titus, — soit en l'an 79 de notre ère. — Une idée subite traversa l'âme d'Octavien; la femme dont il avait admiré l'empreinte au musée de Naples devait être vivante, puisque l'éruption du Vésuve dans laquelle elle avait péri eut lieu le 24 août de cette même année; il pouvait donc la retrouver, la voir, lui parler... Le désir fou qu'il avait ressenti à l'aspect de cette cendre moulée sur des contours divins allait peut-être se satisfaire, car rien ne devait être impossible à un amour qui avait eu la force de faire reculer le temps, et passer deux fois la même heure dans le sablier de l'éternité.

Pendant qu'Octavien se livrait à ces réflexions, de belles jeunes filles se rendaient aux fontaines, soutenant du bout de leurs doigts blancs des urnes en équilibre sur leur tête; des patriciens en toges blanches bordées de bandes de pourpre, suivis de leur cortége de clients, se dirigeaient vers le forum. Les acheteurs se pressaient autour des boutiques, toutes désignées par des enseignes sculptées et peintes, et rappelant par leur petitesse et leur forme les boutiques moresques d'Alger; au-dessus de la plupart de ces échoppes, un glorieux phallus de terre cuite colorié et l'inscription *hic habitat felicitas*, témoignaient de précautions superstitieuses contre le mauvais œil; Octavien remarqua même une boutique d'amulettes dont l'étalage était chargé de cornes, de branches de corail bifurquées, et de petits Priapes en or, comme on en trouve encore à Naples aujourd'hui, pour se préserver de la jettature, et il se dit qu'une superstition durait plus qu'une religion.

En suivant le trottoir qui borde chaque rue de Pompeï, et enlève ainsi aux Anglais la confortabilité de cette invention, Octavien se trouva face à face avec un beau jeune homme, de son âge à peu près, vêtu d'une tunique couleur de safran, et drapé d'un manteau de fine laine blanche, souple comme du cachemire. La vue d'Octavien, coiffé de l'affreux chapeau moderne, sanglé dans une mesquine redingote noire, les jambes emprisonnées dans un pantalon, les pieds pincés par des bottes luisantes, parut surprendre le jeune Pompeïen, comme nous étonnerait, sur le boulevard de Gand, un Ioway ou un Botocudo avec ses plumes, ses colliers de griffes d'ours et ses tatouages baroques. Cependant, comme c'était un jeune homme bien élevé, il n'éclata pas de rire au nez d'Octavien, et prenant en pitié ce pauvre barbare égaré dans cette ville græco-romaine, il lui dit d'une voix accentuée et douce :

— *Advena, salve.*

Rien n'était plus naturel qu'un habitant de Pompeï, sous le règne du divin empereur Titus, très-puissant et très-auguste, s'exprimât en latin, et pourtant Octavien tressaillit en entendant cette langue morte dans une bouche vivante. C'est alors qu'il se félicita d'avoir été fort en thème, et remporté des prix au concours général. Le latin enseigné par l'Université lui servit en cette occasion unique, et rappelant en lui ses souvenirs de classe, il répondit au salut du Pompéien en style de *De viris illustribus* et de *Selectœ è profanis*, d'une façon suffisamment intelligible, mais avec un accent parisien qui fit sourire le jeune homme.

« Il te sera peut-être plus facile de parler grec, dit le Pompéien ; je sais aussi cette langue, car j'ai fait mes études à Athènes.

— Je sais encore moins de grec que de latin, répondit Octavien : je suis du pays des Gaulois, de Paris, de Lutèce.

— Je connais ce pays. Mon aïeul a fait la guerre dans les Gaules sous le grand Jules César. Mais quel étrange costume portes-tu ? Les Gaulois que j'ai vus à Rome n'étaient pas habillés ainsi. »

Octavien entreprit de faire comprendre au jeune Pompéien que vingt siècles s'étaient écoulés depuis la conquête de la Gaule par Jules César, et que la mode avait pu changer ; mais il y perdit son latin, et à vrai dire ce n'était pas grand'chose.

« Je me nomme Rufus Holconius, et ma maison est la tienne, dit le jeune homme ; à moins que tu ne préfères la liberté de la taverne : on est bien à l'auberge d'Albinus, près de la porte du faubourg d'Augustus Felix, et à l'hôtellerie de Sarinus, fils de Publius, près de la deuxième tour ; mais si tu veux, je te servirai de guide dans cette ville inconnue pour toi ; — tu me plais, jeune barbare, quoique tu aies essayé de te jouer de ma crédulité en prétendant que l'empereur Titus, qui règne aujourd'hui, était mort depuis deux mille ans, et que le Nazaréen, dont les infâmes sectateurs, enduits de poix, ont éclairé les jardins de Néron, trône seul en maître dans le ciel désert, d'où les grands dieux sont tombés. — Par Pollux! ajouta-t-il en jetant les yeux sur une inscription rouge tracée à l'angle d'une rue, tu arrives à propos, l'on donne *la Casina de Plaute*, récemment remise au théâtre; c'est une curieuse et bouffonne comédie qui t'amusera, n'en comprendrais-tu que la pantomime. Suis-moi, c'est bientôt l'heure; je te ferai placer au banc des hôtes et des étrangers. »

Et Rufus Holconius se dirigea du côté du petit théâtre comique que les trois amis avaient visité dans la journée.

Le Français et le citoyen de Pompeï prirent les rues de la Fontaine d'Abondance, des Théâtres, longèrent le collége et le temple d'Isis, l'atelier du statuaire, et entrèrent dans l'Odéon ou théâtre comique par un vomitoire latéral. Grâce à la recommandation d'Holconius, Octavien fut placé près du proscenium, un endroit qui répondrait à nos baignoires d'avant-scène. Tous les regards se tournèrent aussitôt vers lui avec une curiosité bienveillante et un léger susurrement courut dans l'amphithéâtre.

La pièce n'était pas encore commencée; Octavien

en profita pour regarder la salle. Les gradins demi circulaires, terminés de chaque côté par une magnifique patte de lion sculptée en lave du Vésuve, partaient en s'élargissant d'un espace vide correspondant à notre parterre, mais beaucoup plus restreint, et pavé d'une mosaïque de marbres grecs ; un gradin plus large formait, de distance en distance, une zone distinctive, et quatre escaliers correspondant aux vomitoires et montant de la base au sommet de l'amphithéâtre, le divisaient en cinq coins plus larges du haut que du bas. Les spectateurs, munis de leurs billets, consistant en petites lames d'ivoire où étaient désignés, par leurs numéros d'ordre, la travée, le coin et le gradin, avec le titre de la pièce représentée et le nom de son auteur, arrivaient aisément à leurs places. Les magistrats, les nobles, les hommes mariés, les jeunes gens, les soldats, dont on voyait luire les casques de bronze, occupaient des rangs séparés.

— C'était un spectacle admirable que ces belles toges et ces larges manteaux blancs bien drapés, s'étalant sur les premiers gradins et contrastant avec les parures variées des femmes, placées au-dessus, et les capes grises des gens du peuple, relégués aux bancs supérieurs, près des colonnes qui supportent le toit, et qui laissaient apercevoir, par leurs interstices, un ciel d'un bleu intense comme le champ d'azur d'une panathénée ; — une fine pluie d'eau, aromatisée de safran, tombait des frises en gouttelettes imperceptibles, et parfumait l'air qu'elle rafraîchissait. Octavien pensa aux émanations fétides qui vicient l'atmosphère de nos théâtres, si incommodes qu'on peut les considérer comme des lieux de torture, et il trouva que la civilisation n'avait pas beaucoup marché.

Le rideau, soutenu par une poutre transversale, s'abîma dans les profondeurs de l'orchestre, les musiciens s'intallèrent dans leur tribune, et le Prologue parut vêtu grotesquement et la tête coiffée d'un masque difforme, adapté comme un casque.

Le Prologue, après avoir salué l'assistance et demandé les applaudissements, commença une argumentation bouffonne. « Les vieilles pièces, disait-il, étaient comme le vin qui gagne avec les années, et *la Casina*, chère aux vieillards, ne devait pas moins l'être aux jeunes gens; tous pouvaient y prendre plaisir : les uns parce qu'ils la connaissaient, les autres parce qu'ils ne la connaissaient pas. La pièce avait été, du reste, remise avec soin, et il fallait l'écouter l'âme libre de tout souci, sans penser à ses dettes, ni à ses créanciers, car on n'arrête pas au théâtre; c'était un jour heureux, il faisait beau, et les alcyons planaient sur le forum. » Puis il fit une analyse de la comédie que les acteurs allaient représenter, avec un détail qui prouve que la surprise entrait pour peu de chose dans le plaisir que les anciens prenaient au théâtre; il raconta comment le vieillard Stalino, amoureux de sa belle esclave Casina, veut la marier à son fermier Olympio, époux complaisant qu'il remplacera dans la nuit des noces; et comment Lycostrata, la femme de Stalino, pour contrecarrer la luxure de son vicieux mari, veut unir

Casina à l'écuyer Chalinus, dans l'idée de favoriser les amours de son fils ; enfin la manière dont Stalino, mystifié, prend un jeune esclave déguisé pour Casina, qui, reconnue libre et de naissance ingénue, épouse le jeune maître, qu'elle aime et dont elle est aimée.

Le jeune Français regardait distraitement les acteurs, avec leurs masques aux bouches de bronze, s'évertuer sur la scène ; les esclaves couraient çà et là pour simuler l'empressement ; le vieillard hochait la tête et tendait ses mains tremblantes ; la matrone, le verbe haut, l'air revêche et dédaigneux, se carrait dans son importance et querellait son mari, au grand amusement de la salle. — Tous ces personnages entraient et sortaient par trois portes pratiquées dans le mur de fond et communiquant au foyer des acteurs. — La maison de Stalino occupait un coin du théâtre, et celle de son vieil ami Alcésimus lui faisait face. Ces décorations, quoique très-bien peintes, étaient plutôt représentatives de l'idée d'un lieu que du lieu lui-même, comme les coulisses vagues du théâtre classique.

Quand la pompe nuptiale conduisant la fausse Casina fit son entrée sur la scène, un immense éclat de rire, comme celui qu'Homère attribue aux dieux, circula sur tous les bancs de l'amphithéâtre, et des tonnerres d'applaudissements firent vibrer les échos de l'enceinte ; mais Octavien n'écoutait plus et ne regardait plus.

Dans la travée des femmes, il venait d'apercevoir

une créature d'une beauté merveilleuse. A dater de ce moment, les charmants visages qui avaient attiré son œil s'éclipsèrent comme les étoiles devant Phœbé ; tout s'évanouit, tout disparut comme dans un songe ; un brouillard estompa les gradins fourmillants de monde, et la voix criarde des acteurs semblait se perdre dans un éloignement infini.

Il avait reçu au cœur comme une commotion électrique, et il lui semblait qu'il jaillissait des étincelles de sa poitrine lorsque le regard de cette femme se tournait vers lui.

Elle était brune et pâle ; ses cheveux ondés et crespelés, noirs comme ceux de la Nuit, se relevaient légèrement vers les tempes à la mode grecque, et dans son visage d'un ton mat brillaient des yeux sombres et doux, chargés d'une indéfinissable expression de tristesse voluptueuse et d'ennui passionné ; sa bouche, dédaigneusement arquée à ses coins, protestait par l'ardeur vivace de sa pourpre enflammée contre la blancheur tranquille du masque ; son col présentait ces belles lignes pures qu'on ne retrouve à présent que dans les statues. Ses bras étaient nus jusqu'à l'épaule, et de la pointe de ses seins orgueilleux, soulevant sa tunique d'un rose mauve, partaient deux plis qu'on aurait pu croire fouillés dans le marbre par Phidias ou Cléomène.

La vue de cette gorge d'un contour si correct, d'une coupe si pure, troubla magnétiquement Octavien ; il lui sembla que ces rondeurs s'adaptaient parfaitement à l'empreinte en creux du musée de

Naples, qui l'avait jeté dans une si ardente rêverie, et une voix lui cria au fond du cœur que cette femme était bien la femme étouffée par la cendre du Vésuve à la villa d'Arrius Diomèdes. Par quel prodige la voyait-il vivante, assistant à la représentation de la Casina de Plaute? Il ne chercha pas à se l'expliquer; d'ailleurs, comment était-il là lui-même? Il accepta sa présence comme dans le rêve on admet l'intervention de personnes mortes depuis longtemps et qui agissent pourtant avec les apparences de la vie; d'ailleurs son émotion ne lui permettait aucun raisonnement. Pour lui, la roue du temps était sortie de son ornière, et son désir vainqueur choisissait sa place parmi les siècles écoulés! Il se trouvait face à face avec sa chimère, une des plus insaisissables, une chimère rétrospective. Sa vie se remplissait d'un seul coup.

En regardant cette tête si calme et si passionnée, si froide et si ardente, si morte et si vivace, il comprit qu'il avait devant lui son premier et son dernier amour, sa coupe d'ivresse suprême; il sentit s'évanouir comme des ombres légères les souvenirs de toutes les femmes qu'il avait cru aimer, et son âme redevenir vierge de toute émotion antérieure. Le passé disparut.

Cependant la belle Pompéïenne, le menton appuyé sur la paume de la main, lançait sur Octavien, tout en ayant l'air de s'occuper de la scène, le regard velouté de ses yeux nocturnes, et ce regard lui arrivait lourd et brûlant comme un jet de plomb fondu. Puis elle se pencha vers l'oreille d'une fille assise à son côté.

La représentation s'acheva ; la foule s'écoula par les vomitoires. Octavien, dédaignant les bons offices de son guide Holconius, s'élança par la première sortie qui s'offrit à ses pas. A peine eut-il atteint la porte, qu'une main se posa sur son bras, et qu'une voix féminine lui dit d'un ton bas, mais de manière à ce qu'il ne perdît pas un mot :

« Je suis Tyché Novoleja, commise aux plaisirs d'Arria Marcella, fille d'Arrius Diomèdes. Ma maîtresse vous aime, suivez-moi. »

Arria Marcella venait de monter dans sa litière portée par quatre forts esclaves syriens nus jusqu'à la ceinture, et faisant miroiter au soleil leurs torses de bronze. Le rideau de la litière s'entr'ouvrit, et une main pâle, étoilée de bagues, fit un signe amical à Octavien, comme pour confirmer les paroles de la suivante. Le pli de pourpre retomba, et la litière s'éloigna au pas cadencé des esclaves.

Tyché fit passer Octavien par des chemins détournés, coupant les rues en posant légèrement le pied sur les pierres espacées qui relient les trottoirs et entre lesquelles roulent les roues des chars, et se dirigeant à travers le dédale avec la précision que donne la familiarité d'une ville. Octavien remarqua qu'il franchissait des quartiers de Pompéï que les fouilles n'ont pas découverts, et qui lui étaient en conséquence complétement inconnus. Cette circonstance étrange parmi tant d'autres ne l'étonna pas.

Il était décidé à ne s'étonner de rien. Dans toute cette fantasmagorie archaïque, qui eût fait devenir un antiquaire fou de bonheur, il ne voyait plus que l'œil noir et profond d'Arria Marcella et cette gorge superbe victorieuse des siècles, et que la destruction même a voulu conserver.

Ils arrivèrent à une porte dérobée, qui s'ouvrit et se ferma aussitôt, et Octavien se trouva dans une cour entourée de colonnes de marbre grec d'ordre ionique peintes jusqu'à moitié de leur hauteur, d'un jaune vif, et le chapiteau relevé d'ornements rouges et bleus; une guirlande d'aristoloche suspendait ses larges feuilles vertes en forme de cœur aux saillies de l'architecture comme une arabesque naturelle, et près d'un bassin encadré de plantes, un flammant rose se tenait debout sur une patte, fleur de plume parmi les fleurs végétales.

Des panneaux de fresque représentant des architectures capricieuses ou des paysages de fantaisie décoraient les murailles. Octavien vit tous ces détails d'un coup d'œil rapide, car Tyché le remit aux mains des esclaves baigneurs qui firent subir à son impatience toutes les recherches des thermes antiques. Après avoir passé par les différents degrés de chaleur vaporisée, supporté le râcloir du strigillaire, senti ruisseler sur lui les cosmétiques et les huiles parfumées, il fut revêtu d'une tunique blanche, et retrouva à l'autre porte Tyché, qui lui prit la main et le conduisit dans une autre salle extrêmement ornée.

Sur le plafond étaient peints, avec une pureté de dessin, un éclat de coloris et une liberté de touche qui sentaient le grand maître et non plus le simple décorateur à l'adresse vulgaire, Mars, Vénus et l'Amour ; une frise composée de cerfs, de lièvres et d'oiseaux se jouant parmi les feuillages régnait au-dessus d'un revêtement de marbre cipolin ; la mosaïque du pavé, travail merveilleux dû peut-être à Sosimus de Pergame, représentait des reliefs de festin exécutés avec un art qui faisait illusion.

Au fond de la salle, sur un biclinium ou lit à deux places, était accoudée Arria Marcella dans une pose voluptueuse et sereine qui rappelait la femme couchée de Phidias sur le fronton du Parthénon ; ses chaussures, brodées de perles, gisaient au bas du lit, et son beau pied nu, plus pur et plus blanc que le marbre, s'allongeait au bout d'une légère couverture de byssus jetée sur elle.

Deux boucles d'oreilles faites en forme de balance et portant des perles sur chaque plateau tremblaient dans la lumière au long de ses joues pâles ; un collier de boules d'or, soutenant des grains allongés en poire, circulait sur sa poitrine laissée à demi découverte par le pli négligé d'un peplum de couleur paille bordé d'une grecque noire ; une bandelette noir et or passait et luisait par place dans ses cheveux d'ébène, car elle avait changé de costume en revenant du théâtre ; et autour de son bras, comme l'aspic autour du bras de Cléopâtre, un serpent d'or, aux yeux de pierreries, s'enroulait à plusieurs reprises et cherchait à se mordre la queue.

Une petite table à pieds de griffons, incrustée de nacre, d'argent et d'ivoire, était dressée près du lit à deux places, chargée de différents mets servis dans des plats d'argent et d'or ou de terre émaillée de peintures précieuses. On y voyait un oiseau du Phase couché dans ses plumes, et divers fruits que leurs saisons empêchent de se rencontrer ensemble.

Tout paraissait indiquer qu'on attendait un hôte ; des fleurs fraîches jonchaient le sol, et les amphores de vin étaient plongées dans des urnes pleines de neige.

Arria Marcella fit signe à Octavien de s'étendre à côté d'elle sur le biclinium et de prendre part au repas ; — le jeune homme, à demi-fou de surprise et d'amour, prit au hasard quelques bouchées sur les plats que lui tendaient de petits esclaves asiatiques aux cheveux frisés, à la courte tunique. Arria ne mangeait pas, mais elle portait souvent à ses lèvres un vase myrrhin aux teintes opalines rempli d'un vin d'une pourpre sombre comme du sang figé ; à mesure qu'elle buvait, une imperceptible vapeur rose montait à ses joues pâles, de son cœur qui n'avait pas battu depuis tant d'années ; cependant son bras nu, qu'Octavien effleura en soulevant sa coupe, était froid comme la peau d'un serpent ou le marbre d'une tombe.

« Oh ! lorsque tu t'es arrêté aux Studij à contempler le morceau de boue durcie qui conserve ma forme, dit Arria Marcella en tournant son long regard humide vers Octavien, et que ta pensée s'est élancée ardemment vers moi, mon âme l'a senti dans ce monde où je flotte invisible pour les yeux grossiers ; la croyance fait le dieu, et l'amour fait la femme. On n'est véritablement morte que quand on n'est plus aimée ; ton désir m'a rendu la vie, la puissante évocation de ton cœur a supprimé les distances qui nous séparaient. »

L'idée d'évocation amoureuse qu'exprimait la jeune femme, rentrait dans les croyances philosophiques d'Octavien, croyances que nous ne sommes pas loin de partager.

En effet, rien ne meurt, tout existe toujours ; nulle force ne peut anéantir ce qui fut une fois. Toute action, toute parole, toute forme, toute pensée tombée dans l'océan universel des choses y produit des cercles qui vont s'élargissant jusqu'aux confins de l'éternité. La figuration matérielle ne disparaît que pour les regards vulgaires, et les spectres qui s'en détachent peuplent l'infini. Pâris continue d'enlever Hélène dans une région inconnue de l'espace. La galère de Cléopâtre gonfle ses voiles de soie sur l'azur d'un Cydnus idéal. Quelques esprits passionnés et puissants ont pu amener à eux des siècles écoulés en apparence, et faire revivre des personnages morts pour tous. Faust a eu pour maîtresse la fille de Tyndare, et l'a conduite à son château gothique, du fond des abîmes mystérieux de l'Hadès. Octavien venait de vivre un jour sous le règne de Titus et de se faire aimer d'Arria Marcella, fille d'Arrius Diomèdes, couchée en ce moment près de lui sur un lit antique dans une ville détruite pour tout le monde.

« A mon dégoût des autres femmes, répondit Octavien, à la rêverie invincible qui m'entraînait vers ses types radieux au fond des siècles comme des étoiles provocatrices, je comprenais que je n'aimerais jamais que hors du temps et de l'espace. C'était toi que j'attendais, et ce frêle vestige conservé par la curiosité des hommes m'a par son secret magnétisme mis en rapport avec ton âme. Je ne sais si tu es un rêve ou une réalité, un fantôme ou une femme, si comme Ixion je serre un nuage sur ma poitrine abusée, si je suis le jouet d'un vil prestige de sorcellerie, mais ce que je sais bien, c'est que tu seras mon premier et mon dernier amour.

— Qu'Éros, fils d'Aphrodite, entende ta promesse, dit Arria Marcella en inclinant sa tête sur l'épaule de son amant qui la souleva avec une étreinte passionnée. Oh! serre-moi sur ta jeune poitrine, enveloppe-moi de ta tiède haleine, j'ai froid d'être restée si longtemps sans amour. » Et contre son cœur Octavien sentait s'élever et s'abaisser ce beau sein, dont le matin même il admirait le moule à travers la vitre d'une armoire de musée ; la fraîcheur de cette belle chair le pénétrait à travers sa tunique et le faisait brûler. La bandelette or et noir s'était détachée de la tête d'Arria passionnément renversée, et ses cheveux se répandaient comme un fleuve noir sur l'oreiller bleu.

Les esclaves avaient emporté la table. On n'entendit plus qu'un bruit confus de baisers et de soupirs. Les cailles familières, insouciantes de cette scène amoureuse, picoraient, sur le pavé mosaïque les miettes du festin en poussant de petits cris.

Tout à coup les anneaux d'airain de la portière qui fermait la chambre glissèrent sur leur tringle, et un vieillard d'aspect sévère et drapé dans un ample manteau brun parut sur le seuil. Sa barbe grise était séparée en deux pointes comme celle des Nazaréens, son visage semblait sillonné par la fatigue des macérations : une petite croix de bois noir pendait à son col et ne laissait aucun doute sur sa croyance : il appartenait à la secte, toute récente alors, des disciples du Christ.

A son aspect, Arria Marcella, éperdue de confusion, cacha sa figure sous un pli de son manteau, comme un oiseau qui met la tête sous son aile en face d'un ennemi qu'il ne peut éviter, pour s'épargner au moins l'horreur de le voir ; tandis qu'Octavien, appuyé sur son coude, regardait avec fixité le personnage fâcheux qui entrait ainsi brusquement dans son bonheur.

« Arria, Arria, dit le personnage austère d'un ton de reproche, le temps de ta vie n'a-t-il pas suffi à tes déportements, et faut-il que tes infâmes amours empiètent sur les siècles qui ne t'appartiennent pas? Ne peux-tu laisser les vivants dans leur sphère, ta cendre n'est donc pas encore refroidie depuis le jour où tu mourus sans repentir sous la pluie de feu du volcan? Deux mille ans de mort ne t'ont donc pas calmée, et tes bras voraces attirent sur ta poitrine de marbre, vide de cœur, les pauvres insensés enivrés par tes philtres.

— Arrius, grâce, mon père, ne m'accablez pas, au nom de cette religion morose qui ne fut jamais la mienne ; moi, je crois à nos anciens dieux qui aimaient la vie, la jeunesse, la beauté, le plaisir ; ne me replongez pas dans le pâle néant. Laissez-moi jouir de cette existence que l'amour m'a rendue.

— Tais-toi, impie, ne me parle pas de tes dieux qui sont des démons. Laisse aller cet homme enchaîné par tes impures séductions ; ne l'attire plus hors du cercle de sa vie que Dieu a mesurée ; retourne dans les limbes du paganisme avec tes amants asiatiques, romains ou grecs. Jeune chrétien, abandonne cette larve qui te semblerait plus hideuse qu'Empouse et Phorkyas, si tu la pouvais voir telle qu'elle est. »

Octavien, pâle, glacé d'horreur, voulut parler ; mais sa voix resta attachée à son gosier, selon l'expression virgilienne.

« M'obéiras-tu, Arria ? s'écria impérieusement le grand vieillard.

— Non, jamais, » répondit Arria, les yeux étincelants, les narines dilatées, les lèvres frémissantes, en entourant le corps d'Octavien de ses beaux bras de statue, froids, durs et rigides comme le marbre. Sa beauté furieuse, exaspérée par la lutte, rayonnait avec un éclat surnaturel à ce moment suprême, comme pour laisser à son jeune amant un inéluctable souvenir.

« Allons, malheureuse, reprit le vieillard, il faut employer les grands moyens, et rendre ton néant palpable et visible à cet enfant fasciné, » et il prononça d'une voix pleine de commandement une formule d'exorcisme qui fit tomber des joues d'Arria les teintes pourprées que le vin noir du vase myrrhin y avait fait monter.

En ce moment, la cloche lointaine d'un des villages qui bordent la mer ou des hameaux perdus dans les plis de la montagne fit entendre les premières volées de la Salutation angélique.

A ce son, un soupir d'agonie sortit de la poitrine brisée de la jeune femme. Octavien sentit se desserrer les bras qui l'entouraient; les draperies qui la couvraient se replièrent sur elles-mêmes, comme si les contours qui les soutenaient se fussent affaissés, et le malheureux promeneur nocturne ne vit plus à côté de lui, sur le lit du festin, qu'une pincée de cendres mêlée de quelques ossements calcinés parmi lesquels brillaient des bracelets et des bijoux d'or, et que des restes informes, tels qu'on les dut découvrir en déblayant la maison d'Arrius Diomèdes.

Il poussa un cri terrible et perdit connaissance.

Le vieillard avait disparu. Le soleil se levait, et la salle ornée tout à l'heure avec tant d'éclat n'était plus qu'une ruine démantelée.

Après avoir dormi d'un sommeil appesanti par les libations de la veille, Max et Fabio se réveillèrent en sursaut, et leur premier soin fut d'appeler leur compagnon, dont la chambre était voisine de la leur, par un de ces cris de ralliement burlesques dont on convient quelquefois en voyage; Octavien ne répondit pas, pour de bonnes raisons. Fabio et Max, ne recevant pas de réponse, entrèrent dans la chambre de leur ami, et virent que le lit n'avait pas été défait.

« Il se sera endormi sur quelque chaise, dit Fabio, sans pouvoir gagner sa couchette; car il n'a pas la tête forte, ce cher Octavien; et il sera sorti de bonne heure pour dissiper les fumées du vin à la fraîcheur matinale.

— Pourtant il n'avait guère bu, ajouta Max par manière de réflexion. Tout ceci me semble assez étrange. Allons à sa recherche. »

Les deux amis, aidés du cicerone, parcoururent toutes les rues, carrefours, places et ruelles de Pompéi, entrèrent dans toutes les maisons curieuses où ils supposèrent qu'Octavien pouvait être occupé à copier une peinture ou à relever une inscription, et finirent par le trouver évanoui sur la mosaïque disjointe d'une petite chambre à demi écroulée. Ils eurent beaucoup de peine à le faire revenir à lui, et quand il eut repris connaissance, il ne donna pas d'autre explication, sinon qu'il avait eu la fantaisie de voir Pompéi au clair de la lune, et qu'il avait été pris d'une syncope qui, sans doute, n'aurait pas de suite.

La petite bande retourna à Naples par le chemin de fer, comme elle était venue, et le soir, dans leur loge, à San Carlo, Max et Fabio regardaient à grand renfort de jumelles sautiller dans un ballet, sur les traces d'Amalia Ferraris, la danseuse alors en vogue, un essaim de nymphes culottées, sous leurs jupes de gaze, d'un affreux caleçon vert monstre qui les faisait ressembler à des grenouilles piquées de la tarentule. Octavien, pâle, les yeux troubles, le maintien accablé, ne paraissait pas se douter de ce qui se passait sur la scène, tant, après les merveilleuses aventures de la nuit, il avait peine à reprendre le sentiment de la vie réelle.

A dater de cette visite à Pompeï, Octavien fut en proie à une mélancolie morne, que la bonne humeur et les plaisanteries de ses compagnons aggravaient plutôt qu'ils ne le soulageaient; l'image d'Arria Marcella le poursuivait toujours, et le triste dénoûment de sa bonne fortune fantastique n'en détruisait pas le charme.

N'y pouvant plus tenir, il retourna secrètement à Pompeï et se promena, comme la première fois, dans les ruines, au clair de lune, le cœur palpitant d'un espoir insensé, mais l'hallucination ne se renouvela pas; il ne vit que des lézards fuyant sur les pierres; il n'entendit que des piaulements d'oiseaux de nuit effrayés; il ne rencontra plus son ami Rufus Holconius; Tyché ne vint pas lui mettre sa main fluette sur le bras; Arria Marcella resta obstinément dans la poussière.

En désespoir de cause, Octavien s'est marié dernièrement à une jeune et charmante Anglaise, qui est folle de lui. Il est parfait pour sa femme; cependant Ellen, avec cet instinct du cœur que rien ne trompe, sent que son mari est amoureux d'une autre; mais de qui? C'est ce que l'espionnage le plus actif n'a pu lui apprendre. Octavien n'entretient pas de danseuse; dans le monde, il n'adresse aux femmes que des galanteries banales; il a même répondu très-froidement aux avances marquées d'une princesse russe, célèbre par sa beauté et sa coquetterie. Un tiroir secret, ouvert pendant l'absence de son mari, n'a fourni aucune preuve d'infidélité aux soupçons d'Ellen. Mais comment pourrait-elle s'aviser d'être jalouse de Marcella, fille d'Arrius Diomèdes, affranchi de Tibère?

LA MILLE ET DEUXIÈME NUIT

J'avais fait défendre ma porte ce jour-là ; ayant pris dès le matin la résolution formelle de ne rien faire, je ne voulais pas être dérangé dans cette importante occupation. Sûr de n'être inquiété par aucun fâcheux (ils ne sont pas tous dans la comédie de Molière), j'avais pris toutes mes mesures pour savourer à mon aise ma volupté favorite.

Un grand feu brillait dans ma cheminée, les rideaux fermés tamisaient un jour discret et nonchalant, une demi-douzaine de carreaux jonchaient le tapis, et, doucement étendu devant l'âtre à la distance d'un rôti à la broche, je faisais danser au bout de mon pied une large babouche marocaine d'un jaune oriental et d'une forme bizarre ; mon chat était couché sur ma manche, comme celui du prophète Mahomet, et je n'aurais pas changé ma position pour tout l'or du monde.

Mes regards distraits, déjà noyés par cette délicieuse somnolence qui suit la suspension volontaire de la pensée, erraient, sans trop les voir, de la charmante esquisse de *la Madeleine au désert* de Camille Roqueplan au sévère dessin à la plume d'Aligny et au grand paysage des quatre inséparables, Feuchères, Séchan, Diéterle et Despléchins, richesse et gloire de mon logis de poëte ; le sentiment de la vie réelle m'abandonnait peu à peu, et j'étais enfoncé bien avant sous les ondes insondables de cette *mer d'anéantissement* où tant de rêveurs orientaux ont laissé leur raison, déjà ébranlée par le hatschich et l'opium.

Le silence le plus profond régnait dans la chambre ; j'avais arrêté la pendule pour ne pas entendre le tic-tac du balancier, ce battement de pouls de l'éternité ; car je ne puis souffrir, lorsque je suis oisif, l'activité bête et fiévreuse de ce disque de cuivre jaune qui va d'un coin à l'autre de sa cage et marche toujours sans faire un pas.

Tout à coup, et kling et klang, un coup de sonnette vif, nerveux, insupportablement argentin, éclate et tombe dans ma tranquillité comme une goutte de plomb fondu qui s'enfoncerait en grésillant dans un lac endormi ; sans penser à mon chat, pelotonné en boule sur ma manche, je me redressai en tressaillant et sautai sur mes pieds comme lancé par un ressort, envoyant à tous les diables l'imbécile concierge qui avait laissé passer quelqu'un malgré la consigne formelle ; puis je me rassis. A peine remis de la secousse nerveuse, j'assurai les coussins sous mes bras et j'attendis l'événement de pied ferme.

La porte du salon s'entr'ouvrit et je vis paraître d'abord la tête laineuse d'Adolfo-Francesco Pergialla, espèce de brigand abyssin au service duquel j'étais alors, sous prétexte d'avoir un domestique nègre. Ses yeux blancs étincelaient, son nez épaté se dilatait prodigieusement, ses grosses lèvres, épanouies en un large sourire qu'il s'efforçait de rendre malicieux, laissaient voir ses dents de chien de Terre-Neuve, il crevait d'envie de parler dans sa peau noire, et faisait toutes les contorsions possibles pour attirer mon attention.

« Eh bien ! Francesco, qu'y a-t-il ? Quand vous tourneriez pendant une heure vos yeux d'émail comme ce nègre de bronze qui avait une horloge dans le ventre, en serais-je plus instruit ? Voilà assez de pantomime, tâchez de me dire, dans un idiome quelconque, ce dont il s'agit, et quelle est la personne qui vient me relancer jusqu'au fond de ma paresse. »

Il faut vous dire qu'Adolfo-Francesco Pergialla-Abdallah-Ben-Mohammed, Abyssin de naissance, autrefois mahométan, chrétien pour le quart d'heure, savait toutes les langues et n'en parlait aucune intelligiblement ; il commençait en français, continuait en italien, et finissait en turc ou en arabe, surtout dans les conversations embarrassantes pour lui, lorsqu'il s'agissait de bouteilles de vin de Bordeaux, de liqueurs des îles ou de friandises disparues prématurément. Par bonheur, j'ai des amis polyglottes : nous le chassions d'abord de l'Europe ; après avoir épuisé l'italien, l'espagnol et l'allemand, il se sauvait à Constantinople, dans le turc, où Alfred le pourchassait vivement : se voyant traqué, il sautait à Alger, où Eugène lui marchait sur les talons en le suivant à travers tous les dialectes de haut et bas arabe ; arrivé là, il se réfugiait dans le bambara, le galla et autres dialectes de l'intérieur de l'Afrique, où d'Abadie, Combes et Tamisier pouvaient seuls le forcer. Cette fois, il me répondit résolûment en un espagnol médiocre, mais fort clair :

« *Una mujer muy bonita con su hermana quien quiere hablar á usted.*

— Fais-les entrer si elles sont jeunes et jolies; autrement, dis que je suis en affaires. »

Le drôle, qui s'y connaissait, disparut quelques secondes et revint bientôt suivi de deux femmes enveloppées dans de grands bournous blancs, dont les capuchons étaient rabattus.

Je présentai le plus galamment du monde deux fauteuils à ces dames; mais, avisant les piles de carreaux, elles me firent un signe de la main qu'elles me remerciaient, et, se débarrassant de leurs bournous, elles s'assirent en croisant leurs jambes à la mode orientale.

Celle qui était assise en face de moi, sous le rayon du soleil qui pénétrait à travers l'interstice des rideaux, pouvait avoir vingt ans; l'autre, beaucoup moins jolie, paraissait un peu plus âgée; ne nous occupons que de la plus jolie.

Elle était richement habillée à la mode turque;

une veste de velours vert, surchargée d'ornements, serrait sa taille d'abeille; sa chemisette de gaze rayée, retenue au col par deux boutons de diamant, était échancrée de manière à laisser voir une poitrine blanche et bien formée; un mouchoir de satin blanc, étoilé et constellé de paillettes, lui servait de ceinture. Des pantalons larges et bouffants lui descendaient jusqu'aux genoux; des jambières à l'albanaise en velours brodé garnissaient ses jambes fines et délicates aux jolis pieds nus enfermés dans de petites pantoufles de maroquin gaufré, piqué, colorié et cousu de fils d'or; un caftan orange, broché de fleurs d'argent, un fez écarlate enjolivé d'une longue houppe de soie, complétaient cette parure assez bizarre pour rendre des visites à Paris en cette malheureuse année 1842.

Quant à sa figure, elle avait cette beauté régulière de la race turque : dans son teint, d'un blanc mat semblable à du marbre dépoli, s'épanouissaient mystérieusement, comme deux fleurs noires, ces beaux yeux orientaux si clairs et si profonds sous leurs longues paupières teintes de henné. Elle regardait d'un air inquiet et semblait embarrassée; par contenance, elle tenait un de ses pieds dans une de ses mains, et de l'autre jouait avec le bout d'une de ses tresses, toute chargée de sequins percés par le milieu, de rubans et de bouquets de perles.

L'autre, vêtue à peu près de même, mais moins richement, se tenait également dans le silence et l'immobilité. Me reportant par la pensée à l'apparition des bayadères à Paris, j'imaginai que c'était quelque almée du Caire, quelque connaissance égyptienne de mon ami Dauzats, qui, encouragée par l'accueil que j'avais fait à la belle Amany et à ses brunes compagnes, Sandiroun et Rangoun, venait implorer ma protection de feuilletoniste.

« Mesdames, que puis-je faire pour vous? » leur dis-je en portant mes mains à mes oreilles de manière à produire un salamalec assez satisfaisant.

La belle Turque leva les yeux au plafond, les ramena vers le tapis, regarda sa sœur d'un air profondément méditatif. Elle ne comprenait pas un mot de français.

« Holà, Francesco! maroufle, butor, belître, ici, singe manqué, sers-moi à quelque chose au moins une fois dans ta vie. »

Francesco s'approcha d'un air important et solennel.

« Puisque tu parles si mal français, tu dois parler fort bien arabe, et tu vas jouer le rôle de drogman entre ces dames et moi. Je t'élève à la dignité d'interprète; demande d'abord à ces deux belles étrangères qui elles sont, d'où elles viennent et ce qu'elles veulent. »

Sans reproduire les différentes grimaces dudit Francesco, je rapporterai la conversation comme si elle avait eu lieu en français.

« Monsieur, dit la belle Turque par l'organe du nègre, quoique vous soyez littérateur, vous devez avoir lu les *Mille et une Nuits*, contes arabes, traduits ou à peu près par ce bon M. Galland, et le nom de Scheherazade ne vous est pas inconnu?

— La belle Scheherazade, femme de cet ingénieux sultan Schahriar, qui, pour éviter d'être trompé, épousait une femme le soir et la faisait étrangler le matin? Je la connais parfaitement.

— Eh bien! je suis la sultane Scheherazade, et voilà ma bonne sœur Dinarzarde, qui n'a jamais manqué de me dire toutes les nuits : « Ma sœur, devant « qu'il fasse jour, contez-nous donc, si vous ne dor- « mez pas, un de ces beaux contes que vous savez. »

— Enchanté de vous voir, quoique la visite soit un peu fantastique; mais qui me procure cet insigne honneur de recevoir chez moi, pauvre poëte, la sultane Scheherazade et sa sœur Dinarzarde?

— A force de conter, je suis arrivée au bout de mon rouleau; j'ai dit tout ce que je savais. J'ai épuisé le monde de la féerie; les goules, les djinns, les magiciens et les magiciennes m'ont été d'un grand secours, mais tout s'use, même l'impossible; le très-glorieux sultan, ombre du padischa, lumière des lumières, lune et soleil de l'Empire du milieu, commence à bâiller terriblement et tourmente la poignée de son sabre; ce matin, j'ai raconté ma dernière histoire, et mon sublime seigneur a daigné ne pas me faire couper la tête encore; au moyen du tapis magique des quatre Facardins, je suis venue ici en toute hâte chercher un conte, une histoire, une nouvelle, car il faut que demain matin, à l'appel accoutumé de ma sœur Dinarzarde, je dise quelque chose au grand Schahriar, l'arbitre de mes destinées; cet imbécile de Galland a trompé l'univers en affirmant qu'après la mille et unième nuit le sultan, rassasié d'histoires, m'avait fait grâce; cela n'est pas vrai : il est plus affamé de contes que jamais, et sa curiosité seule peut faire contre-poids à sa cruauté.

—Votre sultan Schahriar, ma pauvre Scheherazade, ressemble terriblement à notre public; si nous cessons un jour de l'amuser, il ne nous coupe pas la tête, il nous oublie, ce qui n'est guère moins féroce. Votre sort me touche, mais qu'y puis-je faire?

— Vous devez avoir quelque feuilleton, quelque nouvelle en portefeuille, donnez-le-moi.

— Que demandez-vous, charmante sultane? je n'ai rien de fait, je ne travaille que par la plus extrême famine, car, ainsi que l'a dit Perse, *fames facit poetridas picas*. J'ai encore de quoi dîner trois jours; allez trouver Karr, si vous pouvez parvenir à lui à travers les essaims des guêpes qui bruissent et battent de l'aile autour de sa porte et contre ses vitres; il a le cœur plein de délicieux romans d'amour, qu'il vous dira entre une leçon de boxe et une fanfare de cor de chasse; attendez Jules Janin au détour de quelque colonne de feuilleton, et, tout en marchant, il vous improvisera une histoire comme jamais le sultan Schahriar n'en a entendu. »

La pauvre Scheherazade leva vers le plafond ses longues paupières teintes de henné avec un regard si doux, si lustré, si onctueux et si suppliant, que je me sentis attendri et que je pris une grande résolution.

« J'avais une espèce de sujet dont je voulais faire un feuilleton; je vais vous le dicter, vous le traduirez en arabe en y ajoutant les broderies, les fleurs et les perles de poésie qui lui manquent; le titre est déjà tout trouvé, nous appellerons notre conte *la Mille et deuxième Nuit*. »

Scheherazade prit un carré de papier et se mit à écrire de droite à gauche, à la mode orientale, avec une grande vélocité. Il n'y avait pas de temps à perdre : il fallait qu'elle fût le soir même dans la capitale du royaume de Samarcande.

Il y avait une fois dans la ville du Caire un jeune homme nommé Mahmoud-Ben-Ahmed, qui demeurait sur la place de l'Esbekick.

Son père et sa mère étaient morts depuis quelques années en lui laissant une fortune médiocre, mais suffisante pour qu'il pût vivre sans avoir recours au travail de ses mains : d'autres auraient essayé de charger un vaisseau de marchandises ou de joindre quelques chameaux chargés d'étoffes précieuses à la caravane qui va de Bagdad à la Mecque; mais Mahmoud-Ben-Ahmed préférait vivre tranquille, et ses plaisirs consistaient à fumer du tombeki dans son narguilhé, en prenant des sorbets et en mangeant des confitures sèches de Damas.

Quoiqu'il fût bien fait de sa personne, de visage régulier et de mine agréable, il ne cherchait pas les aventures, et avait répondu plusieurs fois aux personnes qui le pressaient de se marier et lui proposaient des partis riches et convenables, qu'il n'était pas encore temps et qu'il ne se sentait nullement d'humeur à prendre femme.

Mahmoud-Ben-Ahmed avait reçu une bonne éducation : il lisait couramment dans les livres les plus anciens, possédait une belle écriture, savait par cœur les versets du Coran, les remarques des commentateurs, et eût récité sans se tromper d'un vers les Moallakats des fameux poëtes affichés aux portes des mosquées; il était un peu poëte lui-même et composait volontiers des vers assonants et rimés, qu'il déclamait sur des airs de sa façon avec beaucoup de grâce et de charme.

A force de fumer son narguilhé et de rêver à la fraîcheur du soir sur les dalles de marbre de sa terrasse, la tête de Mahmoud-Ben-Ahmed s'était un peu exaltée : il avait formé le projet d'être l'amant d'une péri ou tout au moins d'une princesse du sang royal. Voilà le motif secret qui lui faisait recevoir avec tant d'indifférence les propositions de mariage et refuser les offres des marchands d'esclaves. La seule compagnie qu'il pût supporter était celle de son cousin Abdul-Malek, jeune homme doux et timide qui semblait partager la modestie de ses goûts.

Un jour, Mahmoud-Ben-Ahmed se rendait au bazar pour acheter quelques flacons d'atar-gull et autres drogueries de Constantinople, dont il avait besoin. Il rencontra, dans une rue fort étroite, une litière fermée par des rideaux de velours incarnadin, portée par deux mules blanches et précédée de zebeks et de chiaoux richement costumés. Il se rangea contre le mur pour laisser passer le cortége; mais il ne put le faire si précipitamment qu'il n'eût le temps de voir, par l'interstice des courtines, qu'une folle bouffée d'air souleva, une fort belle dame assise sur des coussins de brocart d'or. La dame, se fiant sur l'épaisseur des rideaux et se croyant à l'abri de tout regard téméraire, avait relevé son voile à cause de la chaleur. Ce ne fut qu'un éclair; cependant cela suffit pour faire tourner la tête du pauvre Mahmoud-Ben-Ahmed : la dame avait le teint d'une blancheur éblouissante, des sourcils que l'on eût pu croire tracés au pinceau, une bouche de grenade, qui en s'entr'ouvrant laissait voir une double file de perles d'Orient plus fines et plus limpides que celles qui forment les bracelets et le collier de la sultane favorite, un air agréable et fier, et dans toute sa personne je ne sais quoi de noble et de royal.

Mahmoud-Ben-Ahmed, comme ébloui de tant de perfections, resta longtemps immobile à la même place, et, oubliant qu'il était sorti pour faire des emplettes, il retourna chez lui les mains vides, emportant dans son cœur la radieuse vision.

Toute la nuit il ne songea qu'à la belle inconnue, et dès qu'il fut levé il se mit à composer en son honneur une longue pièce de poésie, où les comparaisons les plus fleuries et les plus galantes étaient prodiguées.

Ne sachant que faire, sa pièce achevée et transcrite sur une belle feuille de papyrus avec de belles majuscules en encre rouge et des fleurons dorés, il la mit dans sa manche et sortit pour montrer ce morceau à son ami Abdul, pour lequel il n'avait aucune pensée secrète.

En se rendant à la maison d'Abdul, il passa devant le bazar et entra dans la boutique du marchand de parfums pour prendre les flacons d'atar-gull. Il y trouva une belle dame enveloppée d'un long voile blanc qui ne laissait découvert que l'œil gauche. Mahmoud-Ben-Ahmed, sur ce seul œil gauche, reconnut incontinent la belle dame du palanquin. Son émotion fut si forte, qu'il fut obligé de s'adosser à la muraille.

La dame au voile blanc s'aperçut du trouble de Mahmoud-Ben-Ahmed, et lui demanda obligeamment ce qu'il avait et si, par hasard, il se trouvait incommodé.

Le marchand, la dame et Mahmoud-Ben-Ahmed passèrent dans l'arrière-boutique. Un petit nègre apporta sur un plateau un verre d'eau de neige, dont Mahmoud-Ben-Ahmed but quelques gorgées.

« Pourquoi donc ma vue vous a-t-elle causé une si vive impression? » dit la dame d'un ton de voix fort doux et où perçait un intérêt assez tendre.

Mahmoud-Ben-Ahmed lui raconta comment il l'avait vue près de la mosquée du sultan Hassan à l'instant où les rideaux de sa litière s'étaient un peu écartés, et que depuis cet instant il se mourait d'amour pour elle.

« Vraiment, dit la dame, votre passion est née si subitement que cela? je ne croyais pas que l'amour vînt si vite. Je suis effectivement la femme que vous avez rencontrée hier ; je me rendais au bain dans ma litière, et comme la chaleur était étouffante, j'avais relevé mon voile. Mais vous m'avez mal vue, et je ne suis pas si belle que vous le dites. »

En disant ces mots, elle écarta son voile et découvrit un visage radieux de beauté, et si parfait, que l'envie n'aurait pu y trouver le moindre défaut.

Vous pouvez juger quels furent les transports de Mahmoud-Ben-Ahmed à une telle faveur; il se répandit en compliments qui avaient le mérite, bien rare pour des compliments, d'être parfaitement sincères et de n'avoir rien d'exagéré. Comme il parlait avec beaucoup de feu et de véhémence, le papier sur lequel ses vers étaient transcrits s'échappa de sa manche et roula sur le plancher.

« Quel est ce papier? dit la dame ; l'écriture m'en paraît fort belle et annonce une main exercée.

— C'est, répondit le jeune homme en rougissant beaucoup, une pièce de vers que j'ai composée cette nuit, ne pouvant dormir. J'ai tâché d'y célébrer vos perfections ; mais la copie est bien loin de l'original, et mes vers n'ont point les brillants qu'il faut pour célébrer ceux de vos yeux. »

La jeune dame lut ces vers attentivement, et dit en les mettant dans sa ceinture :

« Quoiqu'ils contiennent beaucoup de flatteries, ils ne sont vraiment pas mal tournés. »

Puis elle ajusta son voile et sortit de la boutique en laissant tomber avec un accent qui pénétra le cœur de Mahmoud-Ben-Ahmed :

« Je viens quelquefois, au retour du bain, acheter des essences et des boîtes de parfumerie chez Bedredin. »

Le marchand félicita Mahmoud-Ben-Ahmed de sa bonne fortune, et, l'emmenant tout au fond de sa boutique, il lui dit bien bas à l'oreille :

« Cette jeune dame n'est autre que la princesse Ayesha, fille du calife. »

Mahmoud-Ben-Ahmed rentra chez lui tout étourdi de son bonheur et n'osant y croire. Cependant, quelque modeste qu'il fût, il ne pouvait se dissimuler que la princesse Ayesha ne l'eût regardé d'un œil favorable. Le hasard, ce grand entremetteur, avait été au delà de ses plus audacieuses espérances. Combien il se félicita alors de ne pas avoir cédé aux suggestions de ses amis qui l'engageaient à prendre femme, et aux portraits séduisants que lui faisaient les vieilles des jeunes filles à marier qui ont toujours, comme chacun le sait, des yeux de gazelle, une figure de pleine lune, des cheveux plus longs que la queue d'Al Borack, la jument du Prophète, une bouche de jaspe rouge, avec une haleine d'ambre gris, et mille autres perfections qui tombent avec le haick et le voile nuptial : comme il fut heureux de se sentir dégagé de tout lien vulgaire, et libre de s'abandonner tout entier à sa nouvelle passion!

Il eut beau s'agiter et se tourner sur son divan, il

ne put s'endormir ; l'image de la princesse Ayesha, étincelante comme un oiseau de flamme sur un fond de soleil couchant, passait et repassait devant ses yeux. Ne pouvant trouver de repos, il monta dans un de ses cabinets de bois de cèdre merveilleusement découpé que l'on applique, dans les villes d'Orient, aux murailles extérieures des maisons, afin d'y profiter de la fraîcheur et du courant d'air qu'une rue ne peut manquer de former ; le sommeil ne lui vint pas encore, car le sommeil est comme le bonheur, il fuit quand on le cherche ; et, pour calmer ses esprits par le spectacle d'une nuit sereine, il se rendit avec son narguilhé sur la plus haute terrasse de son habitation.

L'air frais de la nuit, la beauté du ciel plus pailleté d'or qu'une robe de péri et dans lequel la lune faisait voir ses joues d'argent, comme une sultane pâle d'amour qui se penche aux treillis de son kiosque, firent du bien à Mahmoud-Ben-Ahmed, car il était poëte, et ne pouvait rester insensible au magnifique spectacle qui s'offrait à sa vue.

De cette hauteur, la ville du Caire se déployait devant lui comme un de ces plans en relief où les giaours retracent leurs villes fortes. Les terrasses ornées de pots de plantes grasses, et bariolées de tapis ; les places où miroitait l'eau du Nil, car on était à l'époque de l'inondation ; les jardins d'où jaillissaient des groupes de palmiers, des touffes de caroubiers ou de nopals ; les îles de maisons coupées de rues étroites ; les coupoles d'étain des mosquées ;

les minarets frêles et découpés à jour comme un hochet d'ivoire; les angles obscurs ou lumineux des palais formaient un coup d'œil arrangé à souhait pour le plaisir des yeux. Tout au fond, les sables cendrés de la plaine confondaient leurs teintes avec les couleurs laiteuses du firmament, et les trois pyramides de Giseh, vaguement ébauchées par un rayon bleuâtre, dessinaient au bord de l'horizon leur gigantesque triangle de pierre.

Assis sur une pile de carreaux et le corps enveloppé par les circonvolutions élastiques du tuyau de son narguilhé, Mahmoud-Ben-Ahmed tâchait de démêler dans la transparente obscurité la forme lointaine du palais où dormait la belle Ayesha. Un silence profond régnait sur ce tableau qu'on aurait pu croire peint, car aucun souffle, aucun murmure n'y révélaient la présence d'un être vivant : le seul bruit appréciable était celui que faisait la fumée du narguilhé de Mahmoud-Ben-Ahmed en traversant la boule de cristal de roche remplie d'eau destinée à refroidir ses blanches bouffées. Tout d'un coup, un cri aigu éclata au milieu de ce calme, un cri de détresse suprême, comme doit en pousser, au bord de la source, l'antilope qui sent se poser sur son cou la griffe d'un lion, ou s'engloutir sa tête dans la gueule d'un crocodile. Mahmoud-Ben-Ahmed, effrayé par ce cri d'agonie et de désespoir, se leva d'un seul bond et posa instinctivement la main sur le pommeau de son yatagan dont il fit jouer la lame pour s'assurer qu'elle ne tenait pas au fourreau; puis il se pencha du côté d'où le bruit avait semblé partir.

Il démêla fort loin dans l'ombre un groupe étrange, mystérieux, composé d'une figure blanche poursuivie par une meute de figures noires, bizarres et monstrueuses, aux gestes frénétiques, aux allures désordonnées. L'ombre blanche semblait voltiger sur la cime des maisons, et l'intervalle qui la séparait de ses persécuteurs était si peu considérable, qu'il était à craindre qu'elle ne fût bientôt prise si sa course se prolongeait, et qu'aucun événement ne vînt à son secours. Mahmoud-Ben-Ahmed crut d'abord que c'était une péri ayant aux trousses un essaim de goules mâchant de la chair de mort dans leurs incisives démesurées, ou de djinns aux ailes flasques, membraneuses, armées d'ongles comme celles des chauves-souris, et, tirant de sa poche son comboloio de graines d'aloès jaspées, il se mit à réciter, comme préservatif, les quatre-vingt-dix-neuf noms d'Allah. Il n'était pas au vingtième, qu'il s'arrêta. Ce n'était pas une péri, un être surnaturel qui fuyait ainsi en sautant d'une terrasse à l'autre et en franchissant les rues de quatre ou cinq pieds de large qui coupent le bloc compacte des villes orientales, mais bien une femme; les djinns n'étaient que des zebecks, des chiaoux et des eunuques acharnés à sa poursuite.

Deux ou trois terrasses et une rue séparaient encore la fugitive de la plate-forme où se tenait Mahmoud-Ben-Ahmed, mais ses forces semblaient la trahir; elle retourna convulsivement la tête sur l'épaule, et, comme un cheval épuisé dont l'éperon ouvre le flanc, voyant si près d'elle le groupe hideux qui la poursuivait, elle mit la rue entre elle et ses ennemis d'un bond désespéré.

Elle frôla dans son élan Mahmoud--Ben--Ahmed qu'elle n'aperçut pas, car la lune s'était voilée, et courut à l'extrémité de la terrasse qui donnait de ce côté-là sur une seconde rue plus large que la première. Désespérant de la pouvoir sauter, elle eut l'air de chercher des yeux quelque coin où se blottir, et, avisant un grand vase de marbre, elle se cacha dedans comme le génie qui rentre dans la coupe d'un lis.

La troupe furibonde envahit la terrasse avec l'impétuosité d'un vol de démons. Leurs faces cuivrées ou noires à longues moustaches, ou hideusement imberbes, leurs yeux étincelants, leurs mains crispées agitant des damas et des kandjars, la fureur empreinte sur leurs physionomies basses et féroces, causèrent un mouvement d'effroi à Mahmoud-Ben-Ahmed, quoiqu'il fût brave de sa personne et habile au maniement des armes. Ils parcoururent de l'œil la terrasse vide, et n'y voyant pas la fugitive, ils pensèrent sans doute qu'elle avait franchi la seconde rue, et ils continuèrent leur poursuite sans faire autrement attention à Mahmoud-Ben-Ahmed.

Quand le cliquetis de leurs armes et le bruit de leurs babouches sur les dalles des terrasses se fut éteint dans l'éloignement, la fugitive commença à lever par-dessus les bords du vase sa jolie tête pâle, et promena autour d'elle des regards d'antilope effrayée, puis elle sortit ses épaules et se mit debout, charmant pistil de cette grande fleur de marbre; n'apercevant plus que Mahmoud-Ben-Ahmed qui lui souriait et lui faisait signe qu'elle n'avait rien à craindre, elle s'élança hors du vase et vint vers le jeune homme avec une attitude humble et des bras suppliants.

« Par grâce, par pitié, seigneur, sauvez-moi, cachez-moi dans le coin le plus obscur de votre maison, dérobez-moi à ces démons qui me poursuivent. »

Mahmoud-Ben-Ahmed la prit par la main, la conduisit à l'escalier de la terrasse dont il ferma la trappe avec soin, et la mena dans sa chambre. Quand il eut allumé la lampe, il vit que la fugitive était jeune, il l'avait déjà deviné au timbre argentin de sa voix, et fort jolie, ce qui ne l'étonna pas; car à la lueur des étoiles, il avait distingué sa taille élégante. Elle paraissait avoir quinze ans tout au plus. Son extrême pâleur faisait ressortir ses grands yeux noirs en amande, dont les coins se prolongeaient jusqu'aux tempes; son nez mince et délicat donnait beaucoup de noblesse à son profil, qui aurait pu faire envie aux plus belles filles de Chio ou de Chypre, et rivaliser avec la beauté de marbre des idoles adorées par les vieux païens grecs. Son cou était charmant et d'une blancheur parfaite; seulement, sur sa nuque, on voyait une légère raie de pourpre mince comme un cheveu ou comme le plus délié fil de soie, quelques petites gouttelettes de sang sortaient de cette ligne rouge. Ses vêtements étaient simples et se composaient d'une veste passementée de soie, de pantalons de mousseline et d'une ceinture bariolée ; sa poitrine se levait et s'abaissait sous sa tunique de gaze rayée, car elle était encore hors d'haleine et à peine remise de son effroi.

Lorsqu'elle fut un peu reposée et rassurée, elle s'agenouilla devant Mahmoud-Ben-Ahmed et lui raconta son histoire en fort bons termes : « J'étais esclave dans le sérail du riche Abu-Becker, et j'ai commis la faute de remettre à la sultane favorite un sélam ou lettre de fleurs envoyée par un jeune émir de la plus belle mine avec qui elle entretenait un commerce amoureux. Abu-Becker, ayant surpris le sélam, est entré dans une fureur horrible, a fait enfermer sa sultane favorite dans un sac de cuir avec deux chats, l'a fait jeter à l'eau et m'a condamnée à avoir la tête tranchée. Le Kislar-agassi fut chargé de cette exécution ; mais, profitant de l'effroi et du désordre qu'avait causé dans le sérail le châtiment terrible infligé à la pauvre Nourmahal, et trouvant ouverte la trappe de la terrasse, je me sauvai. Ma fuite fut aperçue, et bientôt les eunuques noirs, les zebecs et les Albanais au service de mon maître se mirent à ma poursuite. L'un d'eux, Mesrour, dont j'ai toujours repoussé les prétentions, m'a talonné de si près avec son damas brandi, qu'il a bien manqué de m'atteindre ; une fois même j'ai senti le fil de son sabre effleurer ma peau, et c'est alors que j'ai poussé ce cri terrible que vous avez dû entendre, car je vous avoue que j'ai cru que ma dernière heure était arrivée; mais Dieu est Dieu et Mahomet est son prophète; l'ange Asraël n'était pas encore prêt à m'emporter vers le pont d'Alsirat. Maintenant je n'ai plus d'espoir qu'en vous. Abu-Becker est puissant, il me fera chercher, et s'il peut me reprendre, Mesrour aurait cette fois la main plus sûre, et son damas ne se contenterait pas de m'effleurer le cou, dit-elle en souriant, et en passant la main sur l'imperceptible raie rose tracée par le sabre du zebec. Acceptez-moi pour votre esclave, je vous consacrerai une vie que je vous dois. Vous trouverez toujours mon épaule pour appuyer votre coude, et ma chevelure pour essuyer la poudre de vos sandales. »

Mahmoud-Ben-Ahmed était fort compatissant de sa nature, comme tous les gens qui ont étudié les lettres et la poésie. Leila, tel était le nom de l'esclave fugitive, s'exprimait en termes choisis; elle était jeune, belle, et n'eût-elle été rien de tout cela, l'humanité eût défendu de la renvoyer. Mahmoud-Ben-Ahmed montra à la jeune esclave un tapis de Perse, des carreaux de soie dans l'angle de la chambre, et sur le rebord de l'estrade une petite collation de dattes, de cédrats confits et de conserves de roses de Constantinople, à laquelle, distrait par ses pensées, il n'avait pas touché lui-même, et de plus, deux pots à rafraîchir l'eau, en terre poreuse de Thèbes, posés dans des soucoupes de porcelaine du Japon et couverts d'une transpiration perlée. Ayant ainsi provisoirement installée Leila, il remonta sur sa terrasse pour achever son narguillé et trouver la dernière assonance du ghazel qu'il composait en l'honneur de la princesse Ayesha, ghazel où les lis d'Iran, les fleurs du Gulistan, les étoiles et toutes les constellations célestes se disputaient pour entrer.

Le lendemain, Mahmoud-Ben-Ahmed, dès que le jour parut, fit cette réflexion qu'il n'avait pas de sachet de benjoin, qu'il manquait de civette, et que la bourse de soie brochée d'or et constellée de paillettes, où il serrait son latakié, était éraillée et demandait à être remplacée par une autre plus riche et de meilleur goût. Ayant à peine pris le temps de faire ses ablutions et de réciter sa prière en se tournant du côté de l'orient, il sortit de sa maison après avoir recopié sa poésie et l'avoir mise dans sa manche comme la première fois, non pas dans l'intention de la montrer à son ami Abdul, mais pour la remettre à la princesse Ayesha en personne, dans le cas où il la rencontrerait au bazar, dans la boutique de Bedredin. Le muezzin, perché sur le balcon du minaret, annonçait seulement la cinquième heure; il n'y avait dans les rues que les fellahs, poussant devant eux leurs ânes chargés de pastèques, de régimes de dattes, de poules liées par les pattes, et de moitiés de moutons qu'ils portaient au marché. Il fut dans le quartier où était situé le palais d'Ayesha, mais il ne vit rien que des murailles crénelées et blanchies à la chaux. Rien ne paraissait aux trois ou quatre petites fenêtres obstruées de treillis de bois à mailles étroites, qui permettaient aux gens de la maison de voir ce qui se passait dans la rue, mais ne laissaient aucun espoir aux regards indiscrets et aux curieux du dehors. Les palais orientaux, à l'envers des palais du Franguistan, réservent leurs magnificences pour l'intérieur et tournent, pour ainsi dire, le dos au passant. Mahmoud-Ben-Ahmed ne retira donc pas grand fruit de ses investigations. Il vit entrer et sortir deux ou trois esclaves noirs, richement habillés, et dont la mine insolente et fière prouvait la conscience d'appartenir à une maison considérable et à une personne de la plus haute qualité. Notre amoureux, en regardant ces épaisses murailles, fit de vains efforts pour découvrir de quel côté se trouvaient les appartements d'Ayesha. Il ne put y parvenir : la grande porte, formée par un arc découpé en cœur, était murée au fond, ne donnait accès dans la cour que par une porte latérale, et ne permettait pas au regard d'y pénétrer. Mahmoud-Ben-Ahmed fut obligé de se retirer sans avoir fait aucune découverte ; l'heure s'avançait et il aurait pu être remarqué. Il se rendit donc chez Bedredin, auquel il fit, pour se le rendre favorable, des emplettes assez considérables d'objets dont il n'avait aucun besoin. Il s'assit dans la boutique, questionna le marchand, s'enquit de son commerce, s'il s'était heureusement défait des soieries et des tapis apportés par la dernière caravane d'Alep, si ses vaisseaux étaient arrivés au port sans avaries ; bref, il fit toutes les lâchetés habituelles aux amoureux; il espérait toujours voir paraître Ayesha ; mais il fut trompé dans son attente : elle ne vint pas ce jour-là. Il s'en retourna chez lui, le cœur gros, l'appelant déjà cruelle et perfide, comme si effectivement elle lui eût promis de se trouver chez Bedredin et qu'elle lui eût manqué de parole.

En rentrant dans sa chambre, il mit ses babouches dans la niche de marbre sculpté, creusée à côté de la porte pour cet usage; il ôta le caftan d'étoffe précieuse qu'il avait endossé dans l'idée de rehausser sa bonne mine et de paraître avec tous ses avantages aux yeux d'Ayesha, et s'étendit sur son divan dans un affaissement voisin du désespoir. Il lui semblait que tout était perdu, que le monde allait finir, et il se plaignait amèrement de la fatalité; le tout, pour ne pas avoir rencontré, ainsi qu'il l'espérait, une femme qu'il ne connaissait pas deux jours auparavant.

Comme il avait fermé les yeux de son corps pour mieux voir le rêve de son âme, il sentit un vent léger lui rafraîchir le front; il souleva ses paupières, et vit, assise à côté de lui, par terre, Leila qui agitait un de ces petits pavillons d'écorce de palmier, qui servent, en Orient, d'éventail et de chasse-mouche. Il l'avait complétement oubliée.

« Qu'avez-vous, mon cher seigneur? dit-elle d'une voix perlée et mélodieuse comme de la musique. Vous ne paraissez pas jouir de votre tranquillité d'esprit; quelque souci vous tourmente. S'il était au pouvoir de votre esclave de dissiper ce nuage de tristesse qui voile votre front, elle s'estimerait la plus heureuse femme du monde, et ne porterait pas envie à la sultane Ayesha elle-même, quelque belle et quelque riche qu'elle soit. »

Ce nom fit tressaillir Mahmoud-Ben-Ahmed sur son divan, comme un malade dont on touche la plaie par hasard ; il se souleva un peu et jeta un regard inquisiteur sur Leila, dont la physionomie était la plus calme du monde et n'exprimait rien autre chose qu'une tendre sollicitude. Il rougit cependant comme s'il avait été surpris dans le secret de sa passion. Leila, sans faire attention à cette rougeur délatrice et significative, continua à offrir ses consolations à son nouveau maître :

« Que puis-je faire pour éloigner de votre esprit les sombres idées qui l'obsèdent? un peu de musique dissiperait peut-être cette mélancolie. Une vieille esclave qui avait été odalisque de l'ancien sultan m'a appris les secrets de la composition ; je puis improviser des vers et m'accompagner de la guzla. »

En disant ces mots, elle détacha du mur la guzla au ventre de citronnier, côtelé d'ivoire, au manche incrusté de nacre, de burgau et d'ébène, et joua d'abord avec une rare perfection la tarabuca et quelques autres airs arabes.

La justesse de la voix et la douceur de la musique eussent, en toute autre occasion, réjoui Mahmoud-Ben-Ahmed, qui était fort sensible aux agréments des vers et de l'harmonie ; mais il avait le cerveau et le cœur si préoccupés de la dame qu'il avait vue chez Bedredin, qu'il ne fit aucune attention aux chansons de Leila.

Le lendemain, plus heureux que la veille, il rencontra Ayesha dans la boutique de Bedredin. Vous décrire sa joie serait une entreprise impossible ; ceux qui ont été amoureux peuvent seuls la comprendre. Il resta un moment sans voix, sans haleine, un nuage dans les yeux. Ayesha, qui vit son émotion, lui en sut gré et lui adressa la parole avec beaucoup d'affabilité ; car rien ne flatte les personnes de haute naissance comme le trouble qu'elles inspirent. Mahmoud-Ben-Ahmed, revenu à lui, fit tous ses efforts pour être agréable, et comme il était jeune, de belle apparence, qu'il avait étudié la poésie et s'exprimait dans les termes les plus élégants, il crut s'apercevoir qu'il ne déplaisait point, et il s'enhardit à demander un rendez-vous à la princesse dans un lieu plus propice et plus sûr que la boutique de Bedredin.

« Je sais, lui dit-il, que je suis tout au plus bon pour être la poussière de votre chemin, que la distance de vous à moi ne pourrait être parcourue en mille ans par un cheval de la race du prophète toujours lancé au galop ; mais l'amour rend audacieux, et la chenille éprise de la rose ne saurait s'empêcher d'avouer son amour. »

Ayesha écouta tout cela sans le moindre signe de courroux, et, fixant sur Mahmoud-Ben-Ahmed des yeux chargés de langueur, elle lui dit :

« Trouvez-vous demain à l'heure de la prière dans la mosquée du sultan Hassan, sous la troisième lampe ; vous y rencontrerez un esclave noir vêtu de damas jaune. Il marchera devant vous, et vous le suivrez. »

Cela dit, elle ramena son voile sur sa figure et sortit.

Notre amoureux n'eut garde de manquer au rendez-vous : il se planta sous la troisième lampe, n'osant s'en écarter de peur de ne pas être trouvé par l'esclave noir, qui n'était pas encore à son poste. Il est vrai que Mahmoud-Ben-Ahmed avait devancé de deux heures le moment indiqué. Enfin il vit paraître le nègre vêtu de damas jaune ; il vint droit au pilier contre lequel Mahmoud-Ben-Ahmed se tenait debout. L'esclave l'ayant regardé attentivement, lui fit un signe imperceptible pour l'engager à le suivre. Ils sortirent tous deux de la mosquée. Le noir marchait d'un pas rapide, et fit faire à Mahmoud-Ben-Ahmed une infinité de détours à travers l'écheveau embrouillé et compliqué des rues du Caire. Notre jeune homme une fois voulut adresser la parole à son guide ; mais celui-ci, ouvrant sa large bouche meublée de dents aiguës et blanches, lui fit voir que sa langue avait été coupée jusqu'aux racines. Ainsi il lui eût été difficile de commettre des indiscrétions.

Enfin ils arrivèrent dans un endroit de la ville tout à fait désert et que Mahmoud-Ben-Ahmed ne connaissait pas, quoiqu'il fût natif du Caire et qu'il crût en connaître tous les quartiers : le muet s'arrêta devant un mur blanchi à la chaux, où il n'y avait pas apparence de porte. Il compta six pas à partir de l'angle du mur, et chercha avec beaucoup d'attention un ressort sans doute caché dans l'interstice des pierres. L'ayant trouvé, il pressa la détente, une colonne tourna sur elle-même, et laissa voir un passage sombre, étroit, ou le muet s'engagea, suivi de Mahmoud-Ben-Ahmed. Ils descendirent d'abord plus de cent marches, et suivirent ensuite un corridor obscur d'une longueur interminable. Mahmoud-Ben-Ahmed, en tâtant les murs, reconnut qu'ils étaient de roche vive, sculptés d'hiéroglyphes en creux et comprit qu'il était dans les couloirs souterrains d'une ancienne nécropole égyptienne, dont on avait profité pour établir cette issue secrète. Au bout du corridor, dans un grand éloignement, scintillaient quelques lueurs de jour bleuâtre. Ce jour passait à travers des dentelles d'une sculpture évidée faisant partie de la salle où le corridor aboutissait. Le muet poussa un autre ressort, et Mahmoud-Ben-Ahmed se trouva dans une salle dallée de marbre blanc, avec un bassin et un jet d'eau au milieu, des colonnes d'albâtre, des murs revêtus de mosaïques de verre, de sentences du Coran entremêlées de fleurs et d'ornements, et couverte par une voûte sculptée, fouillée, travaillée comme l'intérieur d'une ruche ou d'une grotte à stalactites ; d'énormes pivoines écarlates posées dans d'énormes vases mauresques de porcelaine blanche et bleue complétaient la décoration. Sur une estrade garnie de coussins, espèce d'alcôve pratiquée dans l'épaisseur du mur, était assise la princesse Ayesha, sans voile, radieuse, et surpassant en beauté les houris du quatrième ciel.

« Eh bien ! Mahmoud-Ben-Ahmed, avez-vous fait d'autres vers en mon honneur ? » lui dit-elle du ton le plus gracieux en lui faisant signe de s'asseoir.

Mahmoud-Ben-Ahmed se jeta aux genoux d'Ayesha et tira son papyrus de sa manche, et lui récita son ghazel du ton le plus passionné ; c'était vraiment un remarquable morceau de poésie. Pendant qu'il lisait, les joues de la princesse s'éclairaient et se coloraient comme une lampe d'albâtre que l'on vient d'allumer. Ses yeux étoilaient et lançaient des rayons d'une clarté extraordinaire, son corps devenait comme transparent, sur ses épaules frémissantes s'ébauchaient vaguement des ailes de papillon. Malheureusement Mahmoud-Ben-Ahmed, trop occupé de la lecture de sa pièce de vers, ne leva pas les yeux et ne s'aperçut pas de la métamorphose qui s'était opérée. Quand il eut achevé, il n'avait plus devant lui que la princesse Ayesha qui le regardait en souriant d'un air ironique.

Comme tous les poëtes, trop occupés de leurs propres créations, Mahmoud-Ben-Ahmed avait oublié que les plus beaux vers ne valent pas une parole sincère, un regard illuminé par la clarté de l'amour. — Les péris sont comme les femmes, il faut les deviner et les prendre juste au moment où elles vont remonter aux cieux pour n'en plus descendre. — L'occasion doit être saisie par la boucle de cheveux qui lui pend sur le front, et les esprits de l'air par leurs ailes. C'est ainsi qu'on peut s'en rendre maître.

« Vraiment, Mahmoud-Ben-Ahmed, vous avez un talent de poëte des plus rares, et vos vers méritent d'être affichés à la porte des mosquées, écrits en lettres d'or, à côté des plus célèbres productions de Ferdoussi, de Saâdi et d'Ibnn-Ben-Omaz. C'est dommage qu'absorbé par la perfection de vos rimes allitérées, vous ne m'avez pas regardée tout à l'heure, vous auriez vu... ce que vous ne reverrez peut-être jamais plus. Votre vœu le plus cher s'est accompli devant vous sans que vous vous en soyez aperçu. Adieu, Mahmoud-Ben-Ahmed, qui ne vouliez aimer qu'une péri. »

Là-dessus Ayesha se leva d'un air tout à fait majestueux, souleva une portière de brocart d'or et disparut.

Le muet vint reprendre Mahmoud-Ben-Ahmed, et le reconduisit par le même chemin jusqu'à l'endroit où il l'avait pris. Mahmoud-Ben-Ahmed, affligé et surpris d'avoir été ainsi congédié, ne savait que penser et se perdait dans ses réflexions, sans pouvoir trouver de motif à la brusque sortie de la princesse : il finit par l'attribuer à un caprice de femme qui changerait à la première occasion ; mais il eut beau aller chez Bedredin acheter du benjoin et des peaux de civette, il ne rencontra plus la princesse Ayesha ; il fit un nombre infini de stations près du troisième pilier de la mosquée du sultan Hassan, il ne vit plus reparaître le noir vêtu de damas jaune, ce qui le jeta dans une noire et profonde mélancolie.

Leila s'ingéniait à mille inventions pour le distraire : elle lui jouait de la guzla ; elle lui récitait des histoires merveilleuses ; ornait sa chambre de bouquets dont les couleurs étaient si bien mariées et diversifiées, que la vue en était aussi réjouie que l'odorat ; quelquefois même elle dansait devant lui avec autant de souplesse et de grâce que l'almée la plus habile ; tout autre que Mahmoud-Ben-Ahmed eût été touché de tant de prévenances et d'attentions; mais il avait la tête ailleurs, et le désir de retrouver Ayesha ne lui laissait aucun repos. Il avait été bien souvent errer à l'entour du palais de la princesse ; mais il n'avait jamais pu l'apercevoir ; rien ne se montrait derrière les treillis exactement fermés ; le palais était comme un tombeau.

Son ami Abdul-Maleck, alarmé de son état, venait le visiter souvent et ne pouvait s'empêcher de remarquer les grâces et la beauté de Leila, qui égalaient pour le moins celles de la princesse Ayesha, si même elles ne les dépassaient, et s'étonnait de l'aveuglement de Mahmoud-Ben-Ahmed ; et s'il n'eût craint de violer les saintes lois de l'amitié, il eût pris volontiers la jeune esclave pour femme. Cependant, sans rien perdre de sa beauté, Leila devenait chaque jour plus pâle ; ses grands yeux s'alanguissaient ; les rougeurs de l'aurore faisaient place sur ses joues aux pâleurs du clair de lune. Un jour Mahmoud-Ben-Ahmed s'aperçut qu'elle avait pleuré, et lui en demanda la cause :

« O mon cher seigneur, je n'oserais jamais vous la dire : moi, pauvre esclave recueillie par pitié, je vous aime ; mais que suis-je à vos yeux ? je sais que vous avez formé le vœu de n'aimer qu'une péri ou qu'une sultane : d'autres se contenteraient d'être aimés sincèrement par un cœur jeune et pur et ne s'inquiéteraient pas de la fille du calife ou de la reine des génies : regardez-moi, j'ai eu quinze ans hier, je suis peut-être aussi belle que cette Ayesha dont vous parlez tout haut en rêvant ; il est vrai qu'on ne voit pas briller sur mon front l'escarboucle magique, ou l'aigrette de plume de héron ; je ne marche pas accompagnée de soldats aux mousquets incrustés d'argent et de corail. Mais cependant je sais chanter, improviser sur la guzla, je danse comme Emineh elle-même, je suis pour vous comme une sœur dévouée; que faut-il donc pour toucher votre cœur ? »

Mahmoud-Ben-Ahmed, en entendant ainsi parler Leila, sentait son cœur se troubler ; cependant il ne disait rien et semblait en proie à une profonde méditation. Deux résolutions contraires se disputaient son âme : d'une part, il lui en coûtait de renoncer à son rêve favori ; de l'autre, il se disait qu'il serait bien fou de s'attacher à une femme qui s'était jouée de lui et l'avait quitté avec des paroles railleuses, lorsqu'il avait dans sa maison, en jeunesse et en beauté, au moins l'équivalent de ce qu'il perdait.

Leila, comme attendant son arrêt, se tenait agenouillée, et deux larmes coulaient silencieusement sur la figure pâle de la pauvre enfant.

« Ah ! pourquoi le sabre de Mesrour n'a-t-il pas achevé ce qu'il avait commencé ! dit-elle en portant la main à son cou frêle et blanc. »

Touché de cet accent de douleur, Mahmoud-Ben-

Ahmed releva la jeune esclave et déposa un baiser sur son front.

Leila redressa la tête comme une colombe caressée, et, se posant devant Mahmoud-Ben-Ahmed, lui prit les mains, et lui dit :

« Regardez-moi bien attentivement ; ne trouvez-vous pas que je ressemble fort à quelqu'un de votre connaissance ? »

Mahmoud-Ben-Ahmed ne put retenir un cri de surprise :

« C'est la même figure, les mêmes yeux, tous les traits en un mot de la princesse Ayesha. Comment se fait-il que je n'aie pas remarqué cette ressemblance plus tôt ?

— Vous n'aviez jusqu'à présent laissé tomber sur votre pauvre esclave qu'un regard fort distrait, répondit Leila d'un ton de douce raillerie.

— La princesse Ayesha elle-même m'enverrait maintenant son noir à la robe de damas jaune, avec le sélam d'amour, que je refuserais de le suivre.

— Bien vrai ? dit Leila d'une voix plus mélodieuse que celle de Bulbul faisant ses aveux à la rose bien-aimée. Cependant, il ne faudrait pas trop mépriser cette pauvre Ayesha, qui me ressemble tant. »

Pour toute réponse, Mahmoud-Ben-Ahmed pressa la jeune esclave sur son cœur. Mais quel fut son étonnement lorsqu'il vit la figure de Leila s'illuminer, l'escarboucle magique s'allumer sur son front, et des ailes, semées d'yeux de paon, se développer sur ses charmantes épaules ! Leila était une péri !

« Je ne suis, mon cher Mahmoud-Ben-Ahmed, ni la princesse Ayesha, ni Leila l'esclave. Mon véritable nom est Boudroulboudour. Je suis péri du premier ordre, comme vous pouvez le voir par mon escarboucle et par mes ailes. Un soir, passant dans l'air à côté de votre terrasse, je vous entendis émettre le vœu d'être aimé d'une péri. Cette ambition me plut; les mortels ignorants, grossiers et perdus dans les plaisirs terrestres, ne songent pas à de si rares voluptés. J'ai voulu vous éprouver, et j'ai pris le déguisement d'Ayesha et de Leila pour voir si vous sauriez me reconnaître et m'aimer sous cette enveloppe humaine. — Votre cœur a été plus clairvoyant que votre esprit, et vous avez eu plus de bonté que d'orgueil. Le dévouement de l'esclave vous l'a fait préférer à la sultane; c'était là que je vous attendais. Un moment séduite par la beauté de vos vers, j'ai été sur le point de me trahir; mais j'avais peur que vous ne fussiez qu'un poëte amoureux seulement de votre imagination et de vos rimes, et je me suis retirée, affectant un dédain superbe. Vous avez voulu épouser Leila l'esclave, Boudroulboudour la péri se charge de la remplacer. Je serai Leila pour tous, et péri pour vous seul; car je veux votre bonheur, et le monde ne vous pardonnerait pas de jouir d'une félicité supérieure à la sienne. Toute fée que je sois, c'est tout au plus si je pourrais vous défendre contre l'envie et la méchanceté des hommes. »

Ces conditions furent acceptées avec transport par Mahmoud-Ben-Ahmed, et les noces furent faites comme s'il eût épousé réellement la petite Leila.

Telle est en substance l'histoire que je dictai à Scheherazade par l'entremise de Francesco.

« Comment a-t-il trouvé votre conte arabe, et qu'est devenue Scheherazade?

— Je ne l'ai plus vue depuis. »

Je pense que Schahriar, mécontent de cette histoire, aura fait définitivement couper la tête à la pauvre sultane.

Des amis, qui reviennent de Bagdad, m'ont dit avoir vu, assise sur les marches d'une mosquée, une femme dont la folie était de se croire Dinarzarde des *Mille et une Nuits*, et qui répétait sans cesse cette phrase :

« Ma sœur, contez-nous une de ces belles histoires que vous savez si bien conter. »

Elle attendait quelques minutes, prêtant l'oreille avec beaucoup d'attention, et comme personne ne lui répondait, elle se mettait à pleurer, puis essuyait ses larmes avec un mouchoir brodé d'or et tout constellé de taches de sang.

LE PAVILLON SUR L'EAU

Dans la province de Canton, à quelque *li* de la ville, demeuraient porte à porte deux riches Chinois retirés des affaires; à quelle époque, c'est ce qu'il importe peu de savoir, les contes n'ont pas besoin d'une chronologie bien précise. L'un de ces Chinois s'appelait Tou, et l'autre Kouan; Tou avait occupé de hautes fonctions scientifiques. Il était *hanlin* et lettré de la Chambre de jaspe.; Kouan, dans des emplois moins relevés, avait su amasser de la fortune et de la considération.

Tou et Kouan, que reliait une parenté éloignée, s'étaient aimés autrefois. Plus jeunes, ils se plaisaient à se réunir avec quelques-uns de leurs anciens condisciples, et, pendant les soirées d'automne, ils faisaient voltiger le pinceau chargé de noir sur le treillis du papier à fleurs, et célébraient par des improvisations la beauté des reines-marguerites tout en buvant de petites tasses de vin; mais leurs deux caractères, qui ne présentaient d'abord que des différences presque insensibles, devinrent, avec le temps, tout à fait opposés. Telle une branche d'amandier qui se bifurque et dont les baguettes, rapprochées par le bas, s'écartent complétement au sommet, de sorte que l'une répand son parfum amer dans le jardin, tandis que l'autre secoue sa neige de fleurs en dehors de la muraille.

D'année en année, Tou prenait de la gravité; son ventre s'arrondissait majestueusement, son triple menton s'étageait d'un air solennel, il ne faisait plus que des distiques moraux bons à suspendre aux poteaux des pavillons.

Kouan, au contraire, semblait se regaillardir avec l'âge, il chantait plus joyeusement que jamais le vin, les fleurs et les hirondelles. Son esprit, débarrassé de soins vulgaires, était vif et alerte comme celui d'un jeune homme, et quand le mot qu'il fallait enchâsser dans un vers avait été donné, sa main n'hésitait pas un seul instant.

Peu à peu les deux amis s'étaient pris d'animosité l'un contre l'autre. Ils ne pouvaient plus se parler sans s'égratigner de paroles piquantes, et ils étaient, comme deux haies de ronces, hérissés d'épines et de griffes. Les choses en vinrent au point qu'ils n'eurent plus aucun rapport ensemble et firent pendre, chacun de son côté, à la façade de leurs maisons, une tablette portant la défense formelle qu'aucun des habitants du logis voisin, sous quelque prétexte que ce fût, en franchît jamais le seuil.

Ils auraient bien voulu pouvoir déraciner leurs

maisons et les planter ailleurs ; malheureusement
cela n'était pas possible. Tou essaya même de vendre
sa propriété ; mais il n'en put trouver un prix raisonnable, et d'ailleurs il en coûte toujours de quitter
les lambris sculptés, les tables polies, les fenêtres
transparentes, les treillis dorés, les siéges de bambou, les vases de porcelaine, les cabinets de laque
rouge ou noire, les cartouches d'anciens poëmes,
qu'on a pris tant de peine à disposer ; il est dur de
céder à d'autres le jardin qu'on a planté soi-même
de saules, de pêchers et de pruniers, où l'on a vu,
chaque printemps, s'épanouir la jolie fleur de meï :
chacun de ces objets attache le cœur de l'homme
avec un fil plus ténu que la soie, mais aussi difficile
à rompre qu'une chaîne de fer.

A l'époque où Tou et Kouan étaient amis, ils avaient
fait élever dans leur jardin chacun un pavillon, sur
le bord d'une pièce d'eau commune aux deux propriétés : c'était un plaisir pour eux de s'envoyer du
haut du balcon des salutations familières et de fumer
la goutte d'opium enflammé sur le champignon de
porcelaine en échangeant des bouffées bienveillantes ;
mais, depuis leurs dissensions, ils avaient fait bâtir
un mur qui séparait l'étang en deux portions égales ;
seulement, comme la profondeur du bassin était
grande, le mur s'appuyait sur des pilotis formant
des espèces d'arcades basses, dont les baies laissaient
passer les eaux sur lesquelles s'allongeaient les reflets du pavillon opposé.

Ces pavillons comptaient trois étages avec des terrasses en retraite. Les toits, retroussés et courbés aux angles en pointes de sabot, étaient couverts de tuiles rondes et brillantes semblables aux écailles qui papelonnent le ventre des carpes ; sur chaque arête se profilaient des dentelures en forme de feuillages et de dragons. Des piliers de vernis rouge, réunis par une frise découpée à jour, comme la feuille d'ivoire d'un éventail, soutenaient cette toiture élégante. Leurs fûts reposaient sur un petit mur bas, plaqué de carreaux de porcelaine disposés avec une agréable symétrie, et bordé d'un garde-fou d'un dessin bizarre, de manière à former devant le corps de logis une galerie ouverte.

Cette disposition se répétait à chaque étage, non sans quelques variantes : ici les carreaux de porcelaine étaient remplacés par des bas-reliefs représentant divers sujets de la vie champêtre; un lacis de branches curieusement difformes et faisant des coudes inattendus, se substituait au balcon; des poteaux, peints de couleurs vives, servaient de piédestaux à des chimères verruqueuses, à des monstres fantastiques, produit de toutes les impossibilités soudées ensemble. L'édifice se terminait par une corniche évidée et dorée, garnie d'une balustrade de bambous aux nœuds égaux, ornée à chaque compartiment d'une boule de métal. L'intérieur n'était pas moins somptueux : aux parois des murailles, des vers de Tou-chi et de Li-tai-pe étaient écrits d'une main agile par lignes perpendiculaires, en caractères d'or sur fond de laque. Des feuilles de talc laissaient filtrer à travers les fenêtres un jour laiteux et couleur d'opale, et sur leur rebord, des pots de pivoine, d'orchis, de primevères de la Chine, d'érythrine à fleurs blanches, placés avec art, réjouissaient les yeux par leurs nuances délicates. Des carreaux, d'une soie magnifiquement ramagée, étaient disposés dans les coins de chaque chambre ; et sur les tables, qui renvoyaient des reflets comme un miroir, on trouvait toujours des cure-dents, des éventails, des pipes d'ébène, des pierres de porphyre, des pinceaux, et tout ce qui est nécessaire pour écrire.

Des rochers artificiels, dans l'interstice desquels des saules, des noyers plongeaient leurs racines, servaient du côté de la terre de base à ces jolies constructions ; du côté de l'eau, elles portaient sur des poteaux de bois indestructible.

C'était en réalité un coup d'œil charmant de voir le saule précipiter du haut de ces roches vers la surface de l'eau ses filaments d'or et ses houppes de soie, et les couleurs brillantes des pavillons reluire dans un cadre de feuillages bigarrés.

Sous le cristal de l'onde folâtraient par bandes des poissons d'azur écaillés d'or ; des flottes de jolis canards à cols d'émeraude manœuvraient en tous sens, et les larges feuilles du nymphœa-nélumbo s'étalaient paresseusement sous la transparence diamantée de ce petit lac alimenté par une source vive.

Excepté vers le milieu, où le fond était formé d'un sable argenté d'une finesse extraordinaire, et où les bouillons de la source qui sourdait n'eussent pas permis à la végétation aquatique d'implanter ses fibrilles, tout le reste de l'étang était tapissé du plus beau velours vert qu'on puisse imaginer, par des nappes de cresson vivace.

Sans cette vilaine muraille élevée par l'inimitié réciproque des deux voisins, il n'y eût pas eu assurément, dans toute l'étendue de l'Empire du milieu, qui, comme on le sait, occupe plus des trois quarts du monde, un jardin plus pittoresque et plus délicieux ; chacun eût agrandi sa propriété de la vue de celle de l'autre ; car l'homme ici-bas ne peut prendre des objets que l'apparence.

Telle qu'elle était cependant, un sage n'eût pas souhaité, pour terminer sa vie dans la contemplation de la nature et les amusements de la poésie, une retraite plus fraîche et plus propice.

Tou et Kouan avaient gagné à leur mésintelligence une muraille pour toute perspective, et s'étaient privés réciproquement de la vue des charmants pavillons ; mais ils se consolaient par l'idée d'avoir fait tort chacun à son voisin.

Cet état de choses régnait déjà depuis quelques années : les orties et les mauvaises herbes avaient envahi les sentiers qui conduisaient d'une maison à l'autre. Les branches d'arbustes épineux s'entrecroisaient, comme si elles eussent voulu intercepter toute communication ; on eût dit que les plantes comprenaient les dissensions qui divisaient les deux anciens amis, et y prenaient part en tâchant de les séparer encore davantage.

Pendant ce temps, les femmes de Tou et de Kouan avaient chacune donné le jour à un enfant. Madame Tou était mère d'une charmante fille, et madame Kouan, d'un garçon le plus joli du monde. Cet heureux événement, qui avait mis la joie dans les deux maisons, était ignoré de part et d'autre ; car, bien que leurs propriétés se touchassent, les deux Chinois vivaient aussi étrangers l'un à l'autre que s'ils eussent été séparés par le fleuve Jaune ou la grande muraille ; les connaissances communes évitaient toute allusion à la maison voisine, et les serviteurs, s'ils se rencontraient par hasard, avaient ordre de ne se point parler sous peine du fouet et de la *cangue*.

Le garçon s'appelait Tchin-Sing, et la fille, Ju-Kiouan, c'est-à-dire, la perle et le jaspe ; leur parfaite beauté justifiait le choix de ces noms. Dès qu'ils furent un peu grandelets, la muraille, qui coupait l'étang en deux et bornait désagréablement la vue de ce côté, attira leur attention, et ils demandèrent à leurs parents ce qu'il y avait derrière cette clôture si singulièrement posée au milieu d'une pièce d'eau, et à qui appartenaient les grands arbres dont on apercevait la cime.

On leur répondait que c'était l'habitation de gens bizarres, quinteux, revêches et de tout point insociables, et que cette clôture avait été faite pour se défendre de si méchants voisins.

Cette explication avait suffi à ces enfants ; ils s'étaient accoutumés à la muraille et n'y prenaient plus garde.

Ju-Kiouan croissait en grâces et en perfections; elle était habile à tous les travaux de son sexe, elle maniait l'aiguille avec une adresse incomparable.

Les papillons qu'elle brodait sur le satin semblaient vivre et battre des ailes, vous eussiez juré entendre le chant des oiseaux qu'elle fixait au canevas; plus d'un nez abusé se colla sur ses tapisseries pour respirer le parfum des fleurs qu'elle y semait. Les talents de Ju-Kiouan ne se bornaient pas là, elle savait par cœur le livre des Odes et les cinq règles de conduite; jamais main plus légère ne jeta sur le papier de soie des caractères plus hardis et plus nets. Les dragons ne sont pas plus rapides dans leur vol, que son poignet lorsqu'il fait pleuvoir la pluie noire du pinceau. Elle connaissait tous les modes de poésies, le *Tardif*, le *Hâté*, l'*Élevé* et le *Rentrant*, et composait des pièces pleines de mérite sur les sujets qui doivent naturellement frapper une jeune fille, sur le retour des hirondelles, les saules printaniers, les reines-marguerites et autres objets analogues. Plus d'un lettré qui se croit digne d'enfourcher le cheval d'or n'eût pas improvisé avec autant de facilité.

Tchin-Sing n'avait pas moins profité de ses études, son nom se trouvait être des premiers sur la liste des examens. Quoiqu'il fût bien jeune, il eût pu se coiffer du bonnet noir, et déjà toutes les mères pensaient qu'un garçon si avancé dans les sciences ferait un excellent gendre et parviendrait bientôt aux plus hautes dignités littéraires; mais Tchin-Sing répondait d'un air enjoué aux négociateurs qu'on lui envoyait, qu'il était trop tôt, et qu'il désirait jouir encore quelque temps de sa liberté. Il refusa successivement Hon-Giu, Lo-Men-Gli, Oma, Po-Fo et autres jeunes personnes fort distinguées. Jamais, sans excepter le beau Fan-Gan, dont les dames remplissaient la voiture d'oranges et de sucreries, lorsqu'il revenait de tirer de l'arc, jeune homme ne fut plus choyé et ne reçut plus d'avances ; mais son cœur paraissait insensible à l'amour, non par froideur, car à mille détails on pouvait deviner que Tchin-Sing avait l'âme tendre ; on eût dit qu'il se souvenait d'une image connue dans une existence antérieure, et qu'il espérait retrouver dans celle-ci. On avait beau lui vanter les sourcils de feuille de saule, les pieds imperceptibles, et la taille de libellule des beautés qu'on lui proposait, il écoutait d'un air distrait et comme pensant à tout autre chose.

De son côté, Ju-Kiouan ne se montrait pas moins difficile : elle éconduisait tous les prétendants. Celui-ci saluait sans grâce, celui-là n'était pas soigneux sur ses habits ; l'un avait une écriture lourde et commune, l'autre ne savait pas le livre des vers, ou s'était trompé sur la rime ; bref, ils avaient tous un défaut quelconque. Ju-Kiouan en traçait des portraits si comiques, que ses parents finissaient par en rire eux-mêmes, et mettaient à la porte, le plus poliment du monde, le pauvre aspirant qui croyait déjà poser le pied sur le seuil du pavillon oriental.

A la fin, les parents des deux enfants s'alarmèrent

de leur persistance à repousser tous les partis qu'on leur présentait. Madame Tou et madame Kouan, préoccupées sans doute de ces idées de mariage, continuaient dans leurs rêves de nuit leurs pensées de jour. Un des songes qu'elles firent les frappa particulièrement. Madame Kouan rêva qu'elle voyait sur la poitrine de son fils Tchin-Sing une pierre de jaspe si merveilleusement polie, qu'elle jetait des rayons comme une escarboucle ; de son côté, madame Tou rêva que sa fille portait au cou une perle du plus bel orient et d'une valeur inestimable. Quelle signification pouvaient avoir ces deux songes ? Celui de madame Kouan présageait-il à Tchin-Sing les honneurs de l'Académie impériale, et celui de madame Tou voulait-il dire que Ju-Kiouan trouverait quelque trésor enfoui dans le jardin ou sous une brique de l'âtre ? Une telle explication n'avait rien de déraisonnable, et plus d'un s'en fût contenté ; mais les bonnes dames virent dans ce songe des allusions à des mariages extrêmement avantageux que devaient bientôt conclure leurs enfants. Malheureusement Tchin-Sing et Ju-Kiouan persistaient plus que jamais dans leur résolution, et démentaient la prophétie.

Kouan et Tou, quoiqu'ils n'eussent rien rêvé, s'étonnaient d'une pareille opiniâtreté, le mariage étant d'ordinaire une cérémonie pour laquelle les jeunes gens ne montrent pas une aversion si soutenue ; ils s'imaginèrent que cette résistance venait peut-être d'une inclination préconçue ; mais Tchin-Sing ne faisait la cour à aucune jeune fille, et nul jeune homme ne se promenait le long des treillis de Ju-Kiouan. Quelques jours d'observation suffirent pour en convaincre les deux familles. Madame Tou et madame Kouan crurent plus que jamais aux grandes destinées présagées par le rêve.

Les deux femmes allèrent, chacune de son côté, consulter le bonze du temple de Fô, un bel édifice aux toits découpés, aux fenêtres rondes, tour reluisant d'or et de vernis, plaqué de tablettes votives, orné de mâts d'où flottent des bannières de soie historiées de chimères et de dragons, ombragé d'arbres millénaires et d'une grosseur monstrueuse. Après avoir brûlé du papier doré et des parfums devant l'idole, le bonze répondit à madame Tou qu'il fallait le jaspe à la perle, et à madame Kouan qu'il fallait la perle au jaspe : que leur union seule pourrait terminer toutes les difficultés. Peu satisfaites de cette réponse ambiguë, les deux femmes revinrent chez elles, sans s'être vues au temple, par un chemin différent ; leur perplexité était encore plus grande qu'auparavant.

Or, il arriva qu'un jour Ju-Kiouan était accoudée à la balustrade du pavillon champêtre, précisément à l'heure où Tchin-Sing en faisait autant de son côté.

Le temps était beau, aucun nuage ne voilait le ciel ; il ne faisait pas assez de vent pour agiter une feuille de tremble, pas une ride ne moirait la surface de l'étang, plus uni qu'un miroir. A peine si, dans ses jeux, quelque carpe faisant la cabriole, venait y tracer un cercle bientôt évanoui; les arbres de la rive s'y réfléchissaient si exactement que l'on hésitait entre l'image et la réalité; on eût dit une forêt plantée la tête en bas, et soudant ses racines aux racines d'une forêt identique; un bois qui se serait noyé pour un chagrin d'amour; les poissons avaient l'air de nager dans le feuillage et les oiseaux de voler dans l'eau. Ju-Kiouan s'amusait à considérer cette transparence merveilleuse, lorsque, jetant les yeux sur la portion de l'étang qui avoisinait le mur de séparation, elle aperçut le reflet du pavillon opposé qui s'étendait jusque-là en glissant par-dessous l'arche.

Elle n'avait jamais fait attention à ce jeu d'optique, qui la surprit et l'intéressa. Elle distinguait les piliers rouges, les frises découpées, les pots de reines-marguerites, les girouettes dorées, et si la réfraction ne les eût renversées, elle aurait lu les sentences inscrites sur les tablettes. Mais ce qui l'étonna au plus haut degré, ce fut de voir penchée sur la rampe du balcon, dans une position pareille à la sienne, une figure qui lui ressemblait d'une telle façon, que si elle ne fût pas venue de l'autre côté du bassin, elle l'eût prise pour elle-même : c'était l'ombre de Tchin-Sing, et si l'on trouve étrange qu'un garçon puisse être pris pour une demoiselle, nous répondrons que Tchin-Sing, à cause de la chaleur, avait ôté son bonnet de licencié, qu'il était extrêmement jeune et n'avait pas encore de barbe; ses traits délicats, son teint uni et ses yeux brillants pouvaient facilement prêter à l'illusion, qui, du reste, ne dura guère. Ju-Kiouan, aux mouvements de son cœur, reconnut bien vite que ce n'était point une jeune fille dont l'eau répétait l'image.

Jusque-là, elle avait cru que la terre ne renfermait pas l'être créé pour elle, et bien souvent elle avait souhaité d'avoir à sa disposition un des chevaux de Fargana, qui font mille lieues par jour, pour le chercher dans les espaces imaginaires. Elle s'imaginait qu'elle était dépareillée en ce monde, et qu'elle ne connaîtrait jamais la douceur de l'union des sarcelles. Jamais, se disait-elle, je ne consacrerai la lentille d'eau et l'alisma sur l'autel des ancêtres, et j'entrerai seule parmi les mûriers et les ormes.

En voyant cette ombre dans l'eau, elle comprit que sa beauté avait une sœur ou plutôt un frère. Loin d'en être fâchée, elle se trouva tout heureuse; l'orgueil de se croire unique céda bien vite à l'amour, car dès cet instant, le cœur de Ju-Kiouan fut lié à jamais; un seul coup d'œil échangé, non pas même directement, mais par simple réflexion, suffit pour cela. Qu'on n'accuse pas là-dessus Ju-Kiouan de frivolité; devenir amoureuse d'un jeune homme sur son reflet..., n'est-ce pas une folie? Mais à moins d'une longue fréquentation qui permette d'étudier les caractères, que voit-on de plus dans les hommes? un aspect purement extérieur, pareil à celui donné par un miroir; et n'est-ce pas le propre des jeunes filles de juger de l'âme d'un futur mari par l'émail de ses dents et la coupe de ses ongles?

Tchin-Sing avait aussi aperçu cette beauté merveilleuse : Est ce un rêve que je fais tout éveillé, s'écria-t-il ? Cette charmante figure qui scintille sous le cristal de l'eau doit être formée des rayons argentés de la lune par une nuit de printemps et du plus subtil arome des fleurs ; quoique je ne l'aie jamais vue, je la reconnais, c'est bien elle dont l'image est gravée dans mon âme, la belle inconnue à qui j'adresse mes distiques et mes quatrains.

Tchin-Sing en était là de son monologue, lorsqu'il entendit la voix de son père qui l'appelait.

« Mon fils, lui dit-il, c'est un parti très-riche et très-convenable que l'on te propose par l'organe de Wing, mon ami. C'est une fille qui a du sang impérial dans les veines, dont la beauté est célèbre, et qui possède toutes les qualités propres à rendre un mari heureux. »

Tchin-Sing, tout préoccupé de l'aventure du pavillon, et brûlant d'amour pour l'image entrevue dans l'eau, refusa nettement. Son père, outré de colère, s'emporta et lui fit les menaces les plus violentes.

« Mauvais sujet, s'écriait le vieillard, si tu persistes dans ton entêtement, je prierai le magistrat qu'il te fasse enfermer dans cette forteresse occupée par les barbares d'Europe, d'où l'on ne découvre que des roches battues par la mer, des montagnes coiffées de nuages, et des eaux noires sillonnées par ces monstrueuses inventions des mauvais génies, qui marchent avec des roues et vomissent une fumée fétide. Là, tu auras le temps de réfléchir et de t'amender ! »

Ces menaces n'effrayèrent pas beaucoup Tchin-Sing, qui répondit qu'il accepterait la première épouse qu'on lui présenterait pourvu que ce ne fût pas celle-là.

Le lendemain, à la même heure, il se rendit au pavillon champêtre, et, comme la veille, se pencha en dehors de la balustrade.

Au bout de quelques minutes, il vit s'allonger sur l'eau le reflet de Ju-Kiouan comme un bouquet de fleurs submergées.

Le jeune homme posa la main sur son cœur, mit des baisers au bout de ses doigts et les envoya au reflet avec un geste plein de grâce et de passion.

Un sourire joyeux s'épanouit comme un bouton de grenade dans la transparence de l'eau et prouva à Tchin-Sing qu'il n'était pas désagréable à la belle inconnue ; mais comme on ne peut pas avoir de bien longues conversations avec un reflet dont on ne peut pas voir le corps, il fit signe qu'il allait écrire, et rentra dans l'intérieur du pavillon. Au bout de quelques instants il sortit tenant un carré de papier argenté et coloré, sur lequel il avait improvisé une déclaration d'amour en vers de sept syllabes. Il roula sa pièce de vers, l'enferma dans le calice d'une fleur et enveloppa le tout d'une large feuille de nénuphar qu'il posa délicatement sur l'eau.

Une légère brise, qui s'éleva fort à propos, poussa la déclaration vers une des baies de la muraille, de sorte que Ju-Kiouan n'eut qu'à se baisser pour la recueillir. De peur d'être surprise, elle se retira dans la plus reculée de ses chambres, et lut avec un plaisir infini les expressions d'amour et les métaphores dont Tchin-Sing s'était servi ; outre la joie de se savoir aimée, elle éprouvait la satisfaction de l'être par un homme de mérite, car la beauté de l'écriture, le choix des mots, l'exactitude des rimes, l'éclat des images prouvaient une éducation brillante : ce qui la frappa surtout, c'était le nom de Tchin-Sing. Elle avait trop souvent entendu sa mère parler du rêve de la perle pour n'être pas frappée de cette coïncidence ; aussi ne douta-t-elle pas un instant que Tchin-Sing ne fût l'époux que le ciel lui destinait.

Le jour suivant, comme la brise avait changé, Ju-Kiouan envoya par le même moyen, vers le pavillon opposé, une réponse en vers, où, malgré toute la modestie naturelle à une jeune fille, il était facile de voir qu'elle partageait l'amour de Tchin-Sing.

En lisant la signature du billet, Tchin-Sing ne put retenir une exclamation de surprise : « Le Jaspe ! » N'est ce pas la pierre précieuse que ma mère voyait en songe étinceler sur ma poitrine comme une escarboucle !... Décidément il faut que je me présente dans cette maison ; car c'est là qu'habite l'épouse prophétisée par les esprits nocturnes. — Comme il allait sortir, il se souvint des dissensions qui divisaient les deux propriétaires, et des prohibitions inscrites sur la tablette ; et ne sachant quel parti prendre, il conta toute l'histoire à madame Kouan. Ju-

Kiouan, de son côté, avait tout dit à madame Tou. Ces noms de perle et de jaspe parurent décisifs aux deux matrones, qui retournèrent au temple de Fô consulter le bonze.

Le bonze répondit que telle était, en effet, la signification du rêve, et que ne pas s'y conformer serait encourir la colère céleste. Touché des instances des deux mères, et aussi par quelques légers présents qu'elles lui firent, il se chargea des démarches auprès de Tou et de Kouan, et les entortilla si bien, qu'ils ne purent se dédire lorsqu'il découvrit la vraie origine des époux. En se revoyant après un si long temps, les deux anciens amis s'étonnèrent d'avoir pu se séparer pour des causes si frivoles, et sentirent combien ils s'étaient privés l'un et l'autre. Les noces se firent ; la Perle et le Jaspe purent enfin se parler autrement que par l'intermédiaire d'un reflet. — En furent-ils plus heureux, c'est ce que nous n'oserions affirmer ; car le bonheur n'est souvent qu'une ombre dans l'eau.

L'ENFANT AUX SOULIERS DE PAIN

Écoutez cette histoire que les grand' mères d'Allemagne content à leurs petits enfants, — l'Allemagne, un beau pays de légendes et de rêveries, où le clair de lune, jouant sur les brumes du vieux Rhin, crée mille visions fantastiques.

Une pauvre femme habitait seule, à l'extrémité du village, une humble maisonnette : le logis était assez misérable et ne contenait que les meubles les plus indispensables.

Un vieux lit à colonnes torses où pendaient des rideaux de serge jaunie, une huche pour mettre le pain, un coffre de noyer luisant de propreté, mais dont de nombreuses piqûres de vers, rebouchées avec de la cire, annonçaient les longs services, un fauteuil de tapisserie aux couleurs passées et qu'avait usé la tête branlante de l'aïeule, un rouet poli par le travail : c'était tout.

Nous allions oublier un berceau d'enfant, tout

neuf, bien douillettement garni, et recouvert d'une jolie courte-pointe à ramages, piquée par une aiguille infatigable, celle d'une mère ornant la crèche de son petit Jésus.

Toute la richesse de la pauvre maison était concentrée là.

L'enfant d'un bourgmestre ou d'un conseiller aulique n'eût pas été plus moelleusement couché. Sainte prodigalité, douce folie de la mère, qui se prive de tout pour faire un peu de luxe, au sein de sa misère, à son cher nourrisson!

Ce berceau donnait un air de fête au mince taudis; la nature, qui est compatissante aux malheureux, égayait la nudité de cette chaumine par des touffes de joubarbes et des mousses de velours. De bonnes plantes, pleines de pitié, tout en ayant l'air de parasites, bouchaient à propos les trous du toit qu'elles rendaient splendide comme une corbeille, et empêchaient la pluie de tomber sur le berceau; les pigeons s'abattaient sur la fenêtre et roucoulaient jusqu'à ce que l'enfant fût endormi.

Un petit oiseau auquel le jeune Hanz avait donné une miette de pain l'hiver, quand la neige blanchissait la terre, avait, au printemps, laissé choir une graine de son bec au pied de la muraille, et il en était sorti un beau liseron qui, s'accrochant aux pierres avec ses griffes vertes, était entré dans la chambre par un carreau brisé, et couronnait de sa guirlande le berceau de l'enfant, de sorte qu'au matin, les yeux bleus de Hanz et les clochettes bleues du liseron s'éveillaient en même temps, et se regardaient d'un air d'intelligence.

Ce logis était donc pauvre, mais non pas triste.

La mère de Hanz, dont le mari était mort bien loin à la guerre, vivait, tant bien que mal, de quelques légumes du jardin, et du produit de son rouet : bien peu de chose ; mais Hanz ne manquait de rien, c'était assez.

Certes c'était une femme pieuse et croyante que la mère de Hanz. Elle priait, travaillait et pratiquait la vertu ; mais elle commit une faute : elle se regarda avec trop de complaisance et s'enorgueillit trop dans son fils.

Il arrive quelquefois que les mères, voyant ces beaux enfants vermeils, aux mains trouées de fossettes, à la peau blanche, aux talons roses, s'imaginent qu'ils sont à elles pour toujours ; mais Dieu ne donne rien, il prête seulement ; et, comme un créancier oublié, il vient parfois redemander subitement son dû.

Parce que ce frais bouton était sorti de sa tige, la mère de Hanz crut qu'elle l'avait fait naître ; et Dieu, qui, du fond de son paradis aux voûtes d'azur étoilées d'or, observe tout ce qui se passe sur terre, et entend du bout de l'infini le bruit que fait le brin d'herbe en poussant, ne vit pas cela avec plaisir.

Il vit aussi que Hanz était gourmand et sa mère trop indulgente à sa gourmandise ; souvent ce mauvais enfant pleurait lorsqu'il fallait, après le raisin ou la pomme, manger le pain, objet de l'envie de tant de malheureux, et la mère le laissait jeter le morceau commencé, ou l'achevait elle-même.

Or, il advint que Hanz tomba malade : la fièvre le brûlait, sa respiration sifflait dans son gosier étranglé ; il avait le croup, une terrible maladie qui a fait rougir les yeux de bien des mères et de bien des pères.

La pauvre femme, à ce spectacle, sentit une douleur horrible.

Sans doute vous avez vu dans quelque église l'image de Notre-Dame, vêtue de deuil et debout sous la croix, avec sa poitrine ouverte et son cœur ensanglanté, où plongent sept glaives d'argent, trois d'un côté, quatre de l'autre. Cela veut dire qu'il n'y a pas d'agonie plus affreuse que celle d'une mère qui voit mourir son enfant.

Et pourtant la sainte Vierge croyait à la divinité de Jésus et savait que son fils ressusciterait.

Or, la mère de Hanz n'avait pas cet espoir.

Pendant les derniers jours de la maladie de Hanz, tout en le veillant, la mère, machinalement, continuait à filer, et le bourdonnement du rouet se mêlait au râle du petit moribond.

Si des riches trouvent étrange qu'une mère file près du lit de mort de son enfant, c'est qu'ils ne savent pas ce que la pauvreté renferme de tortures pour l'âme ; hélas ! elle ne brise pas seulement le corps, elle brise aussi le cœur.

Ce qu'elle filait ainsi, c'était le fil pour le linceul de son petit Hanz ; elle ne voulait pas qu'une toile qui eût servi enveloppât ce cher corps, et comme elle n'avait pas d'argent, elle faisait ronfler son rouet avec une funèbre activité; mais elle ne passait pas le fil sur sa lèvre comme d'habitude : il lui tombait assez de pleurs des yeux pour le mouiller.

A la fin du sixième jour, Hanz expira. Soit hasard, soit sympathie, la guirlande de liseron qui caressait son berceau languit, se fana, se dessécha, et laissa tomber sa dernière fleur crispée sur le lit.

Quand la mère fut bien convaincue que le souffle s'était envolé à tout jamais de ses lèvres où les violettes de la mort avaient remplacé les roses de la vie, elle recouvrit, avec le bord du drap, cette tête trop chère, prit son paquet de fil sous son bras, et se dirigea vers la maison du tisserand.

« Tisserand, lui dit-elle, voici du fil bien égal, très-fin et sans nœuds : l'araignée n'en file pas de plus délié entre les solives du plafond; que votre navette aille et vienne; de ce fil il me faut faire une aune de toile aussi douce que de la toile de Frise et de Hollande. »

Le tisserand prit l'écheveau, disposa la chaîne, et la navette affairée, tirant le fil après elle, se mit à courir çà et là.

Le peigne raffermissait la trame, et la toile s'avançait sur le métier sans inégalité, sans rupture, aussi fine que la chemise d'une archiduchesse ou le linge dont le prêtre essuie le calice à l'autel.

Quand le fil fut tout employé, le tisserand rendit la toile à la pauvre mère et lui dit, car il avait tout compris à l'air fixement désespéré de la malheureuse :

« Le fils de l'Empereur, qui est mort, l'année dernière, en nourrice, n'est pas enveloppé dans son petit cercueil d'ébène, à clous d'argent, d'une toile plus moelleuse et plus fine. »

Ayant plié la toile, la mère tira de son doigt amaigri un mince anneau d'or tout usé par le frottement :

« Bon tisserand, dit-elle, prenez cet anneau, mon anneau de mariage, le seul or que j'aie jamais possédé. »

Le brave homme de tisserand ne voulait pas le prendre; mais elle lui dit :

« Je n'ai pas besoin de bague là où je vais; car, je le sens, les petits bras de Hanz me tirent en terre. »

Elle alla ensuite chez le charpentier, et lui dit :

« Maître, prenez de bon cœur de chêne qui ne se pourrisse pas et que les vers ne puissent piquer; taillez-y cinq planches et deux planchettes, et faites-en une bière de cette mesure. »

Le charpentier prit la scie et le rabot, ajusta les ais, frappa, avec son maillet, sur les clous le plus doucement possible, pour ne pas faire entrer les pointes de fer dans le cœur de la pauvre femme plus avant que dans le bois.

Quand l'ouvrage fut fini, on aurait dit, tant il était soigné et bien fait, une boîte à mettre des bijoux et des dentelles.

« Charpentier, qui avez fait un si beau cercueil à mon petit Hanz, je vous donne ma maison au bout du village, et le petit jardin qui est derrière, et le puits avec sa vigne. — Vous n'attendrez pas longtemps. »

Avec le linceul et le cercueil qu'elle tenait sous son bras, tant il était petit, elle s'en allait par les rues du village, et les enfants, qui ne savent ce que c'est que la mort, disaient :

« Voyez comme la mère de Hanz lui porte une belle boîte de joujoux de Nuremberg; sans doute une ville avec ses maisons de bois peintes et vernissées, son clocher entouré d'une feuille de plomb, son beffroi et sa tour crénélée, et les arbres des promenades, tout frisés et tout verts, ou bien un joli violon avec ses chevilles sculptées au manche et son archet en crin de cheval. — Oh! que n'avons-nous une boîte pareille! »

Et les mères, en pâlissant, les embrassaient et les faisaient taire :

« Imprudents que vous êtes, ne dites pas cela ; ne la souhaitez pas la boîte à joujoux, la boîte à violon que l'on porte sous le bras en pleurant; vous l'aurez assez tôt, pauvres petits! »

Quand la mère de Hanz fut rentrée, elle prit le cadavre mignon et encore joli de son fils, et se mit à lui faire cette dernière toilette qu'il faut bien soigner, car elle doit durer l'éternité.

Elle le revêtit de ses habits du dimanche, de sa robe de soie et de sa pelisse à fourrures, pour qu'il n'eût pas froid dans l'endroit humide où il allait. Elle plaça à côté de lui la poupée aux yeux d'émail qu'il aimait tant qu'il la faisait coucher dans son berceau.

Mais, au moment de rabattre le linceul sur le corps à qui elle avait donné mille fois le dernier baiser, elle s'aperçut qu'elle avait oublié de mettre à l'enfant mort ses jolis petits souliers rouges.

Elle les chercha dans la chambre, car cela lui faisait de la peine de voir nus ces pieds autrefois si tièdes et si vermeils, maintenant si glacés et si pâles; mais, pendant son absence, les rats ayant trouvé les souliers sous le lit, faute de meilleure nourriture, avaient grignoté, rongé et déchiqueté la peau.

Ce fut un grand chagrin pour la pauvre mère que son Hanz s'en allât dans l'autre monde les pieds nus; alors que le cœur n'est plus qu'une plaie, il suffit de le toucher pour le faire saigner.

Elle pleura devant ces souliers : de cet œil enflammé et tari une larme put jaillir encore.

Comment pourrait-elle avoir des souliers pour Hanz, elle avait donné sa bague et sa maison? telle était la pensée qui la tourmentait. A force de rêver, il lui vint une idée.

Dans la huche restait une miche tout entière, car, depuis longtemps, la malheureuse, nourrie par son chagrin, ne mangeait plus.

Elle fendit cette miche, se souvenant qu'autrefois, avec la mie, elle avait fait, pour amuser Hanz, des pigeons, des canards, des poules, des sabots, des barques et autres puérilités.

Plaçant la mie dans le creux de sa main, et la pétrissant avec son pouce en l'humectant de ses larmes, elle fit une paire de petits souliers de pain dont elle chaussa les pieds froids et bleuâtres de l'enfant mort, et, le cœur soulagé, elle rabattit le linceul et ferma la bière. — Pendant qu'elle pétrissait la mie, un pauvre s'était présenté sur le seuil, timide, demandant du pain; mais de la main elle lui avait fait signe de s'éloigner.

Le fossoyeur vint prendre la boîte, et l'enfouit dans un coin du cimetière sous une touffe de rosiers blancs : l'air était doux, il ne pleuvait pas, et la terre n'était pas mouillée; ce fut une consolation pour la mère, qui pensa que son pauvre petit Hanz ne passerait pas trop mal sa première nuit de tombeau.

Revenue dans sa maison solitaire, elle plaça le berceau de Hanz à côté de son lit, se coucha et s'endormit.

La nature brisée succombait.

En dormant, elle eut un rêve, ou, du moins, elle crut que c'était un rêve.

Hanz lui apparut, vêtu, comme dans sa bière, de sa robe des dimanches, de sa pelisse à fourrure de cygne, ayant à la main sa poupée aux yeux d'émail, et aux pieds ses souliers de pain.

Il semblait triste.

Il n'avait pas cette auréole que la mort doit donner aux petits innocents; car si l'on met un enfant dans la terre, il en sort un ange.

Les roses du Paradis ne fleurissaient pas sur ses joues pâles, fardées en blanc par la mort ; des larmes tombaient de ses cils blonds, et de gros soupirs gonflaient sa petite poitrine.

La vision disparut, et la mère s'éveilla baignée de sueur, ravie d'avoir vu son fils, effrayée de l'avoir revu si triste ; mais elle se rassura en se disant : Pauvre Hanz ! même en Paradis, il ne peut m'oublier.

La nuit suivante, l'apparition se renouvela : Hanz était encore plus triste et plus pâle.

Sa mère, lui tendant les bras, lui dit :

« Cher enfant, console-toi, et ne t'ennuie pas au Ciel, je vais te rejoindre. »

La troisième nuit, Hanz revint encore ; il gémissait et pleurait plus que les autres fois, et il disparut en joignant ses petites mains : il n'avait plus sa poupée, mais il avait toujours ses souliers de pain.

La mère inquiète alla consulter un vénérable prêtre qui lui dit :

« Je veillerai près de vous cette nuit, et j'interrogerai le petit spectre ; il me répondra ; je sais les mots qu'il faut dire aux esprits innocents ou coupables. »

Hanz parut à l'heure ordinaire, et le prêtre le somma, avec les mots consacrés, de dire ce qui le tourmentait dans l'autre monde.

« Ce sont les souliers de pain qui font mon tourment et m'empêchent de monter l'escalier de diamant du Paradis ; ils sont plus lourds à mes pieds que des bottes de postillon, et je ne puis dépasser les deux ou trois premières marches, et cela me cause une grande peine, car je vois là-haut une nuée de beaux chérubins avec des ailes roses qui m'appellent pour jouer et me montrent des joujoux d'argent et d'or.

Ayant dit ces mots, il disparut.

Le saint prêtre, à qui la mère de Hanz avait fait sa confession, lui dit :

« Vous avez commis une grande faute, vous avez profané le pain quotidien, le pain sacré, le pain du bon Dieu, le pain que Jésus-Christ, à son dernier repas, a choisi pour représenter son corps, et, après en avoir refusé une tranche au pauvre qui s'est présenté sur votre seuil, vous en avez pétri des souliers pour votre Hanz.

« Il faut ouvrir la bière, retirer les souliers de pain des pieds de l'enfant et les brûler dans le feu qui purifie tout. »

Accompagné du fossoyeur et de la mère, le prêtre se rendit au cimetière : en quatre coups de bêche on mit le cercueil à nu, on l'ouvrit.

Hanz était couché dedans, tel que sa mère l'y avait posé, mais sa figure avait une expression de douleur.

Le saint prêtre ôta délicatement des talons du jeune mort les souliers de pain, et les brûla lui-même à la flamme d'un cierge en récitant un prière.

Lorsque la nuit vint, Hanz apparut à sa mère une dernière fois, mais joyeux, rose, content, avec deux petits chérubins dont il s'était déjà fait des amis ; il avait des ailes de lumière et un bourrelet de diamants.

« Oh! ma mère, quelle joie, quelle félicité, et comme ils sont beaux les jardins du Paradis! On y joue éternellement, et le bon Dieu ne gronde jamais. »

Le lendemain, la mère revit son fils, non pas sur terre, mais au ciel; car elle mourut dans la journée, le front penché sur le berceau vide.

LE CHEVALIER DOUBLE

Qui rend donc la blonde Edwige si triste? que fait-elle assise à l'écart, le menton dans sa main et le coude au genou, plus morne que le désespoir, plus pâle que la statue d'albâtre qui pleure sur un tombeau?

Du coin de sa paupière une grosse larme roule sur le duvet de sa joue, une seule, mais qui ne tarit jamais; comme cette goutte d'eau qui suinte des voûtes du rocher et qui à la longue use le granit, cette seule larme, en tombant sans relâche de ses yeux sur son cœur, l'a percé et traversé à jour.

Edwige, blonde Edwige, ne croyez-vous plus à Jésus-Christ le doux Sauveur? doutez-vous de l'indulgence de la très-sainte Vierge Marie? Pourquoi portez-vous sans cesse à votre flanc vos petites mains diaphanes, amaigries et fluettes comme celles des Elfes et des Willis? Vous allez être mère; c'était votre plus cher vœu; votre noble époux, le comte Lodbrog, a promis un autel d'argent massif, un ciboire d'or fin à l'église de Saint-Euthbert si vous lui donniez un fils.

Hélas! hélas! la pauvre Edwige a le cœur percé des sept glaives de la douleur; un terrible secret pèse sur son âme. Il y a quelques mois, un étranger est venu au château; il faisait un terrible temps cette nuit-là : les tours tremblaient dans leur charpente, les girouettes piaulaient, le feu rampait dans la cheminée, et le vent frappait à la vitre comme un importun qui veut entrer.

L'étranger était beau comme un ange, mais comme un ange tombé; il souriait doucement et regardait doucement, et pourtant ce regard et ce sourire vous glaçaient de terreur et vous inspiraient l'effroi qu'on éprouve en se penchant sur un abîme. Une grâce scélérate, une langueur perfide comme celle du tigre qui guette sa proie, accompagnaient tous ses mouvements; il charmait à la façon du serpent qui fascine l'oiseau.

Cet étranger était un maître chanteur; son teint bruni montrait qu'il avait vu d'autres cieux; il disait venir du fond de la fond de la Bohême, et demandait l'hospitalité pour cette nuit-là seulement.

Il resta cette nuit, et encore d'autres jours et encore d'autres nuits, car la tempête ne pouvait s'apaiser, et le vieux château s'agitait sur ses fondements comme si la rafale eût voulu le déraciner et faire tomber sa couronne de créneaux dans les eaux écumeuses du torrent.

Pour charmer le temps, il chantait d'étranges poésies qui troublaient le cœur et donnaient des idées furieuses; tout le temps qu'il chantait, un corbeau noir vernissé, luisant comme le jais, se tenait sur son épaule; il battait la mesure avec son bec d'ébène, et semblait applaudir en secouant ses ailes. — Edwige pâlissait, pâlissait comme les lis du clair de lune; Edwige rougissait, rougissait comme les roses de l'aurore, et se laissait aller en arrière dans son grand fauteuil, languissante, à demi morte, enivrée comme si elle avait respiré le parfum fatal de ces fleurs qui font mourir.

Enfin le maître chanteur put partir; un petit sourire bleu venait de dérider la face du ciel. Depuis ce jour, Edwige, la blonde Edwige ne fait que pleurer dans l'angle de la fenêtre.

Edwige est mère; elle a un bel enfant tout blanc et tout vermeil. — Le vieux comte Lodbrog a commandé au fondeur l'autel d'argent massif, et il a donné mille pièces d'or à l'orfèvre dans une bourse de peau de renne pour fabriquer le ciboire; il sera large et lourd, et tiendra une grande mesure de vin. Le prêtre qui le videra pourra dire qu'il est un bon buveur.

L'enfant est tout blanc et tout vermeil, mais il a le regard noir de l'étranger : sa mère l'a bien vu. Ah ! pauvre Edwige! pourquoi avez-vous tant regardé l'étranger avec sa harpe et son corbeau?...

Le chapelain ondoie l'enfant; — on lui donne le nom d'Oluf, un bien beau nom ! — Le mire monte sur la plus haute tour pour lui tirer l'horoscope.

Le temps était clair et froid : comme une mâchoire de loup cervier aux dents aiguës et blanches, une découpure de montagnes couvertes de neiges mordait le bord de la robe du ciel; les étoiles larges et pâles brillaient dans la crudité bleue de la nuit comme des soleils d'argent.

Le mire prend la hauteur, remarque l'année, le jour et la minute; il fait de longs calculs en encre rouge sur un long parchemin tout constellé de signes cabalistiques; il rentre dans son cabinet, et remonte sur la plate-forme, il ne s'est pourtant pas trompé dans ses supputations, son thème de nativité est juste comme un trébuchet à peser les pierres fines; cependant il recommence : il n'a pas fait d'erreur.

Le petit comte Oluf a une étoile double, une verte et une rouge, verte comme l'espérance, rouge comme l'enfer; l'une favorable, l'autre désastreuse. Cela s'est-il jamais vu qu'un enfant ait une étoile double?

Avec un air grave et compassé le mire rentre dans la chambre de l'accouchée et dit, en passant sa main osseuse dans les flots de sa grande barbe de mage :

« Comtesse Edwige, et vous, comte Lodbrog, deux influences ont présidé à la naissance d'Oluf, votre précieux fils : l'une bonne, l'autre mauvaise; c'est pourquoi il a une étoile verte et une étoile rouge. Il est soumis à un double ascendant; il sera très-heureux ou très-malheureux, je ne sais lequel; peut-être tous les deux à la fois. »

Le comte Lodbrog répondit au mire : « L'étoile verte l'emportera. » Mais Edwige craignait dans son cœur de mère que ce ne fût la rouge. Elle remit son menton dans sa main, son coude sur son genou, et recommença à pleurer dans le coin de la fenêtre. Après avoir allaité son enfant, son unique occupation était de regarder à travers la vitre la neige descendre en flocons drus et pressés, comme si l'on eût plumé là-haut les ailes blanches de tous les anges et de tous les chérubins.

De temps en temps un corbeau passait devant la vitre, croassant et secouant cette poussière argentée. Cela faisait penser Edwige au corbeau singulier qui se tenait toujours sur l'épaule de l'étranger au doux regard du tigre, au charmant sourire de vipère.

Et ses larmes tombaient plus vite de ses yeux sur son cœur, sur son cœur percé à jour.

Le jeune Oluf est un enfant bien étrange : on dirait qu'il y a dans sa petite peau blanche et vermeille deux enfants d'un caractère différent ; un jour il est bon comme un ange, un autre jour il est méchant comme un diable, il mord le sein de sa mère, et déchire à coup d'ongles le visage de sa gouvernante.

Le vieux comte Lodbrog, souriant dans sa moustache grise, dit qu'Oluf fera un bon soldat et qu'il a l'humeur belliqueuse. Le fait est qu'Oluf est un petit drôle insupportable : tantôt il pleure, tantôt il rit ; il est capricieux comme la lune, fantasque comme une femme ; il va, vient, s'arrête tout à coup sans motif apparent, abandonne ce qu'il avait entrepris et fait succéder à la turbulence la plus inquiète l'immobilité la plus absolue; quoiqu'il soit seul, il paraît converser avec un interlocuteur invisible! Quand on lui demande la cause de toutes ces agitations, il dit que l'étoile rouge le tourmente.

Oluf a bientôt quinze ans. Son caractère devient de plus en plus inexplicable; sa physionomie, quoique parfaitement belle, est d'une expression embarrassante; il est blond comme sa mère, avec tous les traits de la race du Nord; mais sous son front blanc comme la neige que n'a rayée encore ni le patin du chasseur ni maculée le pied de l'ours, et qui est bien le front de la race antique des Lodbrog, scintille entre deux paupières orangées un œil aux longs cils noirs, un œil de jais illuminé des fauves ardeurs de la passion italienne, un regard velouté, cruel et doucereux comme celui du maître chanteur de Bohême.

Comme les mois s'envolent, et plus vite encore les années! Edwige repose maintenant sous les arches ténébreuses du caveau des Lodbrog, à côté du vieux comte, souriant, dans son cercueil, de ne pas voir son nom périr. Elle était déjà si pâle que la mort ne l'a pas beaucoup changée. Sur son tombeau il y a une belle statue couchée, les mains jointes, et les pieds sur une levrette de marbre, fidèle compagnie des trépassés. Ce qu'a dit Edwige à sa dernière heure, nul ne le sait, mais le prêtre qui la confessait est devenu plus pâle encore que la mourante.

Oluf, le fils brun et blond d'Edwige la désolée, a vingt ans aujourd'hui. Il est très-adroit à tous les exercices; nul ne tire mieux l'arc que lui; il refend la flèche qui vient de se planter en tremblant dans le cœur du but; sans mors ni éperon il dompte les chevaux les plus sauvages.

Il n'a jamais impunément regardé une femme ou une jeune fille; mais aucune de celles qui l'ont aimé n'a été heureuse. L'inégalité fatale de son caractère s'oppose à toute réalisation de bonheur entre une femme et lui. Une seule de ses moitiés ressent de la passion, l'autre éprouve de la haine; tantôt l'étoile verte l'emporte, tantôt l'étoile rouge. Un jour il vous dit : « O blanches vierges du Nord, étincelantes et pures comme les glaces du pôle; prunelles de clair de lune; joues nuancées des fraîcheurs de l'aurore boréale! » Et l'autre jour il s'écriait : « O filles d'Italie, dorées par le soleil et blondes comme l'orange! cœurs de flamme dans des poitrines de bronze! » Ce qu'il y a de plus triste, c'est qu'il est sincère dans les deux exclamations.

Hélas! pauvres désolées, tristes ombres plaintives, vous ne l'accusez même pas, car vous savez qu'il est plus malheureux que vous; son cœur est un terrain sans cesse foulé par les pieds de deux lutteurs inconnus, dont chacun, comme dans le combat de Jacob et de l'Ange, cherche à dessécher le jarret de son adversaire.

Si l'on allait au cimetière, sous les larges feuilles veloutées du verbascum aux profondes découpures, sous l'asphodèle aux rameaux d'un vert malsain, dans la folle avoine et les orties, l'on trouverait plus d'une pierre abandonnée où la rosée du matin répand seule ses larmes. Mina, Dora, Thécla! la terre est-elle bien lourde à vos seins délicats et à vos corps charmants?

Un jour Oluf appelle Dietrich, son fidèle écuyer; il lui dit de seller son cheval.

« Maître, regardez comme la neige tombe, comme le vent siffle et fait ployer jusqu'à terre la cime des sapins; n'entendez-vous pas dans le lointain hurler les loups maigres et bramer ainsi que des âmes en peine les rennes à l'agonie?

— Dietrich, mon fidèle écuyer, je secouerai la neige comme on fait d'un duvet qui s'attache au manteau; je passerai sous l'arceau des sapins en inclinant un peu l'aigrette de mon casque. Quant aux loups, leurs griffes s'émousseront sur cette bonne armure, et du bout de mon épée fouillant la glace, je découvrirai au pauvre renne, qui geint et pleure à chaudes larmes, la mousse fraîche et fleurie qu'il ne peut atteindre. »

Le comte Oluf de Lodbrog, car tel est son titre depuis que le vieux comte est mort, part sur son bon cheval, accompagné de ses deux chiens géants, Murg et Fenris, car le jeune seigneur aux paupières couleur d'orange a un rendez-vous, et déjà peut-être, du haut de la petite tourelle aiguë en forme de poivrière se penche sur le balcon sculpté, malgré le froid et la bise, la jeune fille inquiète, cherchant à démêler dans la blancheur de la plaine le panache du chevalier.

Oluf, sur son grand cheval à formes d'éléphant,

dont il laboure les flancs à coups d'éperon, s'avance dans la campagne; il traverse le lac, dont le froid n'a fait qu'un seul bloc de glace, où les poissons sont enchâssés, les nageoires étendues, comme des pétrifications dans la pâte du marbre; les quatre fers du cheval, armés de crochets, mordent solidement la dure surface; un brouillard, produit par sa sueur et sa respiration, l'enveloppe et le suit; on dirait qu'il galope dans un nuage; les deux chiens, Murg et Fenris, soufflent, de chaque côté de leur maître, par leurs naseaux sanglants, de longs jets de fumée comme des animaux fabuleux.

Voici le bois de sapins; pareils à des spectres, ils étendent leurs bras appesantis chargés de nappes blanches; le poids de la neige courbe les plus jeunes et les plus flexibles : on dirait une suite d'arceaux d'argent. La noire terreur habite dans cette forêt, où les rochers affectent des formes monstrueuses, où chaque arbre, avec ses racines, semble couver à ses pieds un nid de dragons engourdis. Mais Oluf ne connaît pas la terreur.

Le chemin se resserre de plus en plus, les sapins croisent inextricablement leurs branches lamentables; à peine de rares éclaircies permettent-elles de voir la chaîne de collines neigeuses qui se détachent en blanches ondulations sur le ciel noir et terne.

Heureusement Mopse est un vigoureux coursier qui porterait sans plier Odin le gigantesque; nul obstacle ne l'arrête; il saute par-dessus les rochers, il enjambe les fondrières, et de temps en temps il arrache aux cailloux que son sabot heurte sous la neige une aigrette d'étincelles aussitôt éteintes.

« Allons, Mopse, courage! tu n'as plus à traverser que la petite plaine et le bois de bouleaux; une jolie main caressera ton col satiné, et dans une écurie bien chaude tu mangeras de l'orge mondée et de l'avoine à pleine mesure. »

Quel charmant spectacle que le bois de bouleaux! toutes les branches sont ouatées d'une peluche de givre, les plus petites brindilles se dessinent en blanc sur l'obscurité de l'atmosphère : on dirait une immense corbeille de filigrane, un madrépore d'argent, une grotte avec tous ses stalactites; les ramifications et les fleurs bizarres dont la gelée étame les vitres n'offrent pas des dessins plus compliqués et plus variés.

« Seigneur Oluf, que vous avez tardé! j'avais peur que l'ours de la montagne vous eût barré le chemin ou que les elfes vous eussent invité à danser, dit la jeune châtelaine en faisant asseoir Oluf sur le fauteuil de chêne dans l'intérieur de la cheminée. Mais pourquoi êtes-vous venu au rendez-vous d'amour avec un compagnon? Aviez-vous donc peur de passer tout seul par la forêt?

— De quel compagnon voulez-vous parler, fleur de mon âme? dit Oluf très-surpris à la jeune châtelaine.

— Du chevalier à l'étoile rouge que vous menez toujours avec vous. Celui qui est né d'un regard du chanteur bohémien, l'esprit funeste qui vous possède; défaites-vous du chevalier à l'étoile rouge, ou je n'écouterai jamais vos propos d'amour; je ne puis être la femme de deux hommes à la fois. »

Oluf eut beau faire et beau dire, il ne put seulement parvenir à baiser le petit doigt rose de la main de Brenda; il s'en alla fort mécontent et résolu à combattre le chevalier à l'étoile rouge s'il pouvait le rencontrer.

Malgré l'accueil sévère de Brenda, Oluf reprit le lendemain la route du château à tourelles en forme de poivrière : les amoureux ne se rebutent pas aisément.

Tout en cheminant il se disait: « Brenda sans doute est folle; et que veut-elle dire avec son chevalier à l'étoile rouge? »

La tempête était des plus violentes; la neige tourbillonnait et permettait à peine de distinguer la terre du ciel. Une spirale de corbeaux, malgré les abois de Fenris et de Murg, qui sautaient en l'air pour les saisir, tournoyait sinistrement au-dessus du panache d'Oluf. A leur tête était le corbeau luisant comme le jais qui battait la mesure sur l'épaule du chanteur bohémien.

Fenris et Murg s'arrêtent subitement : leurs naseaux mobiles hument l'air avec inquiétude; ils subodorent la présence d'un ennemi. — Ce n'est point un loup ni un renard; un loup et un renard ne seraient qu'une bouchée pour ces braves chiens.

Un bruit de pas se fait entendre, et bientôt paraît au détour du chemin un chevalier monté sur un cheval de grande taille et suivi de deux chiens énormes.

Vous l'auriez pris pour Oluf. Il était armé exactement de même, avec un surcot historié du même blason ; seulement il portait sur son casque une plume rouge au lieu d'une verte. La route était si étroite qu'il fallait que l'un des deux chevaliers reculât.

« Seigneur Oluf, reculez-vous pour que je passe, dit le chevalier à la visière baissée. Le voyage que je fais est un long voyage ; on m'attend, il faut que j'arrive.

— Par la moustache de mon père, c'est vous qui reculerez. Je vais à un rendez-vous d'amour, et les amoureux sont pressés, » répondit Oluf en portant la main sur la garde de son épée.

L'inconnu tira la sienne, et le combat commença. Les épées, en tombant sur les mailles d'acier, en faisaient jaillir des gerbes d'étincelles pétillantes ; bientôt, quoique d'une trempe supérieure, elles furent ébréchées comme des scies. On eût pris les combattants, à travers la fumée de leurs chevaux et la brume de leur respiration haletante, pour deux noirs forgerons acharnés sur un fer rouge. Les chevaux, animés de la même rage que leurs maîtres, mordaient à belles dents leurs cous veineux, et s'enlevaient des lambeaux de poitrail ; ils s'agitaient avec des soubresauts furieux, se dressaient sur leurs pieds de derrière, et se servant de leurs sabots comme de poings fermés, ils se portaient des coups terribles pendant que leurs cavaliers se martelaient affreusement par-dessus leurs têtes ; les chiens n'étaient qu'une morsure et qu'un hurlement.

Les gouttes de sang suintant à travers les écailles

imbriquées des armures et tombant toutes tièdes sur la neige, y faisaient de petits trous roses. Au bout de peu d'instants l'on aurait dit un crible, tant les gouttes tombaient fréquentes et pressées. Les deux chevaliers étaient blessés.

Chose étrange, Oluf sentait les coups qu'il portait au chevalier inconnu ; il souffrait des blessures qu'il faisait et de celles qu'il recevait : il avait éprouvé un grand froid dans la poitrine, comme d'un fer qui entrerait et chercherait le cœur, et pourtant sa cuirasse n'était pas faussée à l'endroit du cœur : sa seule blessure était un coup dans les chairs au bras droit. Singulier duel, où le vainqueur souffrait autant que le vaincu, où donner et recevoir était une chose indifférente.

Ramassant ses forces, Oluf fit voler d'un revers le terrible heaume de son adversaire. — O terreur ! que vit le fils d'Edwige et de Lodbrog ? il se vit lui-même devant lui : un miroir eût été moins exact. Il s'était battu avec son propre spectre, avec le chevalier à l'étoile rouge ; le spectre jeta un grand cri et disparut.

La spirale de corbeaux remonta dans le ciel et le brave Oluf continua son chemin ; en revenant le soir à son château, il portait en croupe la jeune châtelaine, qui cette fois avait bien voulu l'écouter. Le chevalier à l'étoile rouge n'étant plus là, elle s'était décidée à laisser tomber de ses lèvres de rose, sur le cœur d'Oluf, cet aveu qui coûte tant à la pudeur. La nuit était claire et bleue, Oluf leva la tête pour chercher sa double étoile et la faire voir à sa fiancée : il n'y avait plus que la verte, la rouge avait disparu.

En entrant, Brenda, tout heureuse de ce prodige qu'elle attribuait à l'amour, fit remarquer au jeune Oluf que le jais de ses yeux s'était changé en azur, signe de réconciliation céleste. — Le vieux Lodbrog en sourit d'aise sous sa moustache blanche au fond de son tombeau; car, à vrai dire, quoiqu'il n'en eût rien témoigné, les yeux d'Oluf l'avaient quelquefois fait réfléchir. — L'ombre d'Edwige est toute joyeuse, car l'enfant du noble seigneur Lodbrog a enfin vaincu l'influence maligne de l'œil orange, du corbeau noir et de l'étoile rouge : l'homme a terrassé l'incube.

Cette histoire montre comme un seul moment d'oubli, un regard même innocent, peuvent avoir d'influence.

Jeunes femmes, ne jetez jamais les yeux sur les maîtres chanteurs de Bohême, qui récitent des poésies enivrantes et diaboliques. Vous, jeunes filles, ne vous fiez qu'à l'étoile verte; et vous qui avez le malheur d'être double, combattez bravement, quand même vous devriez frapper sur vous et vous blesser de votre propre épée, l'adversaire intérieur, le méchant chevalier.

Si vous demandez qui nous a apporté cette légende de Norwége, c'est un cygne; un bel oiseau au bec jaune, qui a traversé le Fiord, moitié nageant, moitié volant.

LE PIED DE MOMIE

J'étais entré par désœuvrement chez un de ces marchands de curiosités dits marchands de bric-à-brac dans l'argot parisien, si parfaitement inintelligible pour le reste de la France.

Vous avez sans doute jeté l'œil, à travers le carreau, dans quelques-unes de ces boutiques devenues si nombreuses depuis qu'il est de mode d'acheter des meubles anciens, et que le moindre agent de change se croit obligé d'avoir sa *chambre moyen âge*.

C'est quelque chose qui tient à la fois de la boutique du ferrailleur, du magasin du tapissier, du laboratoire de l'alchimiste et de l'atelier du peintre ; dans ces antres mystérieux où les volets filtrent un prudent demi-jour, ce qu'il y a de plus notoirement ancien, c'est la poussière ; les toiles d'araignées y sont plus authentiques que les guipures, et le vieux poirier y est plus jeune que l'acajou arrivé hier d'Amérique.

Le magasin de mon marchand de bric-à-brac était un véritable Capharnaüm ; tous les siècles et tous les pays semblaient s'y être donné rendez-vous; une lampe étrusque de terre rouge posait sur une armoire de Boule, aux panneaux d'ébène sévèrement rayés de filaments de cuivre; une duchesse du temps de Louis XV allongeait nonchalamment ses pieds de biche sous une épaisse table du règne de Louis XIII, aux lourdes spirales de bois de chêne, aux sculptures entremêlées de feuillages et de chimères.

Une armure damasquinée de Milan faisait miroiter dans un coin le ventre rubané de sa cuirasse; des amours et des nymphes de biscuit, des magots de la Chine, des cornets de céladon et de craquelé, des tasses de Saxe et de vieux Sèvres encombraient les étagères et les encoignures.

Sur les tablettes denticulées des dressoirs, rayonnaient d'immenses plats du Japon, aux dessins rouges et bleus, relevés de hachures d'or côte à côte avec des émaux de Bernard Palissy, représentant des couleuvres, des grenouilles et des lézards en relief.

Des armoires éventrées s'échappaient des cascades de lampas glacé d'argent, des flots de brocatelle criblée de grains lumineux par un oblique rayon de soleil; des portraits de toutes les époques souriaient à travers leur vernis jaune dans des cadres plus ou moins fanés.

Le marchand me suivait avec précaution dans le tortueux passage pratiqué entre les piles de meubles, abattant de la main l'essor hasardeux des basques de mon habit, surveillant mes coudes avec l'attention inquiète de l'antiquaire et de l'usurier.

C'était une singulière figure que celle du marchand : un crâne immense, poli comme un genou, entouré d'une maigre auréole de cheveux blancs que faisait ressortir plus vivement le ton saumon-clair de la peau, lui donnait un faux air de bonhomie patriarcale, corrigée, du reste, par le scintillement de deux petits yeux jaunes qui tremblotaient dans leur orbite comme deux louis d'or sur du vif-argent. La courbure du nez avait une silhouette aquiline qui rappelait le type oriental ou juif. Ses mains, maigres, fluettes, veinées, pleines de nerfs en saillie comme les cordes d'un manche à violon, onglées de griffes semblables à celles qui terminent les ailes membraneuses des chauves-souris, avaient un mouvement d'oscillation sénile, inquiétant à voir ; mais ces mains agitées de tics fiévreux devenaient plus fermes que des tenailles d'acier ou des pinces de homard dès qu'elles soulevaient quelque objet précieux, une coupe d'onyx, un verre de Venise ou un plateau de cristal de Bohême ; ce vieux drôle avait un air si profondément rabbinique et cabalistique qu'on l'eût brûlé sur la mine, il y a trois siècles.

« Ne m'achèterez-vous rien aujourd'hui, monsieur? Voilà un kriss malais dont la lame ondule comme une flamme ; regardez ces rainures pour égoutter le sang, ces dentelures pratiquées en sens inverse pour arracher les entrailles en retirant le poignard ; c'est une arme féroce, d'un beau caractère et qui ferait très-bien dans votre trophée ; cette épée à deux mains est très-belle, elle est de Josepe de la Hera, et cette cauchelimarde à coquille fenestrée, quel superbe travail!

— Non, j'ai assez d'armes et d'instruments de carnage; je voudrais une figurine, un objet quelconque qui pût me servir de serre-papier, car je ne puis souffrir tous ces bronzes de pacotille que vendent les papetiers, et qu'on retrouve invariablement sur tous les bureaux. »

Le vieux gnome, furetant dans ses vieilleries, étala devant moi des bronzes antiques ou soi-disant tels, des morceaux de malachite, de petites idoles indoues ou chinoises, espèce de poussahs de jade, incarnation de Brahma ou de Wishnou merveilleusement propre à cet usage, assez peu divin, de tenir en place des journaux et des lettres.

J'hésitais entre un dragon de porcelaine tout constellé de verrues, la gueule ornée de crocs et de barbelures, et un petit fétiche mexicain fort abominable, représentant au naturel le dieu Witziliputzili, quand j'aperçus un pied charmant que je pris d'abord pour un fragment de Vénus antique.

Il avait ces belles teintes fauves et rousses qui donnent au bronze florentin cet aspect chaud et vivace, si préférable au ton vert-de-grisé des bronzes ordinaires qu'on prendrait volontiers pour des statues en putréfaction : des luisants satinés frissonnaient sur ses formes rondes et polies par les baisers amoureux de vingt siècles; car ce devait être un airain de Corinthe, un ouvrage du meilleur temps, peut-être une fonte de Lysippe!

« Ce pied fera mon affaire, dis-je au marchand, qui me regarda d'un air ironique et sournois en me tendant l'objet demandé pour que je pusse l'examiner plus à mon aise. »

Je fus surpris de sa légèreté ; ce n'était pas un pied de métal, mais bien un pied de chair, un pied embaumé, un pied de momie : en regardant de près, l'on pouvait distinguer le grain de la peau et la gaufrure presque imperceptible imprimée par la trame des bandelettes. Les doigts étaient fins, délicats, terminés par des ongles parfaits, purs et transparents comme des agathes ; le pouce, un peu séparé, contrariait heureusement le plan des autres doigts à la manière antique, et lui donnait une attitude dégagée, une sveltesse de pied d'oiseau ; la plante, à peine rayée de quelques hachures invisibles, montrait qu'elle n'avait jamais touché la terre, et ne s'était trouvée en contact qu'avec les plus fines nattes de roseaux du Nil et les plus moelleux tapis de peaux de panthères.

« Ha ! ha ! vous voulez le pied de la princesse Hermonthis, dit le marchand avec un ricanement étrange, en fixant sur moi ses yeux de hibou : ha ! ha ! ha ! pour un serre-papier ! idée originale, idée d'artiste ; qui aurait dit au vieux Pharaon que le pied de sa fille adorée servirait de serre-papier l'aurait bien surpris, lorsqu'il faisait creuser une montagne de granit pour y mettre le triple cercueil peint et doré, tout couvert d'hiéroglyphes avec de belles peintures du jugement des âmes, ajouta à demi-voix et comme se parlant à lui-même le petit marchand singulier.

— Combien me vendrez-vous ce fragment de momie?

— Ah! le plus cher que je pourrai, car c'est un morceau superbe; si j'avais le pendant, vous ne l'auriez pas à moins de cinq cents francs : la fille d'un Pharaon, rien n'est plus rare.

— Assurément cela n'est pas commun; mais enfin combien en voulez-vous? D'abord je vous avertis d'une chose, c'est que je ne possède pour trésor que cinq louis; — j'achèterai tout ce qui coûtera cinq louis, mais rien de plus.

« Vous scruteriez les arrière-poches de mes gilets, et mes tiroirs les plus intimes, que vous n'y trouveriez pas seulement un misérable tigre à cinq griffes.

— Cinq louis le pied de la princesse Hermonthis, c'est bien peu, très-peu en vérité, un pied authentique, dit le marchand en hochant la tête et en imprimant à ses prunelles un mouvement rotatoire.

« Allons, prenez-le, et je vous donne l'enveloppe par dessus le marché, ajouta-t-il en le roulant dans un vieux lambeau de damas; très-beau, damas véritable, damas des Indes, qui n'a jamais été reteint; c'est fort, c'est moelleux, » marmottait-il en promenant ses doigts sur le tissu éraillé par un reste d'habitude commerciale qui lui faisait vanter un objet de si peu de valeur qu'il le jugeait lui-même digne d'être donné.

Il coula les pièces d'or dans une espèce d'aumônière moyen âge pendant à sa ceinture, en répétant:

« Le pied de la princesse Hermonthis servir de serre-papier! »

Puis, arrêtant sur moi ses prunelles phosphoriques, il me dit avec une voix stridente comme le miaulement d'un chat qui vient d'avaler une arête :

« Le vieux Pharaon ne sera pas content, il aimait sa fille, ce cher homme.

— Vous en parlez comme si vous étiez son contemporain ; quoique vieux, vous ne remontez cependant pas aux pyramides d'Égypte, lui répondis-je en riant du seuil de la boutique. »

Je rentrai chez moi fort content de mon acquisition.

Pour la mettre tout de suite à profit, je posai le pied de la divine princesse Hermonthis sur une liasse de papier, ébauche de vers, mosaïque indéchiffrable de ratures : articles commencés, lettres oubliées et mises à la poste dans le tiroir, erreur qui arrive souvent aux gens distraits ; l'effet était charmant, bizarre et romantique.

Très-satisfait de cet embellissement, je descendis dans la rue, et j'allai me promener avec la gravité convenable et la fierté d'un homme qui a sur tous les passants qu'il coudoie l'avantage ineffable de posséder un morceau de la princesse Hermonthis, fille de Pharaon.

Je trouvai souverainement ridicules tous ceux qui ne possédaient pas, comme moi, un serre-papier aussi notoirement égyptien ; et la vraie occupation d'un homme sensé me paraissait d'avoir un pied de momie sur son bureau.

Heureusement la rencontre de quelques amis vint me distraire de mon engouement de récent acquéquéreur ; je m'en allai dîner avec eux, car il m'eût été difficile de dîner avec moi.

Quand je revins le soir, le cerveau marbré de quelques veines de gris de perle, une vague bouffée de parfum oriental me chatouilla délicatement l'appareil olfactif ; la chaleur de la chambre avait attiédi le natrum, le bitume et la myrrhe dans lesquels les *paraschites* inciseurs de cadavres avaient baigné le corps de la princesse ; c'était un parfum doux quoique pénétrant, un parfum que quatre mille ans n'avaient pu faire évaporer.

Le rêve de l'Égypte était l'éternité : ses odeurs ont la solidité du granit, et durent autant.

Je bus bientôt à pleines gorgées dans la coupe noire du sommeil ; pendant une heure ou deux tout resta opaque, l'oubli et le néant m'inondaient de leurs vagues sombres.

Cependant mon obscurité intellectuelle s'éclaira, les songes commencèrent à m'effleurer de leur vol silencieux.

Les yeux de mon âme s'ouvrirent, et je vis ma chambre telle qu'elle était effectivement : j'aurais pu me croire éveillé, mais une vague perception me disait que je dormais et qu'il allait se passer quelque chose de bizarre.

L'odeur de la myrrhe avait augmenté d'intensité, et je sentais un léger mal de tête que j'attribuais fort raisonnablement à quelques verres de vin de Champagne que nous avions bus aux dieux inconnus et à nos succès futurs.

Je regardais dans ma chambre avec un sentiment d'attente que rien ne justifiait ; les meubles étaient parfaitement en place, la lampe brûlait sur la console, doucement estampée par la blancheur laiteuse de son globe de cristal dépoli ; les aquarelles miroitaient sous leur verre de Bohême ; les rideaux pendaient languissamment : tout avait l'air endormi et tranquille.

Cependant, au bout de quelques instants, cet intérieur si calme parut se troubler, les boiseries craquaient furtivement ; la bûche enfouie sous la cendre lançait tout à coup un jet de gaz bleu, et les disques des patères semblaient des yeux de métal attentifs comme moi aux choses qui allaient se passer.

Ma vue se porta par hasard vers la table sur laquelle j'avais posé le pied de la princesse Hermonthis.

Au lieu d'être immobile comme il convient à un pied embaumé depuis quatre mille ans, il s'agitait, se contractait et sautillait sur les papiers comme une grenouille effarée : on l'aurait cru en contact avec une pile voltaïque ; j'entendais fort distinctement le bruit sec que produisait son petit talon, dur comme un sabot de gazelle.

J'étais assez mécontent de mon acquisition, aimant les serre-papiers sédentaires et trouvant peu naturel de voir les pieds se promener sans jambes, et je commençais à éprouver quelque chose qui ressemblait fort à de la frayeur.

Tout à coup je vis remuer le pli d'un de mes rideaux, et j'entendis un piétinement comme d'une personne qui sauterait à cloche-pied. Je dois avouer que j'eus chaud et froid alternativement ; que je sentis un vent inconnu me souffler dans le dos, et que mes cheveux firent sauter, en se redressant, ma coiffure de nuit à deux ou trois pas.

Les rideaux s'entr'ouvrirent, et je vis s'avancer la figure la plus étrange qu'on puisse imaginer.

C'était une jeune fille, café au lait très-foncé, comme la bayadère Amani, d'une beauté parfaite et rappelant le type égyptien le plus pur ; elle avait des yeux taillés en amande avec des coins relevés et des sourcils tellement noirs qu'ils paraissaient bleus, son nez était d'une coupe délicate, presque grecque pour la finesse, et l'on aurait pu la prendre pour une statue de bronze de Corinthe, si la proéminence des pommettes et l'épanouissement un peu africain de la bouche n'eussent fait reconnaître, à n'en pas douter, la race hiéroglyphique des bords du Nil.

Ses bras minces et tournés en fuseau, comme ceux des très-jeunes filles, étaient cerclés d'espèces d'emprises de métal et de tours de verroterie ; ses cheveux étaient nattés en cordelettes, et sur sa poitrine pendait une idole en pâte verte que son fouet à sept branches faisait reconnaître pour l'Isis, conductrice des âmes ; une plaque d'or scintillait à son front, et quelques traces de fard perçaient sous les teintes de cuivre de ses joues.

Quant à son costume il était très-étrange.

Figurez-vous un pagne de bandelettes chamarrées d'hiéroglyphes noirs et rouges, empesés de bitume et qui semblaient appartenir à une momie fraîchement démaillottée.

Par un de ces sauts de pensée si fréquents dans les rêves, j'entendis la voix fausse et enrouée du marchand de bric-à-brac, qui répétait, comme un refrain monotone, la phrase qu'il avait dite dans sa boutique avec une intonation si énigmatique :

« Le vieux Pharaon ne sera pas content ; il aimait beaucoup sa fille, ce cher homme. »

Particularité étrange et qui ne me rassura guère, l'apparition n'avait qu'un seul pied, l'autre jambe était rompue à la cheville.

Elle se dirigea vers la table où le pied de momie s'agitait et frétillait avec un redoublement de vitesse. Arrivée là, elle s'appuya sur le rebord, et je vis une larme germer et perler dans ses yeux.

Quoiqu'elle ne parlât pas, je discernais clairement sa pensée : elle regardait le pied, car c'était bien le sien, avec une expression de tristesse coquette d'une grâce infinie ; mais le pied sautait et courait çà et là comme s'il eût été poussé par des ressorts d'acier.

Deux ou trois fois elle étendit sa main pour le saisir, mais elle n'y réussit pas.

Alors il s'établit entre la princesse Hermonthis et son pied, qui paraissait doué d'une vie à part, un dialogue très-bizarre dans un cophte très-ancien, tel qu'on pouvait le parler, il y a une trentaine de siècles, dans les syringes du pays de Ser : heureusement que cette nuit-là je savais le cophte en perfection.

La princesse Hermonthis disait d'un ton de voix doux et vibrant comme une clochette de cristal :

« Eh bien ! mon cher petit pied, vous me fuyez toujours, j'avais pourtant bien soin de vous. Je vous baignais d'eau parfumée, dans un bassin d'albâtre; je polissais votre talon avec la pierre-ponce trempée d'huile de palmes, vos ongles étaient coupés avec des pinces d'or et polis avec de la dent d'hippopotame ; j'avais soin de choisir pour vous des thabebs brodés et peints à pointes recourbées, qui faisaient l'envie de toutes les jeunes filles de l'Égypte ; vous aviez à votre orteil des bagues représentant le scarabée sacré, et vous portiez un des corps les plus légers que puisse souhaiter un pied paresseux. »

Le pied répondit d'un ton boudeur et chagrin :

« Vous savez bien que je ne m'appartiens plus, j'ai été acheté et payé ; le vieux marchand savait bien ce qu'il faisait, il vous en veut toujours d'avoir refusé de l'épouser : c'est un tour qu'il vous a joué.

« L'Arabe qui a forcé votre cercueil royal dans le puits souterrain de la nécropole de Thèbes était envoyé par lui, il voulait vous empêcher d'aller à la réunion des peuples ténébreux, dans les cités inférieures. Avez-vous cinq pièces d'or pour me racheter?

— Hélas ! non. Mes pierreries, mes anneaux, mes bourses d'or et d'argent, tout m'a été volé, répondit la princesse Hermonthis avec un soupir.

— Princesse, m'écriai-je alors, je n'ai jamais retenu injustement le pied de personne : bien que vous n'ayez pas les cinq louis qu'il m'a coûté, je vous le rends de bonne grâce; je serais désespéré de rendre boiteuse une aussi aimable personne que la princesse Hermonthis. »

Je débitai ce discours d'un ton régence et troubadour qui dut surprendre la belle Égyptienne.

Elle tourna vers moi un regard chargé de reconnaissance, et ses yeux s'illuminèrent de lueurs bleuâtres.

Elle prit son pied, qui, cette fois, se laissa faire, comme une femme qui va mettre son brodequin, et l'ajusta à sa jambe avec beaucoup d'adresse.

Cette opération terminée, elle fit deux ou trois pas dans la chambre, comme pour s'assurer qu'elle n'était réellement plus boiteuse.

« Ah! comme mon père va être content, lui qui était si désolé de ma mutilation, et qui avait, dès le jour de ma naissance, mis un peuple tout entier à l'ouvrage pour me creuser un tombeau si profond qu'il pût me conserver intacte jusqu'au jour suprême où les âmes doivent être pesées dans les balances de l'Amenthi.

« Venez avec moi chez mon père, il vous recevra bien, vous m'avez rendu mon pied. »

Je trouvai cette proposition toute naturelle; j'endossai une robe de chambre à grands ramages, qui me donnait un air très-pharaonesque; je chaussai à la hâte des babouches turques, et je dis à la princesse Hermonthis que j'étais prêt à la suivre.

Hermonthis, avant de partir, détacha de son col la

petite figurine de pâte verte et la posa sur les feuilles éparses qui couvraient la table.

« Il est bien juste, dit-elle en souriant, que je remplace votre serre-papier. »

Elle me tendit sa main, qui était douce et froide comme une peau de couleuvre, et nous partîmes.

Nous filâmes pendant quelque temps avec la rapidité de la flèche dans un milieu fluide et grisâtre, où des silhouettes à peine ébauchées passaient à droite et à gauche.

Un instant, nous ne vîmes que l'eau et le ciel.

Quelques minutes après, des obélisques commencèrent à pointer, des pylônes, des rampes côtoyées de sphynx se dessinèrent à l'horizon.

Nous étions arrivés.

La princesse me conduisit devant une montagne de granit rose, où se trouvait une ouverture étroite et basse qu'il eût été difficile de distinguer des fissures de la pierre si deux stèles bariolées de sculptures ne l'eussent fait reconnaître.

Hermonthis alluma une torche et se mit à marcher devant moi.

C'étaient des corridors taillés dans le roc vif; les murs, couverts de panneaux d'hiéroglyphes et de processions allégoriques, avaient dû occuper des milliers de bras pendant des milliers d'années ; ces corridors, d'une longueur interminable, aboutissaient à des chambres carrées, au milieu desquelles étaient pratiqués des puits, où nous descendions au moyen de crampons ou d'escaliers en spirale ; ces puits nous conduisaient dans d'autres chambres, d'où partaient d'autres corridors également bigarrés d'éperviers, de serpents roulés en cercle, de tau, de pedum, de bari mystiques, prodigieux travail que nul œil vivant ne devait voir, interminables légendes de granit que les morts avaient seuls le temps de lire pendant l'éternité.

Enfin, nous débouchâmes dans une salle si vaste, si énorme, si démesurée, que l'on ne pouvait en apercevoir les bornes ; à perte de vue s'étendaient des files de colonnes monstrueuses entre lesquelles tremblotaient de livides étoiles de lumière jaune : ces points brillants révélaient des profondeurs incalculables.

La princesse Hermonthis me tenait toujours par la main et saluait gracieusement les momies de sa connaissance.

Mes yeux s'accoutumaient à ce demi-jour crépusculaire, et commençaient à discerner les objets.

Je vis, assis sur des trônes, les rois des races souterraines : c'étaient de grands vieillards secs, ridés, parcheminés, noirs de naphte et de bitume, coiffés de pschents d'or, bardés de pectoraux et de hausse-cols, constellés de pierreries avec des yeux d'une fixité de sphinx et de longues barbes blanchies par la neige des siècles : derrière eux, leurs peuples embaumés se tenaient debout dans les poses roides et contraintes de l'art égyptien, gardant éternellement l'attitude prescrite par le codex hiératique; derrière les peuples miaulaient, battaient de l'aile et ricanaient les chats, les ibis et les crocodiles contemporains, rendus plus monstrueux encore par leur emmaillotage de bandelettes.

Tous les Pharaons étaient là, Chéops, Chephrenès, Psammetichus, Sésostris, Amenoteph; tous les noirs dominateurs des pyramides et des syringes; sur une estrade plus élevée siégeaient le roi Chronos et Xixouthros, qui fut contemporain du déluge, et Tubal Caïn, qui le précéda.

La barbe du roi Xixouthros avait tellement poussé qu'elle avait déjà fait sept fois le tour de la table de granit sur laquelle il s'appuyait tout rêveur et tout somnolent.

Plus loin, dans une vapeur poussiéreuse, à travers le brouillard des éternités, je distinguais vaguement les soixante-douze rois préadamites avec leurs soixante-douze peuples à jamais disparus.

Après m'avoir laissé quelques minutes pour jouir de ce spectacle vertigineux, la princesse Hermonthis me présenta au Pharaon son père, qui me fit un signe de tête fort majestueux.

« J'ai retrouvé mon pied ! j'ai retrouvé mon pied! criait la princesse en frappant ses petites mains l'une contre l'autre avec tous les signes d'une joie folle, c'est monsieur qui me l'a rendu. »

Les races de Kemé, les races de Nahasi, toutes les nations noires, bronzées, cuivrées, répétaient en chœur :

« La princesse Hermonthis a retrouvé son pied! »

Xixouthros lui-même s'en émut :

Il souleva sa paupière appesantie, passa ses doigts dans sa moustache, et laissa tomber sur moi son regard chargé de siècles.

« Par Oms, chien des enfers, et par Tmeï, fille du Soleil et de la Vérité, voilà un brave et digne garçon, dit le Pharaon en étendant vers moi son sceptre terminé par une fleur de lotus.

« Que veux-tu pour ta récompense? »

Fort de cette audace que donnent les rêves, où rien ne paraît impossible, je lui demandai la main d'Hermonthis : la main pour le pied me paraissait une récompense antithétique d'assez bon goût.

Le Pharaon ouvrit tout grands ses yeux de verre, surpris de ma plaisanterie et de ma demande.

« De quel pays es-tu et quel est ton âge?

— Je suis Français, et j'ai vingt-sept ans, vénérable Pharaon.

— Vingt-sept ans! et il veut épouser la princesse Hermonthis, qui a trente siècles! s'écrièrent à la fois tous les trônes et tous les cercles des nations. »

Hermonthis seule ne parut pas trouver ma requête inconvenante.

« Si tu avais seulement deux mille ans, reprit le vieux roi, je t'accorderais bien volontiers la princesse; mais la disproportion est trop forte, et puis il faut à nos filles des maris qui durent, vous ne savez plus vous conserver : les derniers qu'on a apportés il y a quinze siècles à peine, ne sont plus qu'une pincée de cendre; regarde, ma chair est dure comme du basalte, mes os sont des barres d'acier.

« J'assisterai au dernier jour du monde avec le corps et la figure que j'avais de mon vivant ; ma fille Hermonthis durera plus qu'une statue de bronze.

« Alors le vent aura dispersé le dernier grain de ta poussière, et Isis elle-même, qui sut retrouver les morceaux d'Osiris, serait embarrassée de recomposer ton être.

« Regarde comme je suis vigoureux encore et comme mes bras tiennent bien, » dit-il en me secouant la main à l'anglaise, de manière à me couper les doigts avec mes bagues. »

Il me serra si fort que je m'éveillai, et j'aperçus mon ami Alfred qui me tirait par le bras et me secouait pour me faire lever.

« Ah çà ! enragé dormeur, faudra-t-il te faire porter au milieu de la rue et te tirer un feu d'artifice aux oreilles ?

« Il est plus de midi, tu ne te rappelles donc pas que tu m'avais promis de venir me prendre pour aller voir les tableaux espagnols de M. Aguado ?

— Mon Dieu ! je n'y pensais plus, répondis-je en m'habillant ; nous allons y aller : j'ai la permission ici sur mon bureau. »

Je m'avançai effectivement pour la prendre ; mais jugez de mon étonnement lorsqu'à la place du pied de momie que j'avais acheté la veille, je vis la petite figurine de pâte verte mise à sa place par la princesse Hermonthis !

LA PIPE D'OPIUM

L'autre jour, je trouvai mon ami Alphonse Karr assis sur son divan, avec une bougie allumée, quoiqu'il fît grand jour, et tenant à la main un tuyau de bois de cerisier muni d'un champignon de porcelaine sur lequel il faisait dégoutter une espèce de pâte brune assez semblable à de la cire à cacheter ; cette pâte flambait et grésillait dans la cheminée du champignon, et il aspirait par une petite embouchure d'ambre jaune la fumée qui se répandait ensuite dans la chambre avec une vague odeur de parfum oriental.

Je pris, sans rien dire, l'appareil des mains de mon ami, et je m'ajustai à l'un des bouts ; après quelques gorgées, j'éprouvai un espèce d'étourdissement qui n'était pas sans charmes et ressemblait assez aux sensations de la première ivresse.

Étant de feuilleton ce jour-là, et n'ayant pas le

loisir d'être gris, j'accrochai la pipe à un clou et nous descendîmes dans le jardin, dire bonjour aux dahlias et jouer un peu avec Schutz, heureux animal qui n'a d'autre fonction que d'être noir sur un tapis de vert gazon.

Je rentrai chez moi, je dînai, et j'allai au théâtre subir je ne sais quelle pièce, puis je revins me coucher, car il faut bien en arriver là, et faire, par cette mort de quelques heures, l'apprentissage de la mort définitive.

L'opium que j'avais fumé, loin de produire l'effet somnolent que j'en attendais, me jetait en des agitations nerveuses comme du café violent, et je tournais dans mon lit en façon de carpe sur le gril ou de poulet à la broche, avec un perpétuel roulis de couvertures, au grand mécontentement de mon chat roulé en boule sur le coin de mon édredon.

Enfin, le sommeil longtemps imploré ensabla mes prunelles de sa poussière d'or, mes yeux devinrent chauds et lourds, je m'endormis.

Après une ou deux heures complétement immobiles et noires, j'eus un rêve.

— Le voici :

Je me retrouvai chez mon ami Alphonse Karr, — comme le matin, dans la réalité; il était assis sur son divan de lampas jaune, avec sa pipe et sa bougie allumée ; seulement le soleil ne faisait pas voltiger sur les murs, comme des papillons aux mille couleurs, les reflets bleus, verts et rouges des vitraux.

Je pris la pipe de ses mains, ainsi que je l'avais

fait quelques heures auparavant, et je me mis à aspirer lentement la fumée enivrante.

Une mollesse pleine de béatitude ne tarda pas à s'emparer de moi, et je sentis le même étourdissement que j'avais éprouvé en fumant la vraie pipe.

Jusque-là mon rêve se tenait dans les plus exactes limites du monde habitable, et répétait, comme un miroir, les actions de ma journée.

J'étais pelotonné dans un tas de coussins, et je renversais paresseusement ma tête en arrière pour suivre en l'air les spirales bleuâtres, qui se fondaient en brume d'ouate, après avoir tourbillonné quelques minutes.

Mes yeux se portaient naturellement sur le plafond, qui est d'un noir d'ébène, avec des arabesques d'or.

A force de le regarder avec cette attention extatique qui précède les visions, il me parut bleu, mais d'un bleu dur, comme un des pans du manteau de la nuit.

« Vous avez donc fait repeindre votre plafond en bleu, dis-je à Karr, qui, toujours impassible et silencieux, avait embouché une autre pipe, et rendait plus de fumée qu'un tuyau de poêle en hiver, ou qu'un bateau à vapeur dans une saison quelconque.

— Nullement, mon fils, répondit-il en mettant son nez hors du nuage, mais vous m'avez furieusement la mine de vous être à vous-même peint l'estomac en rouge, au moyen d'un bordeaux plus ou moins *Laffitte*.

— Hélas ! que ne dites-vous la vérité ; mais je n'ai bu qu'un misérable verre d'eau sucrée, où toutes les fourmis de la terre étaient venues se désaltérer, une école de natation d'insectes.

— Le plafond s'ennuyait apparemment d'être noir, il s'est mis en bleu ; après les femmes, je ne connais rien de plus capricieux que les plafonds ; c'est une fantaisie de plafond, voilà tout, rien n'est plus ordinaire. »

Cela dit, Karr rentra son nez dans le nuage de fumée, avec la mine satisfaite de quelqu'un qui a donné une explication limpide et lumineuse.

Cependant je n'étais qu'à moitié convaincu, et j'avais de la peine à croire les plafonds aussi fantastiques que cela, et je continuais à regarder celui que j'avais au-dessus de ma tête, non sans quelque sentiment d'inquiétude.

Il bleuissait, il bleuissait comme la mer à l'horizon, et les étoiles commençaient à y ouvrir leurs paupières aux cils d'or ; ces cils, d'une extrême ténuité, s'allongeaient jusque dans la chambre qu'ils remplissaient de gerbes prismatiques.

Quelques lignes noires rayaient cette surface d'azur, et je reconnus bientôt que c'étaient les poutres des étages supérieurs de la maison devenue transparente.

Malgré la facilité que l'on a en rêve d'admettre comme naturelles les choses les plus bizarres, tout ceci commençait à me paraître un peu louche et suspect, et je pensai que si mon camarade Esquiros le

Magicien était là, il me donnerait des explications plus satisfaisantes que celle de mon ami Alphonse Karr.

Comme si cette pensée eût eu la puissance d'évocation, Esquiros se présenta soudain devant nous, à peu près comme le barbet de Faust qui sort de derrière le poêle.

Il avait le visage fort animé et l'air triomphant, et il disait, en se frottant les mains :

« Je vois aux antipodes, et j'ai trouvé la Mandragore qui parle. »

Cette apparition me surprit, et je dis à Karr :

« O Karr! concevez-vous qu'Esquiros, qui n'était pas là tout à l'heure, soit entré sans qu'on ait ouvert la porte?

— Rien n'est plus simple, répondit Karr. L'on entre par les portes fermées, c'est l'usage; il n'y a que les gens mal élevés qui passent par les portes ouvertes. Vous savez bien qu'on dit comme injure : Grand enfonceur de portes ouvertes. »

Je ne trouvai aucune objection à faire contre un raisonnement si sensé, et je restai convaincu qu'en effet la présence d'Esquiros n'avait rien que de fort explicable et de très-légal en soi-même.

Cependant il me regardait d'un air étrange, et ses yeux s'agrandissaient d'une façon démesurée; ils étaient ardents et ronds comme des boucliers chauffés dans une fournaise, et son corps se dissipait et se noyait dans l'ombre, de sorte que je ne voyais plus de lui que ses deux prunelles flamboyantes et rayonnantes.

Des réseaux de feu et des torrents d'effluves magnétiques papillotaient et tourbillonnaient autour de moi, s'enlaçant toujours plus inextricablement et se resserrant toujours ; des fils étincelants aboutissaient à chacun de mes pores, et s'implantaient dans ma peau à peu près comme les cheveux dans la tête. J'étais dans un état de somnambulisme complet.

Je vis alors des petits flocons blancs qui traversaient l'espace bleu du plafond comme des touffes de laine emportées par le vent, ou comme un collier de colombe qui s'égrène dans l'air.

Je cherchais vainement à deviner ce que c'était, quand une voix basse et brève me chuchota à l'oreille, avec un accent étrange : — *Ce sont des esprits !!!* Les écailles de mes yeux tombèrent ; les vapeurs blanches prirent des formes plus précises, et j'aperçus distinctement une longue file de figures voilées qui suivaient la corniche, de droite à gauche, avec un mouvement d'ascension très-prononcé, comme si un souffle impérieux les soulevait et leur servait d'aile.

A l'angle de la chambre, sur la moulure du plafond, se tenait assise une forme de jeune fille enveloppée dans une large draperie de mousseline.

Ses pieds, entièrement nus, pendaient nonchalamment croisés l'un sur l'autre ; ils étaient, du reste, charmants, d'une petitesse et d'une transparence qui me firent penser à ces beaux pieds de jaspe qui sortent si blancs et si purs de la jupe de marbre noir de l'Isis antique du Musée.

Les autres fantômes lui frappaient sur l'épaule en passant, et lui disaient :

« Nous allons dans les étoiles, viens donc avec nous. »

L'ombre au pied d'albâtre leur répondait :

« Non ! je ne veux pas aller dans les étoiles ; je voudrais vivre six mois encore. »

Toute la file passa, et l'ombre resta seule, balançant ses jolis petits pieds, et frappant le mur de son talon nuancé d'une teinte rose, pâle et tendre comme le cœur d'une clochette sauvage ; quoique sa figure fût voilée, je la sentais jeune, adorable et charmante, et mon âme s'élançait de son côté, les bras tendus, les ailes ouvertes.

L'ombre comprit mon trouble par intention ou sympathie, et dit d'une voix douce et cristalline comme un harmonica :

« Si tu as le courage d'aller embrasser sur la bouche celle qui fut moi, et dont le corps est couché dans la ville noire, je vivrai six mois encore, et ma seconde vie sera pour toi.

Je me levai, et me fis cette question :

A savoir, si je n'étais pas le jouet de quelque illusion, et si tout ce qui se passait n'était pas un rêve.

C'était une dernière lueur de la lampe de la raison éteinte par le sommeil.

Je demandai à mes deux amis ce qu'ils pensaient de tout cela.

L'imperturbable Karr prétendit que l'aventure était commune ; qu'il en avait eu plusieurs du même genre, et que j'étais d'une grande naïveté de m'étonner de si peu.

Esquiros expliqua tout au moyen du magnétisme.

« Allons, c'est bien, je vais y aller; mais je suis en pantoufles.....

— Cela ne fait rien, dit Esquiros, je *pressens* une voiture à la porte. »

Je sortis, et je vis, en effet, un cabriolet à deux chevaux qui semblait attendre. Je montai dedans.

Il n'y avait pas de cocher. — Les chevaux se conduisaient eux-mêmes; ils étaient tout noirs, et galoppaient si furieusement, que leurs croupes s'abaissaient et se levaient comme des vagues, et que des pluies d'étincelles petillaient derrière eux.

Ils prirent d'abord la rue de La-Tour-d'Auvergne, puis la rue Bellefonds, puis la rue Lafayette, et, à partir de là, d'autres rues dont je ne sais pas les noms.

A mesure que la voiture allait, les objets prenaient autour de moi des formes étranges : c'étaient des maisons rechignées, accroupies au bord du chemin comme de vieilles filandières, des clôtures en planches, des réverbères qui avaient l'air de gibets à s'y méprendre; bientôt les maisons disparurent tout à fait, et la voiture roulait dans la rase campagne.

Nous filions à travers une plaine morne et sombre; — le ciel était très-bas, couleur de plomb, et une interminable procession de petits arbres fluets courait, en sens inverses de la voiture, des deux côtés du chemin; l'on eût dit une armée de manches à balai en déroute.

Rien n'était sinistre comme cette immensité grisâtre que la grêle silhouette des arbres rayait de hachures noires : — pas une étoile ne brillait, aucune paillette de lumière n'écaillait la profondeur blafarde de cette demi-obscurité.

Enfin, nous arrivâmes à une ville, à moi inconnue, dont les maisons d'une architecture singulière, vaguement entrevue dans les ténèbres, me parurent d'une petitesse à ne pouvoir être habitées ; — la voiture, quoique beaucoup plus large que les rues qu'elle traversait, n'éprouvait aucun retard ; les maisons se rangeaient à droite et à gauche comme des passants effrayés, et laissaient le chemin libre.

Après plusieurs détours, je sentis la voiture fondre sous moi, et les chevaux s'évanouirent en vapeurs ; j'étais arrivé.

Une lumière rougeâtre filtrait à travers les interstices d'une porte de bronze qui n'était pas fermée ; je la poussai, et je me trouvai dans une salle basse dallée de marbre blanc et noir et voûtée en pierre ; une lampe antique, posée sur un socle de brèche violette éclairait d'une lueur blafarde une figure couchée, que je pris d'abord pour une statue comme celles qui dorment les mains jointes, un lévrier aux pieds, dans les cathédrales gothiques ; mais je reconnus bientôt que c'était une femme réelle.

Elle était d'une pâleur exsangue, et que je ne saurais mieux comparer qu'au ton de la cire vierge jaunie ; ses mains mates et blanches comme des hosties, se croisaient sur son cœur ; ses yeux étaient fermés, et leurs cils s'allongeaient jusqu'au milieu des joues ; tout en elle était mort : la bouche seule, fraîche comme une grenade en fleur, étincelait d'une vie riche et pourprée, et souriant à demi comme dans un rêve heureux.

Je me penchai vers elle, je posai ma bouche sur la sienne, et je lui donnai le baiser qui devait la faire revivre.

Ses lèvres humides et tièdes, comme si le souffle venait à peine de les abandonner, palpitèrent sous les miennes, et me rendirent mon baiser avec une ardeur et une vivacité incroyables.

Il y a ici une lacune dans mon rêve, et je ne sais comment je revins de la ville noire ; probablement à cheval sur un nuage ou sur une chauve-souris gigantesque. — Mais je me souviens parfaitement que je me trouvai avec Karr dans une maison qui n'est ni la sienne ni la mienne, ni aucune de celles que je connais.

Cependant tous les détails intérieurs, tout l'aménagement m'étaient extrêmement familiers ; je vois nettement la cheminée dans le goût de Louis XVI, le paravent à ramages, la lampe à garde-vue vert et les étagères pleines de livres aux angles de la cheminée.

J'occupais une profonde bergère à oreillettes, et Karr, les deux talons appuyés sur le chambranle, assis sur les épaules et presque sur la tête, écoutait d'un air piteux et résigné le récit de mon expédition que je regardais moi-même un rêve.

.Tout à coup un violent coup de sonnette se fit entendre, et l'on vint m'annoncer qu'une *dame* désirait *me* parler.

« Faites entrer la *dame*, répondis-je, un peu ému et pressentant ce qui allait arriver. »

Une femme vêtue de blanc, et les épaules couvertes d'un mantelet noir, entra d'un pas léger, et vint se placer dans la pénombre lumineuse projetée par la lampe.

Par un phénomène très-singulier, je vis passer sur sa figure trois physionomies différentes : elle ressembla un instant à Malibran, puis à M..., puis à celle qui disait aussi qu'elle ne voulait pas mourir, et dont le dernier mot fut : « Donnez-moi un bouquet de violettes. »

Mais ces ressemblances se dissipèrent bientôt comme une ombre sur un miroir, les traits du visage prirent de la fixité et se condensèrent, et je *reconnus* la morte que j'avais embrassée dans la ville noire.

Sa mise était extrêmement simple, et elle n'avait d'autre ornement qu'un cercle d'or dans ses cheveux, d'un brun foncé, et tombant en grappes d'ébène le long de ses joues unies et veloutées.

Deux petites taches roses empourpraient le haut de ses pommettes, et ses yeux brillaient comme des globes d'argent brunis; elle avait, du reste, une beauté de camée antique, et la blonde transparence de ses chairs ajoutait encore à la ressemblance.

Elle se tenait debout devant moi, et me pria, demande assez bizarre, de lui dire son nom.

Je lui répondis sans hésiter qu'elle se nommait *Carlotta*, ce qui était vrai ; ensuite elle me raconta qu'elle avait été chanteuse, et qu'elle était morte si jeune, qu'elle ignorait les plaisirs de l'existence, et qu'avant d'aller s'enfoncer pour toujours dans l'immobile éternité, elle voulait jouir de la beauté du monde, s'enivrer de toutes les voluptés et se plonger dans l'océan des joies terrestres ; qu'elle se sentait une soif inextinguible de vie et d'amour.

Et, en disant tout cela avec une éloquence d'expression et une poésie qu'il n'est pas en mon pouvoir de rendre, elle nouait ses bras en écharpe autour de mon cou, et entrelaçait ses mains fluettes dans les boucles de mes cheveux.

Elle parlait en vers d'une beauté merveilleuse, où n'atteindraient pas les plus grands poëtes éveillés, et quand le vers ne suffisait plus pour rendre sa pensée, elle lui ajoutait les ailes de la musique, et c'était des roulades, des colliers de notes plus pures que des perles parfaites, des tenues de voix, des sons filés bien au-dessus des limites humaines, tout ce que l'âme et l'esprit peuvent rêver de plus tendre, de plus adorablement coquet, de plus amoureux, de plus ardent, de plus ineffable.

« Vivre six mois, six mois encore, était le refrain de toutes ses cantilènes. »

Je voyais très-clairement ce qu'elle allait dire, avant que la pensée arrivât de sa tête ou de son cœur jusque sur ses lèvres, et j'achevais moi-même le vers ou le chant commencés ; j'avais pour elle la même transparence, et elle lisait en moi couramment.

Je ne sais pas où se seraient arrêtées ces extases que ne modérait plus la présence de Karr, lorsque je sentis quelque chose de velu et de rude qui me passait sur la figure ; j'ouvris les yeux, et je vis mon chat qui frottait sa moustache à la mienne en manière de congratulation matinale, car l'aube tamisait à travers les rideaux une lumière vacillante.

C'est ainsi que finit mon rêve d'opium, qui ne me laissa d'autre trace qu'une vague mélancolie, suite ordinaire de ces sortes d'hallucinations.

LE CLUB DES HACHICHINS

I

L'HÔTEL PIMODAN.

Un soir de décembre, obéissant à une convocation mystérieuse, rédigée en termes énigmatiques compris des affiliés, inintelligibles pour d'autres, j'arrivai dans un quartier lointain, espèce d'oasis de solitude au milieu de Paris, que le fleuve, en l'entourant de ses deux bras, semble défendre contre les empiétements de la civilisation, car c'était dans une vieille maison de l'île Saint-Louis, l'hôtel Pimodan, bâti par Lauzun, que le club bizarre dont je faisais partie depuis peu tenait ses séances mensuelles, où j'allais assister pour la première fois.

Quoiqu'il fût à peine six heures, la nuit était noire. Un brouillard, rendu plus épais encore par le voisinage de la Seine, estompait tous les objets de sa ouate déchirée et trouée, de loin en loin, par les auréoles rougeâtres des lanternes et les filets de lumière échappés des fenêtres éclairées.

Le pavé, inondé de pluie, miroitait sous les réverbères comme une eau qui réflète une illumination ; une bise âcre, chargée de particules glacées, vous fouettait la figure, et ses sifflements gutturaux faisaient le dessus d'une symphonie dont les flots gonflés se brisant aux arches des ponts formaient la basse : il ne manquait à cette soirée aucune des rudes poésies de l'hiver.

Il était difficile, le long de ce quai désert, dans cette masse de bâtiments sombres, de distinguer la maison que je cherchais ; cependant mon cocher, en se dressant sur son siége parvint à lire sur une plaque de marbre le nom à moitié dédoré de l'ancien hôtel, lieu de réunion des adeptes.

Je soulevai le marteau sculpté, l'usage des sonnettes à bouton de cuivre n'ayant pas encore pénétré dans ces pays reculés, et j'entendis plusieurs fois le cordon grincer sans succès ; enfin, cédant à une traction plus vigoureuse, le vieux pêne rouillé s'ouvrit, et la porte aux ais massifs put tourner sur ses gonds.

Derrière une vitre d'une transparence jaunâtre apparut, à mon entrée, la tête d'une vieille portière ébauchée par le tremblotement d'une chandelle, un tableau de Skalken tout fait. — La tête me fit une grimace singulière, et un doigt maigre, s'allongeant hors de la loge, m'indiqua le chemin.

Autant que je pouvais le distinguer, à la pâle lueur qui tombe toujours, même du ciel le plus obscur, la cour que je traversais était entourée de bâtiments d'architecture ancienne à pignons aigus; je me sentais les pieds mouillés comme si j'eusse marché dans une prairie, car l'interstice des pavés était rempli d'herbe.

Les hautes fenêtres à carreaux étroits de l'escalier, flamboyant sur la façade sombre, me servaient de guide et ne me permettaient pas de m'égarer.

Le perron franchi, je me trouvai au bas d'un de ces immenses escaliers comme on les construisait du temps de Louis XIV, et dans lesquels une maison moderne danserait à l'aise. — Une chimère égyptienne dans le goût de Lebrun, chevauchée par un Amour, allongeait ses pattes sur un piédestal et tenait une bougie dans ses griffes recourbées en bobèche.

La pente des degrés était douce; les repos et les paliers bien distribués attestaient le génie du vieil architecte et la vie grandiose des siècles écoulés; — en montant cette rampe admirable, vêtu de mon mince frac noir, je sentais que je faisais tache dans l'ensemble et que j'usurpais un droit qui n'était pas le mien; l'escalier de service eût été assez bon pour moi.

Des tableaux, la plupart sans cadres, copies des chefs-d'œuvre de l'école italienne et de l'école espagnole, tapissaient les murs, et tout en haut, dans l'ombre, se dessinait vaguement un grand plafond mythologique peint à fresque.

J'arrivai à l'étage désigné.

Un tambour de velours d'Utrecht, écrasé et miroité, dont les galons jaunis et les clous bossués racontaient les longs services, me fit reconnaître la porte.

Je sonnai; l'on m'ouvrit avec les précautions d'usage, et je me trouvai dans une grande salle éclairée à son extrémité par quelques lampes. En entrant là, on faisait un pas de deux siècles en arrière. Le temps, qui passe si vite, semblait n'avoir pas coulé sur cette maison, et, comme une pendule qu'on a oublié de remonter, son aiguille marquait toujours la même date.

Les murs, boisés de menuiseries peintes en blanc, étaient couverts à moitié de toiles rembrunies ayant le cachet de l'époque; sur le poêle gigantesque se dressait une statue qu'on eût pu croire dérobée aux charmilles de Versailles. Au plafond, arrondi en coupole, se tordait une allégorie strapassée, dans le goût de Lemoine, et qui était peut être de lui.

Je m'avançai vers la partie lumineuse de la salle où s'agitaient autour d'une table plusieurs formes humaines, et dès que la clarté, en m'atteignant, m'eut fait reconnaître, un vigoureux hurra ébranla les profondeurs sonores du vieil édifice.

« C'est lui! c'est lui! crièrent en même temps plusieurs voix; qu'on lui donne sa part! »

Le docteur était debout près d'un buffet sur lequel se trouvait un plateau chargé de petites soucoupes de porcelaine du Japon. Un morceau de pâte ou confiture verdâtre, gros à peu près comme le pouce, était tiré par lui au moyen d'une spatule d'un vase de cristal, et posé, à côté d'une cuillère de vermeil, sur chaque soucoupe.

La figure du docteur rayonnait d'enthousiasme; ses yeux étincelaient, ses pommettes se pourpraient de rougeurs, les veines de ses tempes se dessinaient en saillie, ses narines dilatées aspiraient l'air avec force.

« Ceci vous sera défalqué sur votre portion de paradis, » me dit-il en me tendant la dose qui me revenait.

Chacun ayant mangé sa part, l'on servit du café à la manière arabe, c'est-à-dire avec le marc et sans sucre.

Puis l'on se mit à table.

Cette interversion dans les habitudes culinaires a sans doute surpris le lecteur; en effet, il n'est guère d'usage de prendre le café avant la soupe, et ce n'est en général qu'au dessert que se mangent les confitures. La chose assurément mérite explication.

II

PARENTHÈSE.

Il existait jadis en Orient un ordre de sectaires redoutables commandé par un cheik qui prenait le titre de Vieux de la Montagne, ou prince des Assassins.

Ce Vieux de la Montagne était obéi sans réplique; les Assassins ses sujets marchaient avec un dévouement absolu à l'exécution de ses ordres, quels qu'ils fussent; aucun danger ne les arrêtait, même la mort la plus certaine. Sur un signe de leur chef, ils se précipitaient du haut d'une tour, ils allaient poignarder un souverain dans son palais, au milieu de ses gardes.

Par quels artifices le Vieux de la Montagne obtenait-il une abnégation si complète?

Au moyen d'une drogue merveilleuse dont il possédait la recette, et qui a la propriété de procurer des hallucinations éblouissantes.

Ceux qui en avaient pris trouvaient, au réveil de leur ivresse, la vie réelle si triste et si décolorée, qu'ils en faisaient avec joie le sacrifice pour rentrer au paradis de leurs rêves; car tout homme tué en accomplissant les ordres du cheik allait au ciel de droit, ou, s'il échappait, était admis de nouveau à jouir des félicités de la mystérieuse composition.

Or, la pâte verte dont le docteur venait de nous faire une distribution était précisément la même que le Vieux de la Montagne ingérait jadis à ses fanatiques sans qu'ils s'en aperçussent, en leur faisant croire qu'il tenait à sa disposition le ciel de Mahomet et les houris de trois nuances, — c'est-à-dire du *hachich*, d'où vient *hachichin*, mangeur de *hachich*, racine du mot *assassin*, dont l'acception féroce s'explique parfaitement par les habitudes sanguinaires des affidés du Vieux de la Montagne.

Assurément, les gens qui m'avaient vu partir de chez moi à l'heure où les simples mortels prennent leur nourriture ne se doutaient pas que j'allasse à l'île Saint-Louis, endroit vertueux et patriarcal s'il en fut, consommer un mets étrange qui servait, il y a plusieurs siècles, de moyen d'excitation à un cheik imposteur pour pousser des illuminés à l'assassinat. Rien dans ma tenue parfaitement bourgeoise n'eût pu me faire soupçonner de cet excès d'orientalisme; j'avais plutôt l'air d'un neveu qui va dîner chez sa vieille tante que d'un croyant sur le point de goûter les joies du ciel de Mohammed en compagnie de douze Arabes on ne peut plus Français.

Avant cette révélation, on vous aurait dit qu'il existait à Paris en 1845, à cette époque d'agiotage et de chemins de fer, un ordre des hachichins dont M. de Hammer n'a pas écrit l'histoire, vous ne l'auriez pas cru, et cependant rien n'eût été plus vrai, — selon l'habitude des choses invraisemblables.

III

AGAPE.

Le repas était servi d'une manière bizarre et dans toute sorte de vaisselles extravagantes et pittoresques.

De grands verres de Venise, traversés de spirales laiteuses, des vidrecomes allemands historiés de blasons, de légendes, des cruches flamandes en grès émaillé, des flacons à col grêle, encore entourés de leurs nattes de roseaux, remplaçaient les verres, les bouteilles et les carafes.

La porcelaine opaque de Louis Lebœuf et la faïence anglaise à fleurs, ornement des tables bourgeoises, brillaient par leur absence; aucune assiette n'était pareille, mais chacune avait son mérite particulier; la Chine, le Japon, la Saxe, comptaient là des échantillons de leurs plus belles pâtes et de leurs plus riches couleurs : le tout un peu écorné, un peu fêlé, mais d'un goût exquis.

Les plats étaient, pour la plupart, des émaux de Bernard de Palissy, ou des faïences de Limoges, et quelquefois le couteau du découpeur rencontrait, sous les mets réels, un reptile, une grenouille ou un oiseau en relief. L'anguille mangeable mêlait ses replis à ceux de la couleuvre moulée.

Un honnête philistin eût éprouvé quelque frayeur à la vue de ces convives chevelus, barbus, moustachus, ou tondus d'une façon singulière, brandissant des dagues du seizième siècle, des kriss malais, des navajas, et courbés sur des nourritures auxquelles les reflets des lampes vacillantes prêtaient des apparences suspectes.

Le dîner tirait à sa fin, déjà quelques-uns des plus fervents adeptes ressentaient les effets de la pâte verte : j'avais, pour ma part, éprouvé une transposition complète de goût. L'eau que je buvais me semblait avoir la saveur du vin le plus exquis, la viande se changeait dans ma bouche en framboise, et réciproquement. Je n'aurais pas discerné une côtelette d'une pêche.

Mes voisins commençaient à me paraître un peu originaux; ils ouvraient de grandes prunelles de chat-huant; leur nez s'allongeait en proboscide; leur bouche s'étendait en ouverture de grelot. Leurs figures se nuançaient de teintes surnaturelles.

L'un d'eux, face pâle dans une barbe noire, riait aux éclats d'un spectacle invisible; l'autre faisait d'incroyables efforts pour porter son verre à ses lèvres, et ses contorsions pour y arriver excitaient des huées étourdissantes.

Celui-ci, agité de mouvements nerveux, tournait ses pouces avec une incroyable agilité; celui-là, renversé sur le dos de sa chaise, les yeux vagues, les bras morts, se laissait couler en voluptueux dans la mer sans fond de l'anéantissement.

Moi, accoudé sur la table, je considérais tout cela à la clarté d'un reste de raison qui s'en allait et revenait par instants comme une veilleuse près de s'éteindre. De sourdes chaleurs me parcouraient les membres, et la folie, comme une vague qui écume sur une roche et se retire pour s'élancer de nouveau, atteignait et quittait ma cervelle, qu'elle finit par envahir tout à fait.

L'hallucination, cet hôte étrange, s'était installée chez moi.

« Au salon, au salon! cria un des convives; n'entendez-vous pas ces chœurs célestes? Les musiciens sont au pupitre depuis longtemps. »

En effet, une harmonie délicieuse nous arrivait par bouffées à travers le tumulte de la conversation.

IV

UN MONSIEUR QUI N'ÉTAIT PAS INVITÉ.

Le salon est une énorme pièce aux lambris sculptés et dorés, au plafond peint, aux frises ornées de satyres poursuivant des nymphes dans les roseaux, à la vaste cheminée de marbre de couleur, aux amples rideaux de brocatelle, où respire le luxe des temps écoulés.

Des meubles de tapisserie, canapés, fauteuils et bergères, d'une largeur à permettre aux jupes des duchesses et des marquises de s'étaler à l'aise, reçurent les hachichins dans leurs bras moelleux et toujours ouverts.

Une chauffeuse, à l'angle de la cheminée, me faisait des avances, je m'y établis, et m'abandonnai sans résistance aux effets de la drogue fantastique.

Au bout de quelques minutes, mes compagnons, les uns après les autres, disparurent, ne laissant d'autre vestige que leur ombre sur la muraille, qui l'eut bientôt absorbée; — ainsi les taches brunes que l'eau fait sur le sable s'évanouissent en séchant.

Et depuis ce temps, comme je n'eus plus la conscience de ce qu'ils faisaient, il faudra vous contenter pour cette fois du récit de mes simples impressions personnelles.

La solitude régna dans le salon, étoilé seulement de quelques clartés douteuses ; puis, tout à coup, il me passa un éclair rouge sous les paupières, une innombrable quantité de bougies s'allumèrent d'elles-mêmes, et je me sentis baigné par une lumière tiède et blonde. L'endroit où je me trouvais était bien le même, mais avec la différence de l'ébauche au tableau ; tout était plus grand, plus riche, plus splendide. La réalité ne servait que de point de départ aux magnificences de l'hallucination.

Je ne voyais encore personne, et pourtant je devinais la présence d'une multitude.

J'entendais des frôlements d'étoffes, des craquements d'escarpins, des voix qui chuchotaient, susurraient, blésaient et zezayaient, des éclats de rire étouffés, des bruits de pieds de fauteuil et de table. On tracassait les porcelaines, on ouvrait et l'on refermait les portes ; il se passait quelque chose d'inaccoutumé.

Un personnage énigmatique m'apparut soudainement.

Par où était-il entré ? je l'ignore ; pourtant sa vue ne me causa aucune frayeur : il avait un nez recourbé en bec d'oiseau, des yeux verts entourés de trois cercles bruns, qu'il essuyait fréquemment avec un immense mouchoir ; une haute cravate blanche empesée, dans le nœud de laquelle était passée une carte de visite où se lisaient écrits ces mots : — *Daucus-Carota, du Pot d'or*, — étranglait son col mince, et faisait déborder la peau de ses joues en plis rougeâtres ; un habit noir à basques carrées, d'où pendaient des grappes de breloques, emprisonnait son corps bombé en poitrine de chapon. Quant à ses jambes, je dois avouer qu'elles étaient faites d'une racine de mandragore, bifurquée, noire, rugueuse, pleine de nœuds et de verrues, qui paraissait avoir été arrachée de frais, car des parcelles de terre adhéraient encore aux filaments. Ces jambes frétillaient et se tortillaient avec une activité extraordinaire, et, quand le petit torse qu'elles soutenaient fut tout à fait vis-à-vis de moi, l'étrange personnage éclata en sanglots, et, s'essuyant les yeux à tour de bras, me dit de la voix la plus dolente :

« C'est aujourd'hui qu'il faut mourir de rire ! »

Et des larmes grosses comme des pois roulaient sur les ailes de son nez.

« De rire... de rire... » répétèrent comme un écho des chœurs de voix discordantes et nasillardes.

V

FANTASIA.

Je regardai alors au plafond, et j'aperçus une foule de têtes sans corps comme celles des chérubins, qui avaient des expressions si comiques, des physionomies si joviales et si profondément heureuses, que je ne pouvais m'empêcher de partager leur hilarité.

— Leurs yeux se plissaient, leurs bouches s'élargissaient, et leurs narines se dilataient; c'étaient des grimaces à réjouir le spleen en personne. Ces masques bouffons se mouvaient dans des zones tournant en sens inverse, ce qui produisait un effet éblouissant et vertigineux.

Peu à peu le salon s'était rempli de figures extraordinaires, comme on n'en trouve que dans les eaux fortes de Callot et dans les aquatintes de Goya : un pêle-mêle d'oripeaux et de haillons caractéristiques, de formes humaines et bestiales; en toute autre occasion, j'eusse été peut-être inquiet d'une pareille compagnie, mais il n'y avait rien de menaçant dans ces monstruosités. C'était la malice, et non la férocité qui faisait pétiller ces prunelles. La bonne humeur seule découvrait ces crocs désordonnés et ces incisives pointues.

Comme si j'avais été le roi de la fête, chaque figure venait tour à tour dans le cercle lumineux dont j'occupais le centre, avec un air de componction grotesque, me marmotter à l'oreille des plaisanteries dont je ne puis me rappeler une seule, mais qui, sur le moment, me paraissaient prodigieusement spirituelles, et m'inspiraient la gaieté la plus folle.

A chaque nouvelle apparition, un rire homérique, olympien, immense, étourdissant, et qui semblait résonner dans l'infini, éclatait autour de moi avec des mugissements de tonnerre.

Des voix tour à tour glapissantes ou caverneuses criaient :

« Non, c'est trop drôle; en voilà assez! Mon Dieu, mon Dieu, que je m'amuse! De plus fort en plus fort!

— Finissez! je n'en puis plus... Ho! ho! hu! hu! hi! hi! Quelle bonne farce! Quel beau calembour!

— Arrêtez! j'étouffe! j'étrangle! Ne me regardez pas comme cela... ou faites-moi cercler, je vais éclater... »

Malgré ces protestations moitié bouffonnes, moitié suppliantes, la formidable hilarité allait toujours croissant, le vacarme augmentait d'intensité, les planchers et les murailles de la maison se soulevaient et palpitaient comme un diaphragme humain, secoués par ce rire frénétique, irrésistible, implacable.

Bientôt, au lieu de venir se présenter à moi un à un, les fantômes grotesques m'assaillirent en masse, secouant leurs longues manches de pierrot, trébuchant dans les plis de leur souquenille de magicien, écrasant leur nez de carton dans des chocs ridicules, faisant voler en nuage la poudre de leur perruque, et chantant faux des chansons extravagantes sur des rimes impossibles.

Tous les types inventés par la verve moqueuse des peuples et des artistes se trouvaient réunis là, mais décuplés, centuplés de puissance. C'était une cohue étrange : le pulcinella napolitain tapait familièrement sur la bosse du punch anglais; l'arlequin de Bergame frottait son museau noir au masque enfariné du paillasse de France, qui poussait des cris affreux ; le docteur bolonais jetait du tabac dans les yeux du père Cassandre ; Tartaglia galopait à cheval sur un clown, et Gilles donnait du pied au derrière à don Spavento ; Karagheuz, armé de son bâton obscène, se battait en duel avec un bouffon Osque.

Plus loin se démenaient confusément les fantaisies des songes drolatiques, créations hybrides, mélange informe de l'homme, de la bête et de l'ustensile, moines ayant des roues pour pieds et des marmites pour ventre, guerriers bardés de vaisselle brandissant des sabres de bois dans des serres d'oiseau, hommes d'État mus par des engrenages de tournebroche, rois plongés à mi-corps dans des échauguettes en poivrière, alchimistes à la tête arrangée en soufflet, aux membres contournés en alambics, ribaudes faites d'une agrégation de citrouilles à renflements bizarres, tout ce que peut tracer dans la fièvre chaude du crayon un cynique à qui l'ivresse pousse le coude.

Cela grouillait, cela rampait, cela trottait, cela sautait, cela grognait, cela sifflait, comme dit Goethe dans la nuit du Walpurgis.

Pour me soustraire à l'empressement outré de ces baroques personnages, je me réfugiai dans un angle obscur, d'où je pus les voir se livrant à des danses telles que n'en connut jamais la Renaissance au temps de Chicard, ou l'Opéra sous le règne de Musard, le roi du quadrille échevelé. Ces danseurs, mille fois supérieurs à Molière, à Rabelais, à Swift et à Voltaire, écrivaient, avec un entrechat ou un balancé, des comédies si profondément philosophiques, des satires d'une si haute portée et d'un sel si piquant, que j'étais obligé de me tenir les côtes dans mon coin.

Daucus-Carota exécutait, tout en s'essuyant les yeux, des pirouettes et des cabrioles inconcevables, surtout pour un homme qui avait des jambes en racine de mandragore, et répétait d'un ton burlesquement piteux :

« C'est aujourd'hui qu'il faut mourir de rire ! »

O vous qui avez admiré la sublime stupidité d'Odry, la niaiserie enrouée d'Alcide Tousez, la bêtise pleine d'aplomb d'Arnal, les grimaces de macaque de Ravel, et qui croyez savoir ce que c'est qu'un masque comique, si vous aviez assisté à ce bal de *Gustave* évoqué par le hachich, vous conviendriez que les farceurs les plus désopilants de nos petits théâtres sont bons à sculpter aux angles d'un catafalque ou d'un tombeau !

Que de faces bizarrement convulsées ! que d'yeux clignotants et petillants de sarcasmes sous leur membrane d'oiseau ! quels rictus de tirelire ! quelles bouches en coups de hache ! quels nez facétieusement dodécaèdres ! quels abdomens gros de moqueries pantagruéliques !

Comme à travers tout ce fourmillement de cauchemar sans angoisse se dessinaient par éclairs des ressemblances soudaines et d'un effet irrésistible, des caricatures à rendre jaloux Daumier et Gavarni, des fantaisies à faire pâmer d'aise les merveilleux artistes chinois, les Phidias du poussah et du magot !

Toutes les visions n'étaient pas cependant monstrueuses ou burlesques; la grâce se montrait aussi dans ce carnaval de formes : près de la cheminée, une petite tête aux joues de pêche se roulait sur ses cheveux blonds, montrant dans un interminable accès de gaieté trente-deux petites dents grosses comme des grains de riz, et poussant un éclat de rire aigu, vibrant, argentin, prolongé, brodé de trilles et de points d'orgues, qui me traversait le tympan, et, par un magnétisme nerveux, me forçait à commettre une foule d'extravagances.

La frénésie joyeuse était à son plus haut point; on n'entendait plus que des soupirs convulsifs, des gloussements inarticulés. Le rire avait perdu son timbre et tournait au grognement, le spasme succédait au plaisir; le refrain de Daucus-Carota allait devenir vrai.

Déjà plusieurs hachichins anéantis avaient roulé à terre avec cette molle lourdeur de l'ivresse qui rend les chutes peu dangereuses; des exclamations telles que celles-ci : « — Mon Dieu, que je suis heureux ! quelle félicité ! je nage dans l'extase ! je suis en paradis ! je plonge dans des abîmes de délices ! » se croisaient, se confondaient, se couvraient.

Des cris rauques jaillissaient des poitrines oppressées; les bras se tendaient éperdument vers quelque vision fugitive; les talons et les nuques tambourinaient sur le plancher. Il était temps de jeter une goutte d'eau froide sur cette vapeur brûlante, ou la chaudière eût éclaté.

L'enveloppe humaine, qui a si peu de force pour le plaisir, et qui en a tant pour la douleur, n'aurait pu supporter une plus haute pression de bonheur.

Un des membres du club, qui n'avait pas pris part à la voluptueuse intoxication afin de surveiller la fantasia et d'empêcher de passer par les fenêtres ceux d'entre nous qui se seraient cru des ailes, se leva, ouvrit la caisse du piano et s'assit. Ses deux mains, tombant ensemble, s'enfoncèrent dans l'ivoire du clavier, et un glorieux accord résonnant avec force fit taire toutes les rumeurs et changea la direction de l'ivresse.

VI

KIEF.

Le thème attaqué était, je crois, l'air d'Agathe dans le *Freyschütz*; cette mélodie céleste eut bientôt dissipé, comme un souffle qui balaye des nuées difformes, les visions ridicules dont j'étais obsédé. Les larves grimaçantes se retirèrent en rampant sous les fauteuils, où elles se cachèrent entre les plis des rideaux en poussant de petits soupirs étouffés, et de nouveau il me sembla que j'étais seul dans le salon.

L'orgue colossal de Fribourg ne produit pas, à coup sûr, une masse de sonorité plus grande que le piano touché par le *voyant* (on appelle ainsi l'adepte sobre). Les notes vibraient avec tant de puissance, qu'elles m'entraient dans la poitrine comme des flèches lumineuses; bientôt l'air joué me parut sortir de moi-même; mes doigts s'agitaient sur un clavier absent; les sons en jaillissaient bleus et rouges, en étincelles électriques; l'âme de Weber s'était incarnée en moi.

Le morceau achevé, je continuai par des improvisations intérieures, dans le goût du maître allemand, qui me causaient des ravissements ineffables; quel dommage qu'une sténographie magique n'ait pu recueillir ces mélodies inspirées, entendues de moi seul, et que je n'hésite pas, c'est bien modeste de ma part, à mettre au-dessus des chefs-d'œuvre de Rossini, de Meyerbeer, de Félicien David.

O Pillet! ô Vatel! un des trente opéras que je fis en dix minutes vous enrichirait en six mois.

A la gaieté un peu convulsive du commencement avait succédé un bien-être indéfinissable, un calme sans bornes.

J'étais dans cette période bienheureuse du hachich que les Orientaux appellent le *kief*. Je ne sentais plus mon corps; les liens de la matière et de l'esprit étaient déliés; je me mouvais par ma seule volonté dans un milieu qui n'offrait pas de résistance.

C'est ainsi, je l'imagine, que doivent agir les âmes dans le monde aromal où nous irons après notre mort.

Une vapeur bleuâtre, un jour élyséen, un reflet de grotte azurine, formaient dans la chambre une atmosphère où je voyais vaguement trembler des contours indécis; cette atmosphère, à la fois fraîche et tiède, humide et parfumée, m'enveloppait, comme l'eau d'un bain, dans un baiser d'une douceur énervante ; si je voulais changer de place, l'air caressant faisait autour de moi mille remous voluptueux; une langueur délicieuse s'emparait de mes sens et me renversait sur le sofa, où je m'affaissais comme un vêtement qu'on abandonne.

Je compris alors le plaisir qu'éprouvent, suivant leur degré de perfection, les esprits et les anges en traversant les éthers et les cieux, et à quoi l'éternité pouvait s'occuper dans les paradis.

Rien de matériel ne se mêlait à cette extase; aucun désir terrestre n'en altérait la pureté. D'ailleurs, l'amour lui-même n'aurait pu l'augmenter, Roméo hachichin eût oublié Juliette. La pauvre enfant, se penchant dans les jasmins, eût tendu en vain du haut du balcon, à travers la nuit, ses beaux bras d'albâtre, Roméo serait resté au bas de l'échelle de soie, et, quoique je sois éperdument amoureux de l'ange de jeunesse et de beauté créé par Shakspeare, je dois convenir que la plus belle fille de Vérone, pour un hachichin, ne vaut pas la peine de se déranger.

Aussi je regardais d'un œil paisible, bien que charmé, la guirlande de femmes idéalement belles qui couronnaient la frise de leur divine nudité ; je voyais luire des épaules de satin, étinceler des seins d'argent, plafonner de petits pieds à plantes roses, onduler des hanches opulentes, sans éprouver la moindre tentation. Les spectres charmants qui troublaient saint Antoine n'eussent eu aucun pouvoir sur moi.

Par un prodige bizarre, au bout de quelques minutes de contemplation, je me fondais dans l'objet fixé, et je devenais moi-même cet objet.

Ainsi je m'étais transformé en nymphe Syrinx, parce que la fresque représentait en effet la fille du Ladon poursuivie par Pan.

J'éprouvais toutes les terreurs de la pauvre fugitive, et je cherchais à me cacher derrière des roseaux fantastiques, pour éviter le monstre à pieds de bouc.

VII

LE KIEF TOURNE AU CAUCHEMAR.

Pendant mon extase, Daucus-Carota était rentré.

Assis comme un tailleur ou comme un pacha sur ses racines proprement tortillées, il attachait sur moi des yeux flamboyants ; son bec claquait d'une façon si sardonique, un tel air de triomphe railleur éclatait dans toute sa petite personne contrefaite, que je frissonnai malgré moi.

Devinant ma frayeur, il redoublait de contorsions et de grimaces, et se rapprochait en sautillant comme un faucheux blessé ou comme un cul-de-jatte dans sa gamelle.

Alors je sentis un souffle froid à mon oreille, et une voix dont l'accent m'était bien connu, quoique je ne pusse définir à qui elle appartenait, me dit :

« Ce misérable Daucus-Carota, qui a vendu ses « jambes pour boire, t'a escamoté la tête, et mis à « la place, non pas une tête d'âne comme Puck à « Bottom, mais une tête d'éléphant ! »

Singulièrement intrigué, j'allai droit à la glace, et je vis que l'avertissement n'était pas faux.

On m'aurait pris pour une idole indoue ou javanaise : mon front s'était haussé, mon nez, allongé en trompe, se recourbait sur ma poitrine, mes oreilles balayaient mes épaules, et, pour surcroît de désagrément, j'étais couleur d'indigo, comme Shiva, le dieu bleu.

Exaspéré de fureur, je me mis à poursuivre Dancus-Carota, qui sautait et glapissait, et donnait tous les signes d'une terreur extrême ; je parvins à l'attraper, et je le cognai si violemment sur le bord de la table, qu'il finit par me rendre ma tête, qu'il avait enveloppée dans son mouchoir.

Content de cette victoire, j'allai reprendre ma place sur le canapé ; mais la même petite voix inconnue me dit :

« Prends garde à toi, tu es entouré d'ennemis ; les puissances invisibles cherchent à t'attirer et à te retenir. Tu es prisonnier ici : essaye de sortir, et tu verras. »

Un voile se déchira dans mon esprit, et il devint clair pour moi que les membres du club n'étaient autres que des cabalistes et des magiciens qui voulaient m'entraîner à ma perte.

VIII

TREAD-MILL.

Je me levai avec beaucoup de peine et me dirigeai vers la porte du salon, que je n'atteignis qu'au bout d'un temps considérable, une puissance inconnue me forçant de reculer d'un pas sur trois. A mon calcul, je mis dix ans à faire ce trajet.

Daucus-Carota me suivait en ricanant et marmottait d'un air de fausse commisération :

« S'il marche de ce train-là, quand il arrivera, il sera vieux. »

J'étais cependant parvenu à gagner la pièce voisine dont les dimensions me parurent changées et méconnaissables. Elle s'allongeait, s'allongeait... indéfiniment. La lumière, qui scintillait à son extrémité, semblait aussi éloignée qu'une étoile fixe.

Le découragement me prit, et j'allais m'arrêter, lorsque la petite voix me dit, en m'effleurant presque de ses lèvres :

« Courage ! elle t'attend à onze heures. »

Faisant un appel désespéré aux forces de mon âme, je réussis, par une énorme projection de volonté, à soulever mes pieds qui s'agrafaient au sol et qu'il me fallait déraciner comme des troncs d'arbres. Le monstre aux jambes de mandragore m'escortait en parodiant mes efforts et en chantant sur un ton de traînante psalmodie :

« Le marbre gagne ! le marbre gagne ! »

En effet, je sentais mes extrémités se pétrifier, et le marbre m'envelopper jusqu'aux hanches comme la Daphné des Tuileries ; j'étais statue jusqu'à mi-corps, ainsi que ces princes enchantés des *Mille et une Nuits*. Mes talons durcis résonnaient formidablement sur le plancher : j'aurais pu jouer le Commandeur dans *Don Juan*.

Cependant j'étais arrivé sur le palier de l'escalier que j'essayai de descendre ; il était à demi éclairé et prenait à travers mon rêve des proportions cyclopéennes et gigantesques. Ses deux bouts noyés d'ombre me semblaient plonger dans le ciel et dans l'enfer, deux gouffres ; en levant la tête, j'apercevais indistinctement, dans une perspective prodigieuse, des superpositions de paliers innombrables, des rampes à gravir comme pour arriver au sommet de la tour de Lylacq ; en la baissant, je pressentais des abîmes de degrés, des tourbillons de spirales, des éblouissements de circonvolutions.

« Cet escalier doit percer la terre de part en part, me dis-je en continuant ma marche machinale. Je parviendrai au bas le lendemain du jugement dernier. »

Les figures des tableaux me regardaient d'un air de pitié, quelques-unes s'agitaient avec des contorsions pénibles, comme des muets qui voudraient donner un avis important dans une occasion suprême. On eût dit qu'elles voulaient m'avertir d'un piége à éviter, mais une force inerte et morne m'entraînait; les marches étaient molles et s'enfonçaient sous moi, ainsi que les échelles mystérieuses dans les épreuves de franc-maçonnerie. Les pierres gluantes et flasques s'affaissaient comme des ventres de crapauds; de nouveaux paliers, de nouveaux degrés, se présentaient sans cesse à mes pas résignés, ceux que j'avais franchis se replaçaient d'eux-mêmes devant moi.

Ce manége dura mille ans, à mon compte.

Enfin j'arrivai au vestibule, où m'attendait une autre persécution non moins terrible.

La chimère tenant une bougie dans ses pattes, que j'avais remarquée en entrant, me barrait le passage avec des intentions évidemment hostiles; ses yeux verdâtres petillaient d'ironie, sa bouche sournoise riait méchamment; elle s'avançait vers moi presque à plat ventre, traînant dans la poussière son caparaçon de bronze, mais ce n'était pas par soumission; des frémissements féroces agitaient sa croupe de lionne, et Daucus-Carota l'excitait comme on fait d'un chien qu'on veut faire battre :

« Mords-le! mords-le! de la viande de marbre pour une bouche d'airain, c'est un fier régal. »

Sans me laisser effrayer par cette horrible bête, je

passai outre. Une bouffée d'air froid vint me frapper la figure, et le ciel nocturne nettoyé de nuages m'apparut tout à coup. Un semis d'étoiles poudrait d'or les veines de ce grand bloc de lapis-lazuli.

J'étais dans la cour.

Pour vous rendre l'effet que me produisit cette sombre architecture, il me faudrait la pointe dont Piranèse rayait le vernis noir de ses cuivres merveilleux : la cour avait pris les proportions du Champ-de-Mars, et s'était en quelques heures bordée d'édifices géants qui découpaient sur l'horizon une dentelure d'aiguilles, de coupoles, de tours, de pignons, de pyramides, dignes de Rome et de Babylone.

Ma surprise était extrême, je n'avais jamais soupçonné l'île Saint-Louis de contenir tant de magnificences monumentales, qui d'ailleurs eussent couvert vingt fois sa superficie réelle, et je ne songeais pas sans appréhension au pouvoir des magiciens qui avaient pu, dans une soirée, élever de semblables constructions.

« Tu es le jouet de vaines illusions ; cette cour est très-petite, murmura la voix ; elle a vingt-sept pas de long sur vingt-cinq de large.

— Oui, oui, grommela l'avorton bifurqué, des pas de bottes de sept lieues. Jamais tu n'arriveras à onze heures ; voilà quinze cents ans que tu es parti. Une moitié de tes cheveux est déjà grise... Retourne là-haut, c'est le plus sage. »

Comme je n'obéissais pas, l'odieux monstre m'entortilla dans les réseaux de ses jambes, et, s'aidant de ses mains comme de crampons, me remorqua malgré ma résistance, me fit remonter l'escalier où j'avais éprouvé tant d'angoisses, et me réinstalla, à mon grand désespoir, dans le salon d'où je m'étais si péniblement échappé.

Alors le vertige s'empara complétement de moi; je devins fou, délirant.

Daucus-Carota faisait des cabrioles jusqu'au plafond en me disant :

« Imbécile, je t'ai rendu ta tête, mais, auparavant, j'avais enlevé la cervelle avec une cuiller. »

J'éprouvai une affreuse tristesse, car, en portant la main à mon crâne, je le trouvai ouvert, et je perdis connaissance.

IX

NE CROYEZ PAS AUX CHRONOMÈTRES.

En revenant à moi, je vis la chambre pleine de gens vêtus de noir, qui s'abordaient d'un air triste et se serraient la main avec un cordialité mélancolique, comme des personnes affligées d'une douleur commune.

Ils disaient :

« Le Temps est mort ; désormais il n'y aura plus

ni années, ni mois, ni heures; le Temps est mort, et nous allons à son convoi.

— Il est vrai qu'il était bien vieux, mais je ne m'attendais pas à cet événement; il se portait à merveille pour son âge, ajouta une des personnes en deuil que je reconnus pour un peintre de mes amis.

— L'éternité était usée, il faut bien faire une fin, reprit un autre.

— Grand Dieu ! m'écriai-je frappé d'une idée subite, s'il n'y a plus de temps, quand pourra-t-il être onze heures?...

— Jamais... cria d'une voix tonnante Daucus-Carota, en me jetant son nez à la figure, et en se montrant à moi sous son véritable aspect... Jamais... il sera toujours neuf heures un quart... L'aiguille restera sur la minute où le temps a cessé d'être, et tu auras pour supplice de venir regarder l'aiguille immobile, et de retourner t'asseoir pour recommencer encore, et cela jusqu'à ce que tu marches sur l'os de tes talons. »

Une force supérieure m'entraînait, et j'exécutai quatre ou cinq cents fois le voyage, interrogeant le cadran avec une inquiétude horrible.

Daucus-Carota s'était assis à califourchon sur la pendule et me faisait d'épouvantables grimaces.

L'aiguille ne bougeait pas.

« Misérable ! tu as arrêté le balancier, m'écriai-je ivre de rage.

— Non pas, il va et vient comme à l'ordinaire...;

mais les soleils tomberont en poussière avant que cette flèche d'acier ait avancé d'un millionième de millimètre.

— Allons, je vois qu'il faut conjurer les mauvais esprits, la chose tourne au spleen, dit le *voyant*, faisons un peu de musique. La harpe de David sera remplacée cette fois par un piano d'Erard. »

Et, se plaçant sur le tabouret, il joua des mélodies d'un mouvement vif et d'un caractère gai...

Cela paraissait beaucoup contrarier l'homme-mandragore, qui s'amoindrissait, s'aplatissait, se décolorait et poussait des gémissements inarticulés ; enfin il perdit toute apparence humaine, et roula sur le parquet sous la forme d'un salsifis à deux pivots.

Le charme était rompu.

« Alleluia ! le Temps est ressuscité, crièrent des voix enfantines et joyeuses; va voir la pendule maintenant ! »

L'aiguille marquait onze heures.

« Monsieur, votre voiture est en bas, » me dit le domestique.

Le rêve était fini.

Les hachichins s'en allèrent chacun de leur côté, comme les officiers après le convoi de Malbrouck.

Moi, je descendis d'un pas léger cet escalier qui m'avait causé tant de tortures, et quelques instants après j'étais dans ma chambre en pleine réalité; les dernières vapeurs soulevées par le hachich avaient disparu.

Ma raison était revenue, ou du moins ce que j'appelle ainsi, faute d'autre terme.

Ma lucidité aurait été jusqu'à rendre compte d'une pantomime ou d'un vaudeville, ou à faire des vers rimants de trois lettres.

FIN

TABLE

Avatar.. 1
Jettatura. 137
Arria Marcella.. 271
La Mille et deuxième nuit. 317
Le Pavillon sur l'eau. 353
L'Enfant aux souliers de pain. 371
Le Chevalier double. 385
Le Pied de momie. 397
La Pipe d'opium. 415
Le club des Hachichins. 429